新时代乡村振兴路径研究书系

# 乡村振兴的
## 成都实践

唐辉　唐云　刘思语　詹金凤　著

西南财经大学出版社

中国·成都

**图书在版编目(CIP)数据**

乡村振兴的成都实践 /唐辉等著.--成都:西南
财经大学出版社,2025.6.--ISBN 978-7-5504-6707-1

Ⅰ.F327.715

中国国家版本馆 CIP 数据核字第 2025KW2201 号

## 乡村振兴的成都实践

XIANGCUN ZHENXING DE CHENGDU SHIJIAN

唐辉　唐云　刘思语　詹金凤　著

策划编辑:余尧
责任编辑:乔雷
责任校对:余尧
封面设计:张姗姗
责任印制:朱曼丽

| | |
|---|---|
| 出版发行 | 西南财经大学出版社(四川省成都市光华村街 55 号) |
| 网　　址 | http://cbs.swufe.edu.cn |
| 电子邮件 | bookcj@swufe.edu.cn |
| 邮政编码 | 610074 |
| 电　　话 | 028-87353785 |
| 照　　排 | 四川胜翔数码印务设计有限公司 |
| 印　　刷 | 成都市火炬印务有限公司 |
| 成品尺寸 | 170 mm×240 mm |
| 印　　张 | 16.25 |
| 字　　数 | 293 千字 |
| 版　　次 | 2025 年 6 月第 1 版 |
| 印　　次 | 2025 年 6 月第 1 次印刷 |
| 书　　号 | ISBN 978-7-5504-6707-1 |
| 定　　价 | 88.00 元 |

# 序　言

  当前，我国正经历着广泛而深刻的社会变革，以及宏大而独特的实践创新。党的十八大以来，以习近平同志为核心的党中央，打赢了人类历史上规模空前、力度最大、惠及人口最多的脱贫攻坚战，推动我国农村地区取得历史性成就、发生历史性变革。当前，我国农村工作重心已经历史性地转移到全面推进乡村振兴上来，强调"扎实推动乡村产业、人才、文化、生态、组织振兴"。乡村振兴是实现"两个一百年"奋斗目标的必然举措，也是解决农村地区发展不充分不平衡矛盾的必然要求。

  因此，未来的乡村何去何从，如何把乡村建设好，如何看得见山、望得见水、留得住乡愁，如何因地制宜加快推动乡村产业振兴、改善人居环境、优化生活空间，这是时代赋予我们的重大课题。立足于乡村高质量发展的社会现实问题，贯彻落实国家发展战略，让乡村面貌焕然一新，是全面建设社会主义现代化国家的重大任务之一，是当前乃至未来学术研究的重点。

  风景独好的田间地头应该大有建树，且必须大有建树！作为中央、省委、市委倾力而为的一项民生工程、共享工程，成都市乡村建设已经开了个好头。成都各区（县）不同的发展模式引起了全国的广泛关注，来蓉考察学习乡村振兴经验的各类团队络绎不绝。2021—2024 年，本书作者团队围绕"乡村振兴的成都实践"这一重大课题进行调研。本书包括综述篇、人才篇、文化篇、土地篇、产业篇、景观篇六个部分，依据不同案例，多角度勾画了成都乡村振兴的脉络，既有理论上的新思考，也有扎实的实证研究，意图为读者了解成都乡村振兴研究的最新动态提供一些参考，期待引发学界对成都乡村振兴理论、模式、途径、机制的广泛思考和持续讨论，以产出更多的创新性成果，推动成都乡村振兴持续高质量发展。

唐辉

2024 年 12 月

# 前　言

务农重本，国之大纲。乡村是我国耕读礼乐教化之所、归根休养生息之地、生态财富储藏总部、传统技艺传承之地……可以说，中国要强，农业必须强；中国要美，农村必须美；中国要富，农民必须富。因此，党的十九大报告提出了乡村振兴战略，提出"产业兴旺、生态宜居、乡风文明、治理有效、生活富裕"的总要求，要求加快推进农业农村现代化。这是以习近平同志为核心的党中央着眼于"两个一百年"奋斗目标作出的重大战略部署，也是解决好"三农"问题、提升农民获得感与幸福感、巩固党在农村执政之基的必然要求。2018年2月，习近平总书记在成都市郫都区唐昌镇战旗村视察时强调：党的十九大提出实施乡村振兴战略，这是加快农村发展、改善农民生活、推动城乡一体化的重大战略，要把发展现代农业作为实施乡村振兴战略的重中之重，把生活富裕作为实施乡村振兴战略的中心任务，扎扎实实把乡村振兴战略实施好。浸润千年农耕文明的蓉城大地，如何利用自身优势绘出新时代乡村振兴的锦绣画卷，这正是本书所探讨的核心内容。

新中国成立以来，在马克思主义的指导下，在中国共产党的带领下，中华民族用几十年的时间走过了其他国家几百年的路程，尤其在乡村振兴和脱贫攻坚这一层面，创造了震惊世界的"中国奇迹"。回顾总结这段历史，揭示我国乡村振兴的一般规律与内在逻辑，乃至进行理论上的升华与创新，是新时代赋予全体科研人员的机会与责任。如何履行这份责任和义务？必须要在研究上坚持"顶天立地"。"顶天"就是乡村振兴各项工作与时俱进，要体现国家重大战略和应对全球挑战的需求；"立地"就是要在具体工作中实事求是，体现具有普遍意义的一般经验。这正是本书的主要特点。

改革开放四十多年来，成都市广大干部群众发扬敢为天下先的精神，在乡村振兴的各个领域大胆探索，勇于实践，为全面推进乡村振兴助力扬帆，创造了许多新业绩，留下了许多改革佳话，如紧紧围绕"加快推进城乡融合发展"的基本路径，强化任务落实，大力实施全域乡村规划提升、川西林盘保护修复工程、大地景观再造工程、乡村人居环境整治工程等十大重点工程；紧紧围绕农业供给侧结构性改革的工作主线强化创新引领，扎实推进"五项重点改革"，突出抓好农村集体产权制度改革、农村金融服务综合改革、公共产品服务生产供给机制改革等具有标志性、引领性的重大改革，全力破解农业农村发展面临的突出矛盾；建立市州联动农村产权交易平台、"农贷通"金融服务平台，发挥"主干"作用，服务全省乡村振兴，打造优势互补、合作共赢的区域发展共同体等。这些经验案例特色鲜明，可复制可推广，得到了中央和省市领导同志的充分肯定。

为了及时总结推广成都乡村振兴的做法与经验，笔者在深度调研的基础上，以成都各个区（县）实践为切入点，运用各类经济学、管理学的理论、工具和方法，以问题为导向，对成都的乡村振兴现状进行了梳理和剖析，提出了一些理论成果和分析框架。本书立足习近平总书记关于实施乡村振兴战略的重要论述，从乡村自身所拥有的人、文、地、产、景五大资源要素出发，将全书分为综述篇、人才篇、文化篇、土地篇、产业篇、景观篇六个部分，依据不同案例多角度梳理了成都乡村振兴的脉络，抛砖引玉，以期充分发挥典范作用，为全省乃至全国积累一定的经验。本书是一本客观反映成都乡村建设的学术专著，希望能对读者了解成都乡村治理有所帮助。

农业农村农民问题是关系国计民生的根本性问题。立足自身实际探索乡村振兴之路，是历史和时代赋予我们的职责与使命。乡村振兴是一个只有进行时没有完成时的宏大系统课题，该课题的研究在新时代仅仅拉开了序幕，理论方法存在局限性，因此，笔者对成都乡村振兴经验的探索总结不可避免具有相对性，有待逐步深化。所以，期待各位读者能与笔者共同思考、共同研究、共同探索，为推进成都乡村振兴提供有价值的经验参考。

唐辉

2024 年 12 月

# 目　录

# 第一章　综述篇：乡村振兴概论

## 第一节　绪论

浸润千年农耕文明的蓉城大地，如何利用自身优势书写新时代乡村振兴的锦绣画卷？本书认为，就是要坚持"顶天立地"。"顶天"就是乡村振兴各项工作要与时俱进，体现国家重大战略；"立地"就是要在具体工作中实事求是，体现具有普遍意义的一般经验。作为我国西部重镇，共建"一带一路"倡议的重要节点，四川省关键的一"干"，成都市牢记习近平总书记嘱托，深入贯彻落实习近平总书记关于"三农"工作的重要论述和重要指示精神，紧紧围绕乡村振兴总要求强化顶层设计，聚焦聚力乡村产业振兴、人才振兴、文化振兴、生态振兴、组织振兴，抓住国家统筹城乡综合配套改革试验区、国家现代农业示范区、全国农村改革试验区的重大机遇，从人、文、地、产、景五大要素深入实施乡村振兴战略：以人才为支撑，增强乡村振兴的内生动力；文化点亮乡村，坚持乡村振兴的形魂同塑；土改引领方向，激发乡村振兴的集聚效应；产业多元融合，打造乡村振兴的新型业态；生态延续未来，促进乡村振兴的可持续性，各方面均取得了巨大进展，从而辐射带动区域经济协同联动、区域优势互补差异化发展、区域全面融入开放格局。

### 一、成都市乡村发展滞后的三个诱因

近年来，成都市牢记习近平总书记"走在前列、起好示范"的重要嘱托，将城乡融合和乡村振兴作为践行新发展理念的重要抓手，以打造更高水平的"天府粮仓"成都片区作为主攻点，全面建设公园城市，各项工作取得了瞩目成绩。2024年，成都市农村人均可支配收入突破33 000元，同

比增长了 6.5%；农业增加值达到了 540.1 亿元，同比增长了 1.9%；农产品供给持续稳定，粮食产量突破 234.6 万吨，同比增长了 1.1%，蔬菜及食用菌产量达到 600 万吨，同比增长了 2.4%，农业农村发展指标稳居副省级城市的前列；集体产权制度和农村土地制度改革向纵深发展，新建成高标准农田 40.4 万亩（1 亩≈667 平方米），建成"全程机械化+综合农事"服务中心 15 个，农作物耕种收综合机械化率达 88%；新培育国家级农业产业化龙头企业 4 家，共计 34 家，在副省级城市中位居第一；学习浙江"千万工程"经验，启动 10 个和美乡村提升村建设，积极打造体现蜀风雅韵气质、城乡融合优势和公园城市特质的现代化乡村，农商文旅体融合局面基本形成，新场景、新业态和新发展在天府之国不断涌现，"4+6"现代农业产业体系助力乡村建圈强链，发布乡村旅游精品线路 80 条，聚焦自然研学、运动康养、农事体验等新业态，打造大美田园农耕消费新场景 32 个。但隐藏在成绩背后的挑战也不断浮出水面。调研发现，成都市乡村发展滞后主要源自结构性、经济性、文化性三个方面的诱因。

（一）结构性诱因

成都市乡村发展滞后的结构性诱因主要源于贫困结构和活动与更大的社会结构和制度上的不平等、不平行。以成都市发展相对滞后的村镇为例，首先，地理位置偏僻，发展基础比较薄弱。这些村落或多或少存在"行路难""用电难""饮水难""生活难""看病难""环境治理难""发展难""管理难"等方面的问题。其次，劳动力过度转移，产业发展缺后劲。在这些地区，有知识有能力的青壮年劳动力往往选择外出务工，土地的长期荒废制约了农村土地的集中开发，而村民居住分散，人口老龄化趋势明显，自我发展能力较弱，这些都制约了农业的规模化产业化经营。最后，公共事业薄弱，全面发展遭遇瓶颈。和乡村振兴示范村镇相比，这些地区的教育投入明显不足、医疗改善效果甚微、文体娱乐相对滞后、基础设施尚不健全，这些因素都严重制约了当地的发展。

（二）经济性诱因

成都市乡村发展滞后还源于融资资本短缺、资源分配不均的经济性诱因，最终导致这些人口在经济互动中处于隔离状态，在市场竞争中处于弱势地位，在资源配置中处于非均衡状态。以成都市发展相对滞后的村镇为例，首先，融资资本短缺，组织网络供给不足。无论是经济资本还是社会资本，这些地区都处于短缺状态。其次，产业发展滞后，生产格局尚待完善。在这些地区，普遍存在增收项目薄弱、产业结构单一问题，村民缺乏就业渠道，农民持续稳定增收困难，这些弱点都影响了产业发展的进度和生产格局的完善。最后，资源分配不均，资金管理效率低下。由于缺乏正确引导，早期的资金在投入、分配、拨付、管理和使用等环节缺乏科学依据，目标有所偏离。

（三）文化性诱因

在乡村振兴过程中，一些地区固有文化对结构变化的阻碍导致农民的主体地位缺失，是乡村发展滞后的文化性诱因。以成都市发展相对滞后的村镇为例，首先，乡村振兴主体错位，政府承担过多工作。乡村振兴的贯彻落实离不开当地社会关系结构、地方知识体系和地方文化网络，乡村振兴是政府与当地居民密集互动的实践形态，而不是仅有政府参与的单向局面。其次，体制存在缺陷，自我发展意识匮乏。在脱贫攻坚同乡村振兴衔接的过程中，工作目标从解决贫困人口温饱问题转向提升农村人口发展能力，这一阶段，虽然政府的资金和项目大多已到位，但是一些村民的思想观念没有转变过来，没有意识到自己处于主体地位。最后，工作急功近利，形成机制不可持续。在早期的扶贫工作中，由于没有科学引导，扶贫项目不具备联动效应，更没有从全局和可持续的角度考虑形成产业链、产生规模效益，企业的抗风险能力较差，从而给脱贫攻坚同乡村振兴的有效衔接造成了阻碍。

**二、成都市乡村振兴的具体做法**

按照中央、省、市实施乡村振兴战略的部署和要求，成都市积极推进城乡融合发展，探索差异化高质量发展的乡村振兴之路，得到相关专家学者的高度赞誉和上级党委和政府的高度认可，受到社会各界的广泛关注。

（一）加强党的领导是乡村振兴的政治保障

"党政军民学、东南西北中，党是领导一切的"。做好农业农村农民工作，必须切实加强党的领导，乡村振兴、林盘治理同样离不开党组织的领导。可以说，没有党组织的领导就没有成都市乡村振兴的今天。从乡村建设的规划、设计、建设、运营到社区治理，没有一个环节离得开党组织的正确引领和动员组织。

为有效破解工作中存在的诸多问题，成都市在乡村振兴工作中针对党组织有效覆盖不够，党组织弱化虚化等问题，走出了一条党建引领下的天府乡村发展治理之路。乡村振兴既需要顶层设计，也需要党组织的思想引领，更需要人民群众的积极参与。党组织在其中既要发挥思想引领，做好组织动员工作，也要做好各方利益主体的协调沟通工作，起到桥梁纽带作用，还要及时充当救火队员，做好矛盾纠纷的化解工作。

（二）突出绿色生态价值是乡村振兴的核心

良好的生态环境是西部区域最鲜明的特色和最大的比较优势，成都是平原城市，农村就是最广阔、最重要的生态本底。成都市自觉践行绿水青山就是金山银山理念，在乡村振兴和林盘建设中重新审视乡村的价值和绿色生态价值，实现公园城市的乡村表达方式，回应人民群众对美好生活的向往。天府之国最吸引人的地方不是成都的街巷和现代化建设，而是成都的乡村。成都的大美城市形态源于成都的"蜀风雅韵、美田弥望、景田修竹、小桥流水"。同时，成都市还通过植绿增景增值自然资源和自然资本，推动自身实现经济转型和经济高质量发展。

（三）传承天府农耕文明是乡村振兴的灵魂

乡村振兴不是一个简单的工程载体，而是承载了两个非常重要的价值观念——生态理念和农耕文明，离开生态优先、绿色发展的理念，离开了农耕文明的表达，那就没有乡村，只有振兴了。农耕文明是中华民族传承和发展的文化基因，成都农耕文明高度发达，以之为内核发展形成的天府文化是中华文化的重要组成部分，习近平总书记讲的"绿水青山就是金山银山"，把乡村建设成看得见山、望得见水、记得住乡愁的形态，就是乡村文明的表达方式。

（四）强化规划引领是乡村振兴的前提

城市建设需要规划，乡村建设也需要规划。在乡村振兴中，要坚持规划先行，不规划不设计、不设计不建设。乡村规划不仅仅是村庄规划，还包括建设用地、住宅、道路交通、生态景观、产业发展等规划。在乡村振兴中，要正确处理好生态空间、生活空间与生产空间的关系，实现产业经济、社会文化、空间环境"三位一体"可持续发展。成都市在乡村建设中，要坚持规划先行，按照旅游法则主导、设计导则引导、建设守则指导的"三则同导"原则，对标国家4A级旅游景区标准，按照全域旅游、全业旅游、全域景区理念，把全市当作景区规划、把林盘当作景点打造，推动景观化景区化理念在林盘建设中刚性落地，塑造林在田中、院在林中、人在画中的美丽宜居乡村图景，引领乡村建设。

（五）产业支撑是乡村振兴可持续发展的基础

乡村振兴不只是环境改造、形态塑造，还必须要有产业支撑，才能实现可持续发展。习近平总书记曾多次强调："产业振兴是乡村振兴的重中之重。"①

坚持人才引领，培育乡村新业态。乡村振兴要注重招商引资与招才引智相结合，加快推动农商文旅融合发展。想方设法创造条件让乡村的机会吸引人，让乡村的环境留住人，不断优化乡村建设者结构。

坚持项目引领，拓展产业新空间。乡村振兴要把乡村作为产业生态圈的重要组成部分，主动承接重大项目辐射，推动借景造势、以景兴业。

坚持市场运作，催生发展新动能。在乡村、社区治理中，乡村振兴要探索市场化运营模式，最大限度提升乡村的生态价值、社会价值和经济价值，实现乡村的可持续发展，推动设施运营常态化、配套管理长效化。

（六）共享发展成果是乡村振兴的动力

乡村振兴涉及多方利益主体，只有各享其利、利益与共，才能长远发展，这就需要建立利益共享的联结机制。乡村振兴要按照三生统筹原则，实现发展成果共享。

推动生产共营：可广泛采取"合作社+平台公司+创新团队+农户"方式，由国有公司负责乡村规划、建设、管理、运营，培育创新团队，孵化文创产业联盟；也可以采用众筹方式打造大业主带小农户的利益共同体，加快推动新老村民互促共进、持续增收。

推动生活共融：坚持"一核多元、合作共治"，发挥社区党组织的核心引领作用，调动广大新老村民的主体作用，实现社区治理发展的共建共享。

推动生态共享：把干净作为最起码的要求，持续推进农村垃圾"户分类、村收集、镇运输、市处理"；把绿色作为最持久的优势，让绿色发展成为乡村综合竞争力的鲜明特点；把宜居作为最重要的竞争力，加快建设"15分钟社区生活圈"，推动高品质公共服务向乡村覆盖，努力把成都乡村建设成为城里人向往、新老村民留恋的美好家园。

---

① 习近平. 论"三农"工作 [M]. 北京：中央文献出版社，2022：50.

## 第二节　乡村振兴的重大意义

　　实施乡村振兴战略，是党的十九大作出的重大决策部署，是全面建设社会主义现代化国家的重大历史任务，是新时代做好"三农"工作的总抓手，是解决乡村地区发展不充分不平衡矛盾的必然举措。农业强不强，农村美不美，农民富不富，决定着亿万农民的获得感和幸福感，决定着我国小康社会的成色和社会主义现代化的质量。乡村是中国的根，如果不懂乡村，就不会真正懂得中国特色社会主义道路。毛泽东同志领导的新民主主义革命，没有走西方式的资产阶级革命道路，也没有走苏联式的革命道路，而是走了农村包围城市的革命道路；40多年前，中国的改革始于农村家庭联产承包责任制；20世纪80年代，最早进入市场经济的不是国有企业，而是农民创办的乡镇企业；20世纪90年代以来，乡镇企业成为推动中国市场经济发展的最初动力……如期实现第一个百年奋斗目标、向第二个百年奋斗目标迈进，最艰巨最繁重的任务在农村，最广泛最深厚的基础在农村，最大的潜力和后劲也在农村。因此，早在2017年3月8日，习近平总书记在参加十二届全国人大五次会议四川代表团审议时就曾强调："四川农业大省这块金字招牌不能丢，要带头做好农业供给侧结构性改革这篇大文章，推进由农业大省向农业强省跨越。"[①]

### 一、乡村振兴的必要性分析

　　乡村不仅是生产粮食、维护国家粮食安全的地方，是践行绿水青山就是金山银山理念的重要场所，也是中华五千年文明基因的发源地和所在地，是耕读礼乐教化之所……如果说，城市文明是欧美诸国为世界作出的贡献，那么，中国过去和将来要给世界贡献的将是复兴乡村文明。正是由于中国乡村肩负着如此之多的职责和使命，所以5 000多年的中国文明史存在着一个铁一般的定律：乡村兴则中国兴，乡村衰则中国衰，乡村就是中华文明的底线，是中国共产党从毛泽东时期到邓小平时期，领导中华儿女一次又一次取得胜利的根基所在：在站起来阶段，我国最先选择的是学

---

　　① 擦亮农业大省金字招牌：四川省贯彻落实习近平总书记全国两会重要讲话纪实[EB/OL].(2019-02-20)[2023-05-10].农民日报,http://www.qstheory.cn/2019/02/20/c_1124140698.htm

习苏联模式，走城市革命道路，但实践证明，中国不同于苏联，中国只能走农村包围城市的道路；在富起来阶段，邓小平同志领导的改革之路也是从农村开始；在强起来阶段，我们提出的乡村振兴战略是解决农村地区发展不平稳的关键。从这个角度解读乡村振兴的必要性，我们可以发现，乡村的发展之路有两大逻辑体系：一是工业文明逻辑，农民不断市民化，农业不断产业化，乡村不断社区化，乡村发展开始异化，成为城市附属物，被城市所替代，乡村不成为乡村，最终的结果是，五千年的中国乡村文明面临终结的危险。显然，这一逻辑并不符合中国实际。二是乡村文明逻辑，让乡村回归本真，让乡村更像乡村，让乡村更加现代，让乡村生活更加舒适，最终的结果是，走出一条有中国特色的乡村发展之路，五千年的中国乡村文明重新绽放光彩。显然，这一逻辑才符合中国乡村发展实际。

**二、乡村振兴的紧迫性分析**

党的十九大报告指出，进入新时代后，我国社会的主要矛盾发生了巨大转变，已经转化成人民日益增长的美好生活需要和不平衡不充分的发展之间的矛盾，而这对我国乡村振兴提出了新要求：要从关注数量转向更加注重质量，从保供给转向兼顾保安全，从强调农业生产产业发展转向三大产业融合发展，从改善农民生活条件和农村生产条件转向生活的宜居宜业，从增加农民收入满足物质要求转向注重满足农民医疗养老教育等新要求。社会主要矛盾的转化，既对我国乡村振兴提出了新要求，同时也凸显了农村地区发展不平衡、不充分的问题，乡村振兴迫在眉睫。不平衡性有三大表现：首先是经济发展与收入差距的不平衡。截至 2024 年年底，我国城乡人均收入比例为 2.34∶1，和世界平均水平还存在一定差距。其次是基础设施建设与公共服务的不平衡。和城市地区相比，农村地区在水、电、气、路、房以及文化、教育、医疗、社保等方面相对滞后。最后是农村地区自身区域发展的不平衡。如：一些地区既有十亿元村和百亿元村，同时也有"空心村"和相对贫困村；西部农村地区和东部农村地区相比总体落后等。不充分性也有三大表现：首先是基础相对薄弱，生态环境超载与土地资源透支双重问题并存。其次是资源使用不充分，资源、土地、劳动力等效用无法得到有效发挥。最后是公共服务提供和基础设施建设不充分，防灾、减灾和抗灾能力偏弱，农民增收困难。

### 三、乡村振兴的机遇性分析

乡村振兴的提出，除了必要性和紧迫性之外，还有机遇性和条件性。一个战略的提出，只有必要性没有可行性的话就行不通，只有紧迫性没有机遇和条件也不行。从目前情况来看，乡村振兴的机遇条件有两点：从机遇看，随着双康（生活小康和身体健康）时代的到来，人们的生活水平显著提高，人们有钱有闲，有欲望有想法，对生活品质提出了更高要求，如生态安全、食品安全、健康养生、休闲娱乐、宜居宜业等，生态安全、食品安全、健康养生、休闲娱乐、宜居宜业去哪里找？城市显然是不现实的。目前，向往乡村、看好乡村的人越来越多，投资方向发生了一定转变，社会企业和非政府组织纷纷涌向农村，农业农村当前投资增长比例上升最快，乡村俨然成为投资热土。从条件看，光有政策还不行，各项政策必须得落地，得有现实基础。自 2005 年以来，我国在推动社会主义新农村建设的过程中，基础设施投资力度较大，农村发生了翻天覆地的变化，诸如乡村道路、水电气网、公共服务、医疗卫生、文化教育、创业就业环境等得到了长足的发展，从而为乡村振兴战略提供了条件。

## 第三节　乡村振兴的历史脉络

明者因时而变，知者随事而制。"认清中国的国情，乃是认清一切革命问题的基本根据。"① 2021 年 1 月 11 日，习近平总书记在省部级主要领导干部学习贯彻落实党的十九届五中全会精神专题研讨班开班式上明确指出："正确认识党和人民事业所处的历史方位和发展阶段，是我们党明确阶段性中心任务、制定路线方针政策的根本依据"②，唯有找准历史方位，才能让"时与势在我们一边"③，我们党才能领导我国革命、建设和改革不断夺得胜利。不论是全面建设小康社会，还是全面建成社会主义现代化强国，始终和"三农"问题交织在一起，并从一种实践行动演化为一种态度

---

① 中共中央文献研究室. 毛泽东著作专题摘编（上）［M］. 北京：中央文献出版社，2003：419.

② 习近平. 习近平著作选读：第二卷［M］. 北京：人民出版社，2023：398.

③ 习近平. 习近平著作选读：第二卷［M］. 北京：人民出版社，2023：401.

和立场。在波澜壮阔的百年历程里，党推进乡村振兴的进程和土地制度改革的实践与探索有着密不可分的联系。因此，党的十九届五中全会首次将"乡村建设行动"的概念写入中央文件，并从全局性和历史性的角度提出"优先发展农业农村，全面推进乡村振兴"的全新部署①，强调了乡村振兴在"两个一百年"奋斗目标交会点的重要角色、难点角色和短板角色②。

2025年的中央一号文件要求，坚持和加强党对"三农"工作的全面领导。在中国共产党的领导下，我国乡村在变革土地制度基础上，沿着"主体—产业—空间"的轨迹在站起来、富起来、强起来三个阶段，分别重塑了农民主体地位、提升了农业产出效率、延伸了农村发展空间，取得了举世瞩目的历史成就。有关"三农"的发展观、乡村振兴的理论形态也不断成熟完善起来，成为中国特色社会主义理论体系的重要组成部分和成功印证，体现了发展的延续性、制度的一贯性和历史的相承性。从本质上看，乡村发展滞后的根本问题是在乡村振兴整体系统中，建设主体、产业载体与发展空间和国家整体发展阶段出现诸多不兼容、不协调问题，从而落入"主体—产业—空间"的综合性发展陷阱。因此，正确分析我国所处的发展阶段，不仅有利于理解乡村振兴的"其然"，也有利于洞悉乡村振兴的"其所以然"。"全面建成小康社会、实现第一个百年奋斗目标之后，我们要乘势而上开启全面建设社会主义现代化国家新征程、向第二个百年奋斗目标进军，这标志着我国进入了新发展阶段。"这一发展阶段时刻提醒我们，在乡村振兴战略的推进过程中，要保持战略定力与战略清醒，竭力避免超越阶段、超越现实的急于求成倾向；时刻提醒我们，要增强忧患意识和发展意识，在预估社会主义初级阶段长期性与复杂性的基础上，乘势而上，顺势而为。

## 一、社会基本矛盾是乡村制度变革的根本动因

生产力与生产关系、经济基础与上层建筑间的矛盾是人类社会的基本矛盾，也是推动土地制度变革的根本动因。在布鲁塞尔研究政治经济学

① 《中共中央关于制定国民经济和社会发展第十四个五年规划和二〇三五年远景目标的建议》辅导读本编写组.《中共中央关于制定国民经济和社会发展第十四个五年规划和二〇三五年远景目标的建议》辅导读本［M］. 北京：人民出版社，2020：80-90.

② 王春光. 乡村建设与全面小康社会的实践逻辑［J］. 中国社会科学，2020（10）：26-47，204-205.

时，马克思提出："社会的物质生产力发展到一定阶段，便同它们一直在其中活动的现存生产关系或财产关系发生矛盾。"① 随后在《<政治经济学批判>序言》一文中，马克思总结了不同社会形态存在的这两组社会矛盾，推动了社会历史的进步发展，被恩格斯评价为"发现了人类历史的发展规律"②。这一矛盾贯穿不同社会形态，呈现出从不相适应，再到自我调整，再到相互适应的循环过程，其运动规律表现为不同时期的生产关系一定要适应这一时期的生产力发展水平，而当生产关系总和即经济基础进行变革时，由经济基础决定的上层建筑也将发生变革，从而实现新的平衡，继而推动社会形态的发展和更替，推动人类社会从低级向高级发展。

人类社会的不断进步足以证实"生产关系适应生产力发展是衡量社会发展进步的标准"，不论是生产关系还是上层建筑的发展变化，都是以推动生产力发展为起点和归宿的。在社会主义制度下，从阶段性发展情况来看，虽然生产关系和生产力、上层建筑和经济基础之间的矛盾依旧存在，但从整个社会历史进程看，生产关系和上层建筑是基本适应生产力和经济基础发展的，这些矛盾只是经济高度发展过程中常见的一个现象，是发展中的困惑、发展中的问题，属于非对抗性的矛盾，是能够通过不断的改革发展，通过制度安排、法律规范、政策支持来加以解决的。党中央依据我国不同阶段的具体国情调整不适应生产力发展的生产关系、变革不适应经济基础的上层建筑，就是人类社会发展一般规律作用的结果，土地制度的数次变革也是如此。

土地作为历史进程的一个客观因素，是"三农"问题的根本，建党百年来，农村生产力的每一次飞跃发展都是以变革土地制度为先导的。在新民主主义革命时期，侧重于打破封建地主土地所有制，从"平均分配土地"到"耕者有其田"，赢得了民心，从而为新中国成立后的土地制度变革奠定了基础、揭开了序幕。在社会主义革命和建设时期，侧重于主体维度。广阔的土地资源受限于主体的能动性束缚，在农村社会系统运行中不但难以有效转化为资本，而且随着农民主观意愿持续损耗进一步呈递减态势，最终陷入恶性循环。而农民作为乡村振兴的主体，是生产发展最活

---

① 马克思，恩格斯. 马克思恩格斯选集：第2卷［M］. 中共中央编译局，译. 北京：人民出版社，1995：32-33.

② 马克思，恩格斯. 马克思恩格斯选集：第3卷［M］. 中共中央编译局，译. 北京：人民出版社，1995：776.

跃、最积极的因素，党通过确立土地"一权"重塑农民的主体地位，完成了新中国成立后乡村振兴的第一次大的变革。在改革开放和社会主义现代化建设新时期，侧重于产业维度。农业既是联结农民主体和农村空间的媒介与载体，也是两者间相互作用的产物，若农民主体和农村空间出现不兼容、不协调问题，将加剧农业产业竞争力的弱质化。党通过分离土地"两权"提升农业的产出效率，完成了新中国成立后乡村振兴的第二次大的变革。农村是农民主体和农村产业发展的空间载体，只有推进农村空间政治层面的"去异质化"、经济层面的"去边缘化"、社会层面的"去封闭化"、文化层面的"去落后化"、自然层面的"去脆弱化"、公共服务层面的"去低端化"、开放层面的"去末端化"、交通层面的"去末梢化"，提升农村空间发展的边际效益，才能增强农业的集聚效应和强化农民的主体地位。党通过分置土地"三权"延伸了农村的发展空间，完成了新中国成立后乡村振兴的第三次大的变革。从打破僵局阶段到开拓性阶段到探索性阶段再到今天的完善性阶段，土地制度的数次变迁记录了 100 年来在社会基本矛盾推动下党领导乡村振兴在理论和实践上的巨大成就。

**二、社会基本矛盾推动下的乡村制度演变**

土地是农民赖以生存与发展的基本。土地制度是事关国家发展的基础性、全局性、根本性制度。建党百年来，我们国家能够取得一个又一个伟大的胜利，一个重要的原因就在于赢得了农民的支持，要赢得农民支持根本上在于解决土地问题。但土地制度变化是由客观规律和具体条件决定的，而不是人为决定的。在社会基本矛盾的推动下，土地制度演变的不同阶段连接成土地制度变革的整体历程，这是其内在规律。

（一）新民主主义革命时期：打破封建土地所有制揭开土地制度改革的序幕

毛泽东同志曾经指出：中国社会的特点决定了"谁解决土地问题，谁就会赢得农民"，而"谁赢得了农民，谁就会赢得中国"。因此，中国共产党自成立起就始终坚持把土地问题作为革命的中心问题，依靠广大农民推动新民主主义革命进程。虽然这一时期，党制定的土地政策出现了一系列的变化，但整体都是围绕打破封建土地所有制、实现"耕者有其田"目标来推进的，从而揭开了百年来我国土地制度改革的序幕。

建党初期和大革命时期，地主通过垄断土地，收取佃农租金，土地兼并严重，农民纷纷破产，农业生产日渐萎缩，地主阶级和农民阶级的对立日益严重。基于此，党将马克思主义基本原理和中国革命实际相结合起来，充分认识到农民在新民主主义革命中的重要作用，在中共二大上提出，"中国三万万的农民，乃是革命运动中的最大要素"①，并在中共三大上提出将发动广大农民作为党的中心工作之一。而要发动农民，首先要解决的就是土地问题，因此，土地制度变革是新民主主义革命的重要内容。虽然孙中山比中国共产党更早提出了"均地权"方针，但由于国民党阶级立场问题导致土地政策摇摆不定，没有触及土地产权问题。而这一时期，一批相对了解农村情况的农民领袖和共产党员已经付诸实践，领导农民先后在湖南、广东、浙江等地开展限租、减租、铲除苛捐杂税的运动。

土地革命战争时期，党开始领导农民废除封建土地所有制，实施"平均分配土地"让农民掌握土地权利。大革命失败后，革命重心转向农村。毛泽东在充分调研农村的基础上，指出农村的根本问题就是土地分配不均，富农地主占据了近80%的土地，重新分配土地是解决农村问题的当务之急。但进行土地改革必须遵循两项基本原则：一方面，必须满足贫雇农的要求，另一方面，必须团结中农，不损害中农利益。只要能做到这两点，土地改革就能胜利完成，土地问题就能够普遍地彻底解决，而我们也就获得了战胜一切敌人的群众基础②。基于此，党提出了"依靠贫农雇农，联合中农，限制富农，保护中小工商业者，消灭地主阶级，变封建半封建的土地所有制为农民的土地所有制"③ 的基本策略，"统一平均分配，在土地数量上抽多补少，质量上抽肥补瘦"④，推进土地资源再分配。农民翻身做主，生活得到了极大改善，生产积极性显著提高，农业生产得到长足发展。

抗日战争时期，党依据根据地发展情况和抗战的不同阶段，进一步推动了土地制度变革。在战争防御阶段，《中共中央关于土地政策的指示》提出，没收地主的财产、房屋、土地和粮食，没收汉奸卖国贼的一切土地

---

① 中国社会科学院经济研究所. 第一、二次国内革命战争时期土地斗争史料选编［M］. 北京：人民出版社，1981：29.

② 毛泽东. 毛泽东选集：第四卷［M］. 北京：人民出版社，1991：1251.

③ 冯海波，张梧. 砥柱中流：中国共产党与中华民族伟大复兴［M］. 北京：人民出版社，2021：149.

④ 中共中央文献研究室，中央档案馆. 建党以来重要文献选编（1921—1949）：第二十四册［M］. 北京：中央文献出版社，2011：417.

财产，但不没收献身抗日事业者、小土地出租者和富农的土地及多余的生产工具。战争相持阶段，中共中央开始推行"两减两交"的政策，在土地关系上，"一方面，实行减租减息，让农民有饭吃；另一方面，实行部分交租交息，让地主也能过活"①。从而推动扶助农民、联合地主富农的抗日方略。依据规定，不同根据地可根据具体情况制定相应的土地政策，如"二五减租，一分减息"政策，就是依据根据地实情，以抗日战争前的租额为基数，降低25%的租额，避免超经济剥削。这些政策的实施，减少了地主收入，增加了农民收入，让更多的农户有土地、垦荒地、购农具、施肥料，提高了农业产量，恢复和发展了根据地经济。

解放战争时期，党开始逐步从"均田地"的设想转向体现社会主义本质的土地政策，政策更为明朗，更加切合我国当时的发展实际。毛泽东指出："发展农业生产，是土地改革的直接目的……在完成了土改任务后，党和民主政府就必须立即……将农村中一切可能力量转移到恢复和发展农业生产的方面去。"② 基于此，1947 年，中共中央颁布了《中国土地法大纲》，宣布废除封建土地制度，实施"耕者有其田"，为农民颁发土地所有证，明确规定农民可自由支配土地生产、买卖和出租等，以法规形式保障了农民的根本利益，在解放区全面开展彻底的土地改革。截至 1948 年 8 月，解放区的多数地区已完成土地改革。

（二）社会主义革命和建设时期：在土地"一权"确立基础上重塑农民主体地位

唯物史观认为，人民群众是历史的创造者，在土地上劳作的农民自然是农村经济的推动者，是农村经济中最具活力的要素。解决"三农"问题，"归根到底要靠亿万农民的积极性与创造精神。"③ 党中央必须"高度重视农业、农村和农民问题"④，"切实保护农民权益，调动农民的积极性"⑤，"着力促进农民增收，提高农民生活水平"⑥。这些观点无不彰显党的群众路线和人民立场。

---

① 毛泽东. 毛泽东在陕甘宁边区参议会的演说［M］. 北京：人民出版社，1976：3.
② 毛泽东. 毛泽东选集：第四卷［M］. 北京：人民出版社，1991：1315.
③ 中共中央文献研究室. 十六大以来重要文献选编［M］. 北京：中央文献出版社，2006：933-934.
④ 江泽民. 江泽民文选：第一卷［M］. 北京：人民出版社，2006：257.
⑤ 江泽民. 江泽民文选：第一卷［M］. 北京：人民出版社，2006：263.
⑥ 胡锦涛. 胡锦涛文选：第二卷［M］. 北京：人民出版社，2016：415.

　　建国初期，面对农业生产工具落后、农业科技水平低下、农产品市场化程度低、农民数量多教育水平落后等问题，为了激发农民种地热情、恢复国民经济发展，1949年9月，根据《中国人民政治协商会议共同纲领》，党领导了新中国成立后的第一次土地改革，统一了土地产权，规定已经实施土地改革的地方要保护农民的土地所有权，尚未实施土地改革的地方要按照家庭人口基数实现耕者有其田①。1950年1月，《关于在各级人民政府内设土改委员会和组织各级农协直接领导土改运动的指示》提出后，我国开始分批次推进土改准备工作。依据"依靠贫农和雇农，团结中农，中立富农"②的总路线与总政策，有分别有步骤地消灭封建土地剥削制度。1950年6月，在七届三中全会上，刘少奇作了《关于土地改革问题的报告》。1950年6月28日，《中华人民共和国土地改革法》颁布实施，规定："实施农民土地所有制，解放农村生产力，发展农业，为新中国工业化开辟道路。"③1952年年底，土地改革基本完成，4 690万公顷的土地被无偿分给了全国3亿无地或少地的农民，农民在政治和经济上得到了解放，获得土地产权的农民，生产积极性得到巨大鼓舞，农业生产力得以解放。此外，在这一时期，党中央还积极组织农民发展农业生产，以农业副业为中心任务④，大力推进劳动互助与合作供销事业的发展，奖励劳动模范，普及农业知识，支持农业科研，鼓励发明创造。为进一步发挥农民的积极性和主动性，政府还在资金、税收、物资等方面进行了扶持，向农民发放与农业生产相关的生产资料贷款，总结农业生产经验，试验推广新农具、新技术，推进垦荒运动，兴修水利⑤。

　　土改完成后，党开始着手建构农业发展制度，以进一步推动农业发展，为工业提供原料和市场，为重工业发展积累更多资金⑥。1953年12月16日，党中央制定了《中国共产党委员会关于发展农业生产合作社的决议》，从互助小组，到初级合作社，到高级合作社，完成了对农业的社会

　　① 刘少奇.刘少奇选集：下卷［M］.北京：人民出版社，1985：29.
　　② 刘少奇.刘少奇选集：下卷［M］.北京：人民出版社，1985：43.
　　③ 刘少奇.刘少奇选集：下卷［M］.北京：人民出版社，1985：33.
　　④ 中共中央文献研究室、中央档案馆.建党以来重要文献选编（1921~1949）：第二十六册［M］.北京：中央文献出版社，2011：764-765.
　　⑤ 中央档案馆.中共中央文件选集（1949.10—1966.5）［M］.北京：人民出版社，2013：190.
　　⑥ 毛泽东著作选读：下册［M］.北京：人民出版社，1986：796.

主义改造。1955 年夏，随着过渡时期总任务和总路线的提出，农民的私有土地被进一步改造成人民公社所有的集体所有制。在此基础上，1958 年，《中共中央关于在农村建立人民公社问题的决议》出台，鼓励建立公有化程度更高、规模更大的人民公社。开展合作化后，"人虽然还是那些人，但通过组织个人力量大得多，以前不容易办的事情，合作化之后就不难了。"① 通过这一系列的生产变革，到 1957 年年底，全国农业生产总值比 1952 年增加了 24.8%，年均增速达 4.5%，人均拥有粮食 306 千克，顺利完成了我国第一个五年计划。但是，人民公社的"三级所有"制度不断模糊土地产权、集中经营管理、平均分配收入，这种不具有排他性的制度从根本上否定了农民的土地所有权，无法形成竞争机制和竞争秩序，随着农民对土地产权的逐渐弱化，农民的主体意志和个人意愿开始淡化，平均主义开始盛行，截至 1958 年年底，全国共有 1.2 亿农民加入了高级合作社，虽然土地名义上归农民所有，但农民和土地间的产权关系已名存实亡。由于个人报酬和劳动效率关联度降低，做多做少、做好做坏一个样，搭便车、偷奸耍滑等机会主义开始盛行，最终导致农业发展的停滞和倒退②。

（三）改革开放和社会主义现代化建设新时期：在土地"两权"分离基础上提升农业产出效率

一家一户式的农业经营模式具有相当的活力与韧性，这种活力与韧性蕴藏于家户制的传统之中③。人民公社的体制弊端，导致 20 世纪 70 年代末，温饱问题成为广大农民的当务之急。为了解决温饱问题，1977 年，安徽省凤阳县小岗村的 18 户农民偷偷实施了"包产到户"，揭开了农村土地制度改革序幕。特别到了 1978 年秋，特大旱灾的暴发阻断了安徽的秋种进程，审时度势后，9 月 1 日，安徽省委决定将部分撂荒的土地借给农民，每个农户可向集体借三分地种菜，进一步为"包产到户"创造了机会。可以说，家庭联产承包责任制是农民发明的，"农村改革中的许多东西，都是基层创造的，我们把它加工提高作为全国的指导。"④ 截至 1978 年年底，

---

① 中共中央文献研究室. 陈云年谱（1905—1995：中卷）[M]. 北京：中央文献出版社，2000：299.

② 李正图，李明忠. 中国农村土地制度变迁与贫困的消除：两个三十年之比较 [J]. 学术月刊，2009（8）：68-75.

③ 徐勇. 中国家户制传统与农村发展道路 [J]. 中国社会科学，2014（3）：102-123，206-207.

④ 邓小平. 邓小平文选：第三卷 [M]. 北京：人民出版社，1994：370.

安徽省实际推行"包产到户"的生产队已达1 200多个，1979年发展至38 000多个，在全省生产队中占比约10%。与此同时，全国各地都开始隐蔽或公开地实行"包产到户"，截至1980年年底，全国实施双包到户比重已超过95%。在这一过程中，党中央的态度并非一开始就积极、全面支持，但随着包产到户产生了实效，国家开始逐渐意识到，农村的经济体制改革势在必行。党的十一届三中全会过后，改革浪潮席卷全国农村地区。1982年元旦，中共中央批转《全国农村工作会议纪要》，肯定了联产承包制的作用，提出联产承包制不仅协调了个人利益和集体利益，同时发挥了农民自主经营与集体统一经营的积极性，这就为联产承包、包干到户提供了政策依据。1983年，中共中央通过的《当前农村经济政策的若干问题》更为明确地指出：家庭联产承包责任制"是马克思主义农业合作化理论在我国实践的新发展"，这种经营更具灵活性、分散性、及时性和效率性，农户生产什么、如何生产、何时生产、劳作时间均由农户自主选择，这种模式更能适应农业生产经济活动。这一评价让农民吃下了"定心丸"。邓小平指出，从长远看，我国社会主义农业改革要有两次飞跃：一次飞跃，是废除人民公社体制，实行家庭联产承包责任制；另一次飞跃，是推进适度规模经营，为适应生产社会化需要发展集体经济，勾勒出农业长期发展体制模式[①]。为此，国家在不改变土地集体所有制的前提下，按照农村户口、劳动力数量，将土地分给农民自主经营，为了配合农业生产经营制度改革，党中央在肯定土地合理承包的基础上，推进了一系列改革。

一方面，党中央开始有计划地推进农产品价格与市场化改革。党中央认为农产品的商品化市场化是推动农村经济发展的必然过程，只有商品化、市场化才能推动农村地区社会分工，进而推动生产力发展。1985年，国家取消农产品的统购统销，标志着农业的市场化改革迈出了第一步。国家与农民订立合同，规定农民将相当数量的农产品上缴给国家后，余粮归农民自行处理，包括可以在自由市场上出售。显然这项改革调整了之前集体管理的生产队或生产大队为单位的生产模式，转为一个以农民为单位，由农民自我管理、生产、分配及经营的新型体制。劳动投入与土地产出直接挂钩，打破了分配上的平均主义，农民不仅拥有了土地的生产经营权，而且扩大了产品的分配权与处置权，"交够国家的，留足集体的，剩下的

---

① 邓小平. 邓小平文选：第三卷［M］. 北京：人民出版社，1994：355.

都是自己的"①，极大激发了农民的生产热情。1985 年，党中央明确提出农业管理从主要依靠行政领导转变为主要依靠经济手段。1987 年，党中央决定开放农机具等生产资料的销售，鼓励农民自主选择。农产品市场的自由化和发展使得农民的农业生产成果得以获得较之以前更高的价格和收益，由于农民可以将多余的粮食出售，就推动了农副产品自由市场的形成。为解决粮食销售与谷贱伤农等问题，1984 年，党中央以法律和政策形式延长土地承包期 15 年，1998 年进一步延长 30 年，以调动各方种粮积极性。1988 年，为了方便村民的自我管理与自我服务，第九届全国人大常务委员会第五次会议通过了《中华人民共和国村民委员会组织法》。与此同时，政府也提高了农产品的征购价格，尤其是棉花和其他非粮作物，助推农民的真实收入获得了连续数年的高速增长。农民手上的现金大增，农村经济大为好转，部分农户更是一跃成为万元户。

另一方面，党中央开始有步骤地提升农业生产力水平。1979 年，党中央提出要提高产业产出效率，必须大力推动农用工业发展，提出增加农药、化肥、农用塑料生产的政策。1984 年，党中央进一步提出了"一靠政策、二靠科技、三靠投入"②的农业发展策略，高度重视农机工业、生产资料对农业产出效率的助推作用，从生产和流通领域盘活农业生产资料供应。1990 年以来，党中央又确立了一系列农用工业投资和扶持政策。1990年，我国实施了农口"五站"的"三定"工作，从立法层面确保农技推广工作的展开，此外，党中央认为农产品要适应市场需求的变化，要与时俱进依靠科技改善农产品品质，合理调整农业产业布局，推动农业产业化经营，优化农业结构。

党中央在土地"两权"分离基础上，立足农业产出效率提升，所做的一系列土地制度创新和相关改革，不仅推动了农业的繁荣发展，实现了1979—1984 年我国农业发展的"第一个飞跃"，创造了 7% 的土地养活22% 的人口的世界奇迹；而且"初步构建了适应社会主义市场经济要求的农村经济体制框架"③，为国民经济发展奠定了良好基础，随着农村经济的繁荣复苏，乡村的文化、教育、基建、医疗等事业也蓬勃发展起来。

---

① 陈锡文，赵阳，陈剑波，等.中国农村制度变迁 60 年 [M].北京：人民出版社，2009：43.

② 习近平.摆脱贫困 [M].福州：福建人民出版社，2014：181.

③ 唐铁汉.邓小平领导和决策实践的本质特点 [J].理论前沿，2004（17）：5-8.

（四）中国特色社会主义新时代：在土地"三权"分置基础上延伸农村发展空间

改革开放以来，我国在两权分离的基础上确立了家庭联产承包责任制，近年来，该制度的弊端开始显露。从整个世界情况来看，家庭经营是基本的土地经营模式，但家庭经营和大市场大社会之间存在天然鸿沟，构筑家庭通向大市场大社会的桥梁是必然选择。学者陆子修曾经指出：搞家庭联产承包责任制的初衷是解决农民的温饱问题和粮油的供应问题，但随着时代的发展和需求的变化，这种制度也需要不断改进和完善，应鼓励探索多种土地承包权的流转形式。为此，2005 年，党的十六届五中全会提出，"有条件的地区可以依据自愿、有偿原则依法流转土地的承包经营权"[1]。胡锦涛同志在安徽考察时也指出，"应赋予农民充分有保障的土地承包经营权"[2]，允许他们"以多种形式来流转土地承包经营权，发展适度规模经营。"[3] 党的十七届三中全会进一步将之上升到党和国家推进农村改革的实践层面，提出要"建立健全土地承包经营权流转市场，允许农民以出租、转包、转让、互换、股份合作等形式流转土地承包经营权。"这为党中央推行土地"三权分置"提供了现实依据。

党的十八大以来，"三权分置"制度和"两权分离"制度相互嵌套，平衡协调各方利益关系，在继承原有农地秩序的基础上，不断延伸拓展农村发展空间，成为解决农地问题、促进乡村振兴的全新举措。2014 年，党中央、国务院首次在《关于全面深化农村改革加快推进农业现代化的若干意见》中提出"三权分置"思想。2016 年，中共中央、国务院发布的《关于完善农村土地所有权承包权经营权分置办法的意见》标志着新一轮以"三权分置"为特征的土地制度改革正式开始，为激发市场活力，"三权分置"制度分离了土地经营权和承包经营权。2019 年，新修订的《中华人民共和国农村土地承包法》在法律层面确立了土地所有权、土地经营权和土地承包经营权"三权分置"的设计，标志着这一轮的土地制度改革告一段落。2020 年，《中华人民共和国民法典（物权编）》进一步阐明了土地经营权内容和具体行使等方面的内容，从而完成了从政策提出、具体实施到写入法律的完整过程。可以说，"三权分置"协调了农业生产各要素

[1] 江泽民. 江泽民文选：第三卷 [M]. 北京：人民出版社，2006：546.

[2] 胡锦涛. 胡锦涛文选：第三卷 [M]. 北京：人民出版社，2016：115.

[3] 胡锦涛. 胡锦涛文选：第三卷 [M]. 北京：人民出版社，2016：115.

间的关系，是土地产权制度演变的一大趋势。在土地"三权分置"改革正式提出后，农户参与数量越来越多，流转方式越来越多元，流转规模也越来越大，土地经营权的流转提高了土地资源的配置效率，在经济效率与社会保障之间找到了平衡点，实现了城乡要素双向流动。随着"三权分置"的推进落实，许多新型经营主体纷纷涌入农村，在实现土地价值最大化的同时，还带去了先进的科学技术和发展理念，为挖掘农村发展潜力提供了更大动能。

不难看出，"三权分置"改革是完善我国现行土地制度的客观需要，是加快推进城镇化进程的新举措，是统筹推进城乡一体化发展的新路径，是实现乡村振兴战略的重要突破口。在"三权分置"的基础上，未来乡村建设行动走向和"三农"经营体系必然在生产面积上实现适度规模化，在生产形式上以合作化、产业化为主导，劳动方式将基本实现现代化，从而实现家庭经营和大市场大社会的对接，完成土地制度的现代化改革。其机制和路径主要依托农村地区的特有资源，在拓展农村发展空间的过程中，在推动"农村包围城市"的现代化过程中，实现农业和多部门的"联姻"，即推动"农业+"模式，如农业+加工运储进口、农业+电子商务、农业+技术策划、农业+游医乐教等模式，在农村推动第四产业的到来。未来在延伸农村发展空间的过程中，可能会面临主体性不足、"技术化"、"问题化"、"内卷化"等诸多问题，需要我们在宏观层面上坚持可持续发展和以人为本的原则，在中观层面上坚持注重城乡差别和区域协调发展的原则，在微观层面上坚持激发农民内生动力和因地制宜的原则，从而形成"宏观—中观—微观"合力，让可持续性、绿色性、能动性、发展性、防治性贯穿农村空间延伸全过程，为构建乡村建设行动提供思维借鉴、方向指引和本质规定。

### 三、社会基本矛盾理论在新时期的方法论启示

中国特色社会主义新时代，我国面临的国际局势、国内矛盾、发展目标、发展动力等均发生了重大转变，对党和国家提出了更高的要求。只有坚持运用唯物史观，不断深化对社会基本矛盾理论的认识，不断开辟马克思主义中国化的新境界，才能更好推进农村地区的发展。党的十八大以来，党中央以巨大的政治勇气提出了一系列乡村振兴的新理念、新战略，

解决了农村地区许多过去想解决却没有解决的问题，推动农村地区发生历史性变革、取得乡村振兴战略的历史性成就，这与党中央科学运用社会基本矛盾原理指导中国实践密不可分。立足新征程，我们要进一步运用社会基本矛盾理论推动农村地区的创新发展，必须以习近平新时代中国特色社会主义思想为指导，分析、解决农村地区的重大问题，如：深入学习《坚持历史唯物主义不断开辟当代中国马克思主义发展新境界》等社会基本矛盾理论的创新性成果，从认识论的角度，充分把握农村土地制度演变的客观规律，明晰全面深化土地制度改革的重要性；从实践论的角度，科学把握农村土地制度的社会主义本质特征，明晰中国共产党的领导是中国特色社会主义的最大优势；从价值论的角度，深刻把握农村土地制度以人民为中心的发展思路，明晰"江山就是人民，人民就是江山"①。

（一）在认识论上，充分把握农村土地制度演变的客观规律

生产力与生产关系、经济基础与上层建筑的关系是十分复杂的，"有着作用与反作用的现实过程，并不是单线式的简单决定和被决定逻辑。"②在前资本社会的有机体中，生产力与生产关系、经济基础与上层建筑间有时界限是相对模糊的；到了资本社会，跨入现代社会门槛后，生产力与生产关系、经济基础与上层建筑间的层次相对分明；到了后资本社会，特别是进入大数据时代后，生产力与生产关系、经济基础与上层建筑间往往相互融合，边界又回到原来的相对模糊状态，在社会有机体内，我们很难找到单一的、纯粹的政治问题、经济问题或文化问题。因此，在未来推动乡村振兴战略的进程中，我们首先要在认识论上，在充分分析客观实际的基础上，充分把握并运用农村土地制度演变的客观规律。

一方面，要坚持普遍性和特殊性的有机结合。生产关系与上层建筑反作用于生产力与经济基础，必须遵循两个"适应"规律：一是生产关系必须"适应"生产力的状况；二是上层建筑必须"适应"经济基础的状况，这是人类社会发展变化的普遍性规律。但是这一基本规律在具体到不同社会形态或同一社会形态不同时期时，受不同的生产力与经济基础的制约，又会导致社会基本矛盾表现为不同的、"特殊"的社会主要矛盾，因此，必须坚持具体问题具体分析。如：从新中国成立之初土地归农民所有，到

---

① 习近平. 习近平著作选读：第二卷 [M]. 北京：人民出版社，2023：482.
② 习近平. 论党的宣传思想工作 [M]. 北京：中央文献出版社，2020：36.

改革开放的家庭联产承包责任制，再到党的十八大以来的土地"三权分置"，都是土地制度变革和我国不同阶段生产力发展相适应的结果。进入新时代，我国社会的主要矛盾转变为人民日益增长的美好生活需要和不平衡不充分的发展之间的矛盾，最大的不平衡和不充分就是农村地区发展的不平衡和不充分，如农民主体地位的日益突出和素质技能不高间的矛盾、农产品供给和需求之间的矛盾等，这是社会基本矛盾在新的历史阶段的具体展开，体现的是矛盾的特殊性。

另一方面，要坚持不变和变的有机结合。社会基本矛盾的"不变"指的是基本矛盾构成内容不变、相对静止，具有稳定性，它是对人类社会庞大的矛盾体系中不同社会形态和不同发展阶段主要矛盾的共同特点的概括化和抽象化。不同社会形态和不同发展阶段主要矛盾双方均是围绕生产力系统和生产关系系统的矛盾、供给侧与需求侧之间的矛盾而展开的，是社会基本矛盾的具体表现和必然结果。"变"指的是基本矛盾的存在状态始终为绝对运动状态，绝对运动必然导致矛盾双方此消彼长、向前推进，具有条件性。随着生产力的不断发展，社会主要矛盾也会发生相应改变。社会基本矛盾的"不变"是在社会主要矛盾的"变"中实现的。虽然新中国成立以来，我国社会主要矛盾历经三次主要变化，但是社会主义的性质没变，初级阶段的事实没变，这要求我们在推进土地制度变革的过程中，与时俱进面对社会主要矛盾的"变"，在充分认识社会基本矛盾运动变化的基础上，自我调整，以发挥生产关系与上层建筑的反作用，破解农村地区亟须破解的难题。从 1954—1978 年的集体经营，到 1979—2007 的家庭联产承包，再到 2008 年至今的土地流转与集约化经营，体现的就是不变和变的有机结合。

（二）在实践论上，科学把握农村土地制度的社会主义本质特征

建党百年来，我们在农村地区取得的一切成就，都是中国共产党领导中国人民团结奋斗的结果。刘少奇在论述中国共产党作用时曾经指出："伟大的中国农民战争，如果在无产阶级政党的领导……是完全能够胜利的。"① 党的十九大报告进一步指出："中国特色社会主义最本质的特征

---

① 刘少奇. 刘少奇选集：上卷 ［M］. 北京：人民出版社，1981：331.

是中国共产党领导。"① 中国共产党在探索中国特色社会主义道路的进程中，不论是制度构建，还是理论创新，均发挥了决定性作用。只有毫不动摇地坚持中国共产党领导，土地制度才能在不断变革中体现并证实中国特色社会主义的优越性。

在计划经济时代，面对经济建设遭受的严重挫折，党中央及时调整思路，自觉调整了上层建筑中超越现实情况的"左"的设计，充分认识纯粹公有制经济体制的弊端，逐渐变革集体统一经营生产和分配方式平均主义等不适应经济基础的生产关系，缓解社会基本矛盾，解放和发展了生产力。今天，社会主要矛盾之所以能从人民日益增长的物质文化需要同落后的社会生产之间的矛盾转向人民日益增长的美好生活需要和不平衡不充分的发展之间的矛盾，最主要的原因就是中国共产党的领导，不断改革不适应生产力的生产关系，解放发展了生产力，积累了庞大的社会财富。如：摈弃"一大二公三纯"的生产关系，建立符合我国国情的经济体制；注重科技兴农、人才兴农，提升农业生产力发展水平；完善农村基建、保护环境等。农村的精神文明建设、政治文明建设、生态文明建设等扎实推进，农民生活发生了根本变化。

（三）在价值论上，深刻把握农村土地制度以人民为中心的发展思路

办好中国事情，必须处理好"三农"问题。建党百年来，我们能够从"站起来""富起来"走向"强起来"，关键在于我们党能够清醒地认识到不同时期社会的主要矛盾，坚持从农民利益出发，为了农民，依靠农民，通过土地制度变革，不断改变农村落后的经济面貌，提升农民的生活质量。习近平总书记指出："如何认识人民群众在历史上的作用，是社会历史观的重大问题。"② 人民立场是社会基本矛盾在我国运动的出发点和落脚点，是土地制度改革的逻辑起点，也是我们党的价值根基，土地制度的不断完善是为了满足生产力的发展需要，是为了改善民生 。正是因为牢牢掌握了社会基本矛盾理论的这一方法论，中国共产党人才能百年来不忘初心、砥砺前行，改革方能大有作为，社会方能更好发展。

---

① 习近平. 决胜全面建成小康社会夺取新时代中国特色社会主义伟大胜利：在中国共产党第十九次全国代表大会上的报告 [J]. 共产党员, 2017 (21)：4-25.

② 习近平. 坚持历史唯物主义不断开辟当代中国马克思主义发展新境界 [J]. 理论导刊, 2020 (1)：26.

社会主义革命和建设时期，为了解决农民生产积极性问题，中国共产党在明确土地所有制的前提下，领导农民走上了合作化道路。改革开放和社会主义现代化建设新时期，面对传统土地制度改革的禁区，中国共产党人审时度势，从提高农业产出效率出发，冲破传统体制的束缚，从试点试水到全面推广，为解放农业生产力创造条件。短时间内，有效提升了农民的人均水平，改善了农村落后的社会面貌。中国特色社会主义新时代，面对分散经营模式跟不上生产力发展水平的现状，中国共产党人进一步深化土地制度改革，中央一号文件连续 18 年聚焦"三农"问题，提出了"三权分置"改革。每一次的改革均起源于农村问题的提出，党的"三农"情怀、人民情怀随着一系列乡村振兴的具体举措得以持续体现，随着农村翻天覆地的变化得以真实体现。

任何事物的发展变化都受历史根基的影响，不能简单归因为当下的国家政策，应当从历史延续的视角解读国家治理的线索①。温铁军曾经指出，中国百年乡村振兴建设有着内在的连续性，因此必须跳出乡村建设看乡村建设，打破历史与当下乡村振兴实践在叙述、时空等方面呈现出的割裂状态，从连续性的视角，从"主体—产业—空间"延伸融合的视角梳理阐释其基本脉络和演进逻辑②。土地问题是"三农"问题的基本，党成立以来，农村的每一次飞跃发展都是以变革土地制度为先导的。在站起来阶段，侧重于主体维度。广阔的土地资源受限于主体的能动性束缚，在农村社会系统运行中不但难以有效转化为资本，而且随着农民主观意愿持续损耗进一步呈递减态势，最终陷入恶性循环。而农民作为乡村振兴主体，是生产发展中最活跃、最积极的因素，我们通过确立土地"一权"重塑农民的主体地位，完成了新中国成立后乡村振兴的第一次大的变革。在富起来阶段，侧重于产业维度。农业既是联结农民主体和农村空间的媒介与载体，也是两者间相互作用的产物，若农民主体和农村空间出现不兼容、不协调问题，将加剧农业产业竞争力的弱质化。我们通过分离土地"两权"提升农业的产出效率，完成了新中国成立后乡村振兴的第二次大的变革。农村是农民主体和农村产业发展的空间载体，只有推进农村空间政治层面的"去

① 周雪光. 寻找中国国家治理的历史线索 [J]. 中国社会科学，2019（1）：90-100.
② 潘家恩，杜洁. "现代梦"的别样回声：乡村建设的资源与矛盾 [J]. 开放时代，2011（3）：70-83.

异质化"、经济层面的"去边缘化"、社会层面的"去封闭化"、文化层面的"去落后化"、自然层面的"去脆弱化"、公共服务层面的"去低端化"、开放层面的"去末端化"、交通层面的"去末梢化",提升农村空间发展的边际效益,才能增强农业的集聚效应和强化农民的主体地位①。我们通过分置土地"三权"延伸了农村的发展空间,完成了新中国成立后乡村振兴的第三次大的变革。党中央乡村振兴政策的不断演进,体现了百年来党对农业领导方式的改进,被实践证明是正确的,指引着我们迈向2035年的乡村建设行动。

---

① 方盛举. 边疆治理现代化视域下的文化戍边方略 [J]. 思想战线,2019 (6):101-108.

# 第二章 人才篇：以人才为支撑，增强乡村振兴的内生动力

## 第一节 党组织发挥先锋模范作用

习近平总书记多次就实施乡村振兴战略发表重要讲话，强调要"打造千千万万个坚强的农村基层党组织，培养千千万万名优秀的农村基层党组织书记"①。随着时代的不断发展和农村经济主体的不断变化，乡村基层党组织呈现出了许多新的特点，给农村党组织建设带来了一些新情况、新矛盾、新问题。为切实答好新时代乡村组织振兴的答卷，笔者以崇州市为调研对象，先后到乡镇和村社区通过问卷调查、分组座谈等形式，进行了走访调研，着力找准查实全市基层党组织建设面临的紧迫问题，以便精准施策，对症下药，推动乡村组织振兴。

### 一、把握农村基层党组织在乡村振兴中的角色定位

基层党组织作为中国共产党推进农村工作的重要力量，既是党中央"三农"方针政策的执行者，也是推进乡村振兴战略的实践者和落实者。马克思、恩格斯曾在自己的著作中多次指出：如果无产阶级政党缺乏自己的领导核心，就无法形成统一的意志，一盘散沙，就不会有凝聚力、号召力、战斗力，也就无法完成自己的历史使命②。党的十八大以来，习近平总书记反复强调，"我们全面加强党的领导，大大增强了党的凝聚力、战

---

① 习近平. 论"三农"工作 [M]. 北京：中央文献出版社，2022：269.
② 陈剑. 新时代增强党的政治领导力的价值意蕴及实践进路探析 [J]. 理论导刊，2020（1）：40-44.

斗力和领导力、号召力。"① 党的十九大报告中，习近平总书记更是创造性地提出了"党的政治领导力"这一概念，对党的领导力进一步细化，强调加强党的政治领导力，通过党建引领让党的战斗力始终"满格"、让党的生命力始终高企。那么党建如何引领我们的乡村振兴工作呢？学者唐亚林等认为，建党精神才是党建引领的核心，其目的是解决动力不足、方向不明等实践问题②，这一理论在乡村振兴工作中同样适用。基于马克思主义基本理论的视角，党员干部在乡村振兴中，从顶层设计到具体实践，发挥着四大作用。

（一）号召力

坚持党的领导是中国特色社会主义的本质特征，也是我国最大的制度优势。要保持这一特征和优势，就必须坚定地维护党中央权威，令行禁止，国家治理体系方能顺利运转。早在1850年，马克思和恩格斯在共产主义者同盟成立之际就提出："应该使每一个支部都成为工人协会的中心核心。"③ 在《论权威》一文中，恩格斯将无产阶级革命比喻为海上航船，危难之际，"要拯救大家的生命，所有的人就得立即绝对服从一个人的意志。"④ 而现在，面对复杂的国际国内形势，能否不惧危机、找准方向、乘风破浪，取决于船舵是否由"最有威信，最有影响，最有经验，被选出来担任最重要职务而称为领袖的人们所组成的比较稳定的集团来主持"⑤。作为检验真理的唯一标准，1943年的实践论证了这一观点。当年，因为一些同志"不注重和不善于团结积极分子组成领导核心，不注重和不善于使这种领导核心同广大群众密切地结合起来"⑥ 致使宗派主义、山头主义、分散主义抬头。事实证明，一个有权威的领导核心面对重大问题具有极强的号召力，反之亦然。要想改革成功，"必须有领导有秩序地进行。"⑦ 中央

---

① 习近平. 习近平谈治国理政：第二卷 [M]. 北京：外文出版社，2017：60.

② 唐亚林，刘伟. 党建引领：新时代基层公共文化建设的政治逻辑、实现机制与新型空间 [J]. 毛泽东邓小平理论研究，2018（6）：21-27，107.

③ 马克思，恩格斯. 马克思恩格斯选集：第一卷 [M]. 中共中央编译局，译. 北京：人民出版社，2012：558.

④ 马克思，恩格斯. 马克思恩格斯选集：第三卷 [M]. 中共中央编译局，译. 北京：人民出版社，2012：276.

⑤ 列宁. 列宁选集：第四卷 [M]. 中共中央编译局，译. 北京：人民出版社，2012：151.

⑥ 毛泽东. 毛泽东选集：第三卷 [M]. 北京：人民出版社，1991：899.

⑦ 邓小平. 邓小平文选：第三卷 [M]. 北京：人民出版社，1993：277.

的政策"不允许在不得到中央同意的情况下由任何下级机关自由修改"①。党的十九大上，习近平总书记再次重申"保证全党服从中央，坚持党中央权威和集中统一领导，是党的政治建设的首要任务"②。

可以说，不断创新党建+模式是新时期执政党将自身的凝聚力、战斗力和组织能力充分彰显在基层的基点。面对日益独立化、个体化的社会，基层党组织依靠坚强的领导核心，通过一定模式整合党建资源和凝聚社会资源，确保了我党的生机活力，指明了国家事业的正确发展方向，形成了农村基层党建的强大合力，从而拓展了基层党组织的辐射平台，扩大了党组织的影响力，推动了农村地区的建设与发展。正是因为有了党中央的绝对权威，在乡村振兴中，党中央决策部署才能在各部门各单位层层贯彻落实，党中央的号召才能在群众中层层传递积极响应。

（二）凝聚力

恩格斯的历史合力论指出，历史"合力"或历史结果在社会领域以何种形态出现，取决于在合力中的引领分力能否审时度势抓住机遇，利用规律把握前行方向。在我国，中国共产党的领导就是这股分力。自我们党成立之初，就明确了为中国人民谋幸福、为中华民族谋复兴的初心使命，建党 100 年来，我们党取得的无数历史成就足以证明，党的领导才是我们攻坚克难、走向胜利的根本保证。

唯物史观认为，任何政党、任何团体，脱离了人民群众就无法开展伟大的历史创造，一个政党只有依靠人民群众才能真正发挥作用。中国共产党的领导核心地位便是在革命改革过程中，在人民群众的拥护下形成的，这种领导力和凝聚力将广大人民群众紧密团结在党中央周围，与党保持步调一致和行动统一，心往一处想、人往一处聚、劲往一处使，形成无坚不摧的历史合力。在党中央的领导下，各级党组织和全体党员同志真正成为乡村振兴的中坚力量，在前期组织建设、体制建设和思想建设的基础上，形成了磅礴的政治动员能力，充分调动了不同单位的党组织和社区、乡镇的全体党员参与其中。

（三）战斗力

如何打破传统以村党支部为单位的单一运行模式，扩大党组织生活的

---

① 毛泽东. 毛泽东文集：第五卷 [M]. 北京：人民出版社，1996：86.
② 习近平. 决胜全面建成小康社会夺取新时代中国特色社会主义伟大胜利：在中国共产党第十九次全国代表大会上的报告 [J]. 共产党员，2017（21）：4-25.

开放度，将不同地区、不同部门的党员、积极分子和群众力量有效地组织和凝聚起来，将闲置的党建资源充分整合和利用起来振兴乡村？这有赖于我们党强大的革命战斗力。

一方面，积极开展技术革命。恩格斯指出，历史"是在十分确定的前提条件下创造的"，要受到客观规律的制约①。这要求我们既要考察杰出人物和领导人物的思想动机，又要关注广大人民群众、整个时代、整个民族的综合动机。这样，我们才能洞见历史进步的真正原因②。党建作用的发挥必须根据时代、人民、民族的需求与时俱进，不断开展技术革命，提升资源整合能力。进入互联网时代，越来越多的工具开始信息化，如：微博、微信、QQ等新媒体可及时传播信息、有效开展交流，以此实现资源的优化配置和效用的最大最优。

另一方面，积极进行自我革命。党的强大生命力和战斗力还来源于不断地自我革命和自我革新。党组织的设置模式关系着党员作用的发挥，党员主要通过党组织这个平台发挥作用。传统的组织生活以党支部为单位实行单一运行模式，这极易导致管理的欠缺，容易出现对流动党员疏于管理、脱离管理的现象，以致流动党员的作用无法正常发挥，严重削弱农村党组织的凝聚力和战斗力。因此，近些年来，党开始积极推进组织构建革新，不断创新学习载体、活动载体和制度载体，探索社会各界与基层党组织结对共建工作机制，着力推进社会优势资源向基层聚集，最终形成各级部门与基层党组织合力助推乡村振兴的新局面。

（四）协调力

历史进程的推进充满着复杂和矛盾。对于马克思主义政党来说，衡量其成熟的标准，就在于能否充分发挥自身的领导核心作用。面对不同的社会矛盾，必须制定、贯彻、执行正确的方针、政策和路线，在矛盾中保持党的方针、政策和路线的稳定性和连续性。中国特色社会主义建设是一项庞大的系统工程，坚持党对一切工作的领导并不是抽象的、空洞的，而是具体到我国政治建设、经济建设、文化建设、社会建设、生态建设等各方面，这对党的协调能力提出了几大要求，它要求党识大体、顾大局，无论在哪个方面、哪

---

① 马克思，恩格斯. 马克思恩格斯选集：第三卷 [M]. 中共中央编译局，译. 北京：人民出版社，2012：671.

② 马克思，恩格斯. 马克思恩格斯选集：第四卷 [M]. 中共中央编译局，译. 北京：人民出版社，2012：255-266.

个领域、哪个环节出现矛盾都能在关键时刻协调主次矛盾，动员汲取、合理配置社会各种资源，并以一定方式激活其活力，稳住航向，力挽狂澜，化险为夷。正如邓小平同志所说"只要有一个好的政治局，特别是有一个好的常委会，……什么乱子出来都挡得住。"[1] 进入新时代，我们党迅速分析了社会的主要矛盾，抓住了主要矛盾的主要方面，将大量的资源向乡村振兴工作倾斜，不断协调城乡发展，真正实现了近期目标和长远目标、短期利益和长远利益的有机结合，彰显了中国特色社会主义制度的优越性。

## 二、成都农村基层党组织发展的基本情况——以崇州市为例

本次走访和问卷调查，主要包括基层党组织设置、运行、作用发挥和存在问题等五个方面的内容，共设计 26 个调查问题，被调查对象为崇州市乡镇党委书记、副书记、部分村社区及新兴领域党组织书记，实地走访 75 人次，开展座谈 128 人次，发放调查问卷 360 份，收回问卷 360 份，有效问卷 359 份。

（一）组织成员年龄学历分布情况

全市共有村级党组织 253 个，其中党委 53 个，党总支 82 个，支部 118 个，全市入库农村党员 18 472 人。

1. 村级党组织书记情况

全市村级党组织书记 253 人。新任书记占比较低（23.32%）；在年龄层次上，41~50 岁人数最多（121 名），占比 47.83%；在学历状况上，整体学历结构较为合理，高中及以上文化水平占比 85.77%。村级党组织书记年龄层次见图 2-1；村级党组织书记学历结构见图 2-2。

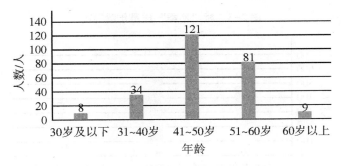

图 2-1 村级党组织书记年龄层次

---

① 邓小平. 邓小平文选：第三卷 [M]. 北京：人民出版社，1993：310.

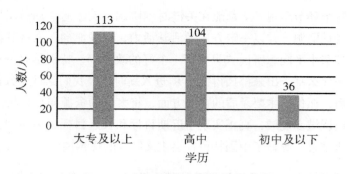

图 2-2　村级党组织书记学历结构

2. 村"两委"成员情况

全市村"两委"成员 1 405 人。新任成员占比较低（30.89%）；在年龄层次上，41~50 岁人数最多（517 名），占比 36.80%；在学历状况上，整体学历结构较为合理，但是党组织书记学历偏低，高中及以上文化水平占比 80.43%。村"两委"成员年龄层次见图 2-3；村"两委"成员学历结构见图 2-4。

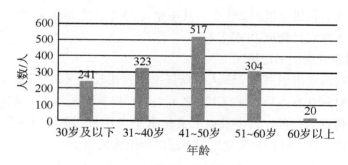

图 2-3　村"两委"成员年龄层次

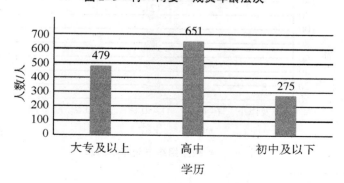

图 2-4　村"两委"成员学历结构

3. 农村党员的基本情况

全市农村党员 18 472 人，年龄层次上，60 岁及以上人数最多（9 205 名），占比达 49.83%；学历状况上，整体学历偏低，初中及以下占比 62.97%。农村党员年龄层次见图 2-5；农村党员学历结构见图 2-6。

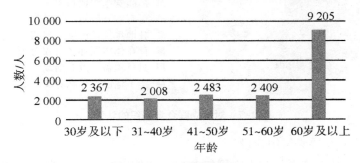

**图 2-5　农村党员年龄层次**

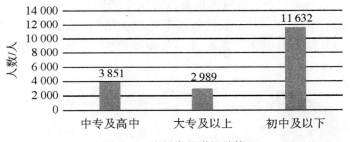

**图 2-6　农村党员学历结构**

（二）基层党组织设置基本情况

1. 设立联合基层党组织

21% 的被调查者认为设立联合基层党组织"有效解决了一些领域党组织设置难的问题"，20% 的被调查者认为"有利于信息交流、资源共享、节约成本"，但是也有 12% 的被调查者认为设立联合党组织"驻地单位认可度、参与度不高"，9% 的被调查者认为"存在体内循环、自娱自乐"的问题，对设立联合党组织的认识见图 2-7。

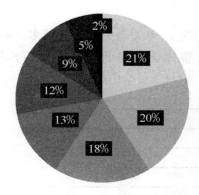

图 2-7　对设立联合党组织的认识

- 有效解决了一些领域党组织设置难的问题
- 有利于信息交流、资源共享、节约成本
- 提高党组织覆盖率
- 更有效开展组织活动
- 驻地单位认可度、参与度不高
- 存在体内循环、自娱自乐
- 只是覆盖、没有活动
- 建不建设没什么意义

## 2. 网络基层党组织建设

25%的被调查者认为设立网络基层党组织"解决了一些党员难以集中过组织生活的问题，24%的被调查者认为设立网络基层党组织是"基层党组织设置的有益补充，但不能代替线下组织生活"，但也有19%的被调查者认为网络基层党组织还"需要进一步规范管理"，对设立网络党组织的认识见图2-8。

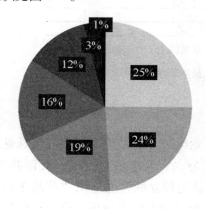

图 2-8　对设立网络党组织的认识

- 解决了一些党员难以集中过组织生活的问题
- 基层党组织设置的有益补充，但不能代替线下组织生活
- 还需进一步规范管理
- 解决了一些"口袋党员"过组织生活的问题
- 新形势下设置基层党组织的必然方向
- 组织松散、缺乏管理，不符合设置党支部的目的
- 不符合党章党规要求、不宜推广

## 3. 不同于传统方式设立基层党组织的可行性

27%的被调查者认为可以在"合作社、专业协会、产业链、家庭农场"设立基层党组织，24%的被调查者认为可在"流动党员集中点"设立基层党组织，17%的被调查者认为可以"与辖区党组织共同设立"，不同于传统方式设立基层党组织的可行性见图2-9。

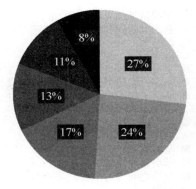

合作社、专业协会、产业链、家庭农场

流动党员集中点设立

与辖区党组织共同设立

设立不接转组织关系、方便党员过组织生活的功能性基层党组织

在志趣相投、兴趣相近、活动相似的党员中设立

网络设立

**图 2-9　不同于传统方式设立基层党组织的可行性**

4. 对"设立基层党组织的主要困难"调查

调查发现"跨地域设立受到选举权等利益影响""非公企业出资人不重视、不支持""基层党组织书记缺乏合适人选"是设立基层党组织的主要困难，占比分别达到 38%、28%、22%，设立基层党组织的主要困难见图 2-10。

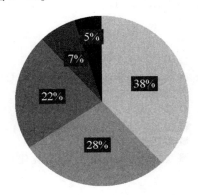

跨地域设立受到选举权等利益影响

非公企业出资人不重视、不支持

基层党组织书记缺乏合适人选

党员人数不够、不符合设立条件

缺乏上级党组织直接领导

**图 2-10　设立基层党组织的主要困难**

（三）基层党组织作用发挥情况

1. 基层党组织作用发挥存在的突出问题

调查显示，分别有 19%、14%、14% 的被调查者认为"组织活动缺乏吸引力""驻区党组织和党员对社区建设不关心""缺乏场所、经费和人员"是基层党组织发挥作用存在的前三大突出问题，基层党组织发挥作用存在的突出问题见图 2-11。

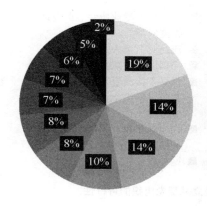

组织活动缺乏吸引力
驻区党组织和党员对社区建
设不关心
缺乏场所、经费和人员
党员活动经费不足
基层党组织书记发挥作用不到位
基层党组织书记兼职、主要精力
没有放在业务上
党内民主不健全、党员积极
性调动不起来
基层党组织工作能力不足
基层党组织缺乏号召力
党员之间沟通不畅,关系不
紧密
缺乏上级党组织领导

图 2-11　基层党组织发挥作用存在的突出问题

## 2. 基层党组织建设最需要加强的方面

调查显示,分别有 23%、20%、14% 的被调查者认为最需要加强的是"党内激励关怀帮扶""提高组织生活质量""落实党建工作专项经费",基层党组织建设工作中,最需要加强的方面见图 2-12。

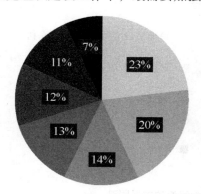

党内激励关怀帮扶
提高组织生活质量
落实党建工作专项经费
党支部书记和党员轮训
党员队伍的先进性和纯洁性
党组织活动阵地建设
党支部书记定期述职、述党建

图 2-12　基层党组织建设工作中,最需要加强的方面

## 3. 担任村基层党组织书记应当具备的条件

调查显示,"党性强、作风实""想干事、能干事、干成事""善于凝聚党员群众""熟悉基层党组织工作",在"担任村基层党组织书记应当具备的条件"中被选择比例较高,均达到 12% 以上,担任村基层党组织书记应具备的条件见图 2-13。

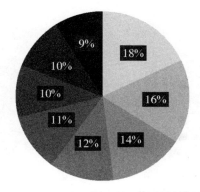

党性强、作风实
想干事、能干事、干成事
善于凝聚党员群众
熟悉基层党组织工作
应当是能人、强人和致富带头人
肯负责、能奉献
人品好、威望高
村里能人、党性强

**图 2-13 担任村基层党组织书记应具备的条件**

4. 影响党员发挥先锋模范作用的主要原因

调查显示，分别有 27%、22%、21% 的被调查者认为"党员意识淡薄""缺少发挥作用的载体""基层党组织缺乏有效的教育引导"是影响党员发挥先锋模范作用的前三位主要原因，影响党员发挥先锋模范作用的主要原因见图 2-14。

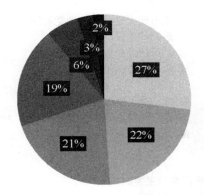

党员意识淡薄
缺乏发挥作用的载体
基层党组织缺乏有效的教育引导
缺乏奖惩机制
不知道如何发挥
没有发挥作用的外部环境
其他

**图 2-14 影响党员发挥先锋模范作用的主要原因**

5. 基层党组织带头人队伍建设工作难点

调查显示，党组织带头人队伍建设工作难点中，43% 的被调查者认为"人才加入社区建设的积极性不够"；32% 的被调查者认为"上升通道狭窄，进入体制的受益面较小"；20% 的被调查者认为"社区工作压力较大"，基层党组织带头人队伍建设工作难点见图 2-15。

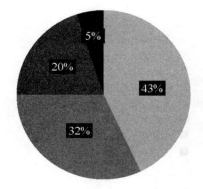

图 2-15　基层党组织带头人队伍建设工作难点

6. 流动党员管理困难的主要原因

调查显示，32%的被调查者认为"流出地党组织对流动党员缺乏制约手段、不好管"，27%的被调查者认为"党员流动频繁，联系困难"，流动党员管理困难的主要原因见图 2-16。

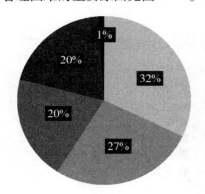

图 2-16　流动党员管理困难的主要原因

（四）基层党组织具体运行情况

1. 基层党组织组织生活形式

调查显示，大部分被调查者所在乡镇每月都会举行至少一次党组织活动，58%的乡镇党组织生活是定期单独展开，40%的乡镇党组织生活是与其他会议套开，基层党组织开展组织生活的方式见图 2-17。

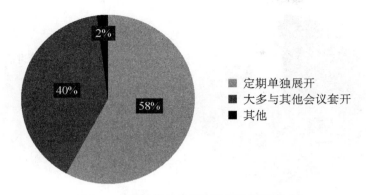

图 2-17 基层党组织开展组织生活的方式

2. 基层党组织开展组织生活的地点

调查显示，38% 的被调查者反映所在基层党组织开展组织生活都选择在"会议室内"，33% 的被调查者反映所在党组织选择在"党员教育基地等场所"，13% 被调查者反映在"网络上"开展组织生活，基层党组织开展组织生活的地点见图 2-18。

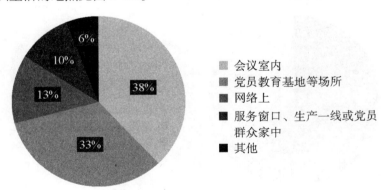

图 2-18 基层党组织开展组织生活的地点

3. 党组织生活的主要内容

调查显示，29% 的被调查者所在党组织主要通过"读报纸、念文件、领导讲话"开展党组织生活，25% 的被调查者所在党组织通过"志愿者服务类活动"开展党组织生活，16% 的被调查者认为有"进修培训、考察学习"等深造机会，基层党组织开展组织生活的主要内容见图 2-19。

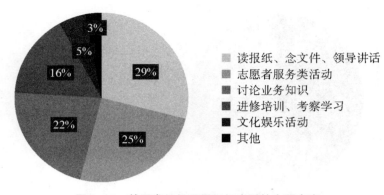

图 2-19　基层党组织开展组织生活的主要内容

4. 基层党组织的组织力

调查显示，对于基层党组织组织力"乏力"的原因，33%的被调查者认为"农村集体经济不够强大"，26%的被调查者认为"基层党组织负责人未养成依靠群众工作的习惯"，23%的被调查者认为"没有有效发动群团力量"，基层党组织"乏力"的原因见图 2-20。

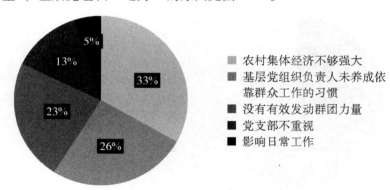

图 2-20　基层党组织"乏力"的原因

5. 基层党组织的运行

调查显示，39%的被调查者认为"党员教育管理效果不好"，24%的被调查者认为"党建和业务工作'两张皮'"，20%的被调查者认为"落实组织生活制度不到位"，9%的被调查者认为"组织党员汇报思想较少"，基层党组织运行存在的突出问题见图 2-21。

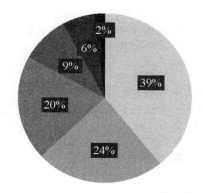

图 2-21　基层党组织运行存在的突出问题

（五）基层党组织管理监督情况

1. 基层党组织管理面临的突出问题

调查显示，30% 和 28% 的被调查者认为，"工作标准不明确""缺乏有效解决问题的方法"是基层党组织管理中存在的两大最主要问题；17% 的被调查者认为"落实检查不严格"，基层党组织管理的突出问题见图2-22。

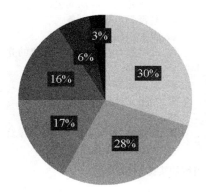

图 2-22　基层党组织管理的突出问题

2. 加强基层党组织的管理

调查显示，25% 的被调查者认为"应提升群众对党组织的认可度、满意度"，20% 的被调查者认为"应制定符合各类支部实际的工作要求"，19% 的被调查者认为"上级党组织应加大对下级党组织的支持和保障"，16% 的被调查者认为"应强化考核"，加强基层党组织管理的措施见图2-23。

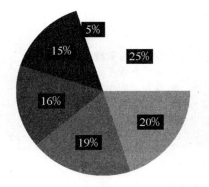

**图 2-23　加强基层党组织管理的措施**

3. 基层党组织的实际监督作用

调查显示，18%的被调查者认为基层党组织能够"了解党员、群众的批评和意见"，18%的被调查者认为所在党组织能"监督党员履行义务"，16%的被调查者认为所在党组织能"维护和执行党的纪律"，基层党组织的实际监督作用见图2-24。

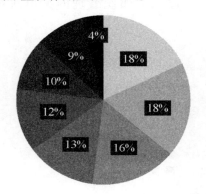

**图 2-24　基层党组织的实际监督作用**

4. 基层党组织履行责任情况

调查显示，30%的被调查者认为"对质量、效果考核少"，25%的被调查者认为"对党支部监督职责不清楚"，18%的被调查者认为"上级党组织监督不够"，基层党组织责任落实情况见图2-25。

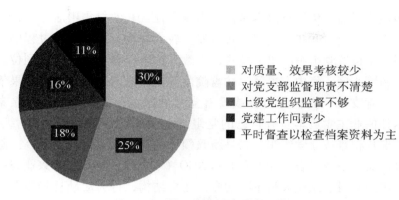

**图 2-25 基层党组织责任落实情况**

### 5. 基层党组织制度执行

调查显示，对于加强基层党组织制度执行的主要方向，18%的被调查者认为是"'三会一课'制度"，16%的被调查者认为是"党员联系群众制度"，15%的被调查者认为是"党员教育培训制度"，加强基层党组织制度执行的主要方向见图 2-26。

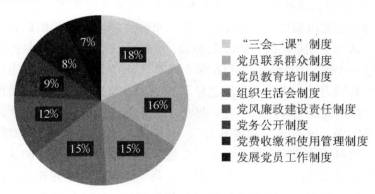

**图 2-26 加强基层党组织制度执行的主要方向**

## 三、制约崇州市基层党组织在乡村振兴中发挥作用的困境和成因

通过对上述问卷和走访调研情况的梳理，笔者发现，虽然新时代农村基层党组织建设的进步很大、创新实践很多、成效也比较明显，但也存在一些不容忽视的问题，主要包括以下几个方面。

（一）有效覆盖尚有缺位，党建引领的"全面性"不够

随着城乡融合的快速推进，以及乡村旅游业快速发展，大量传统农村

地区被城市覆盖，传统村落迅速转变为城市社区和农村集中居住区，居民的生活方式、居住方式、生产方式也发生较大转变，但在转变过程中，以建制村为主设置党组织的单一模式，导致党的组织覆盖不能全部到位。一是部分新型小区、集中安置区、林盘院落等建立党的组织困难。如果依托物管成立党支部，面临党员少或没有党员的窘境；依托业委会成立党支部，居住的业主党员本身有自己的党组织，多数不愿放弃原有的党组织，两种情况均很难成立党组织。二是新兴领域"两个覆盖"质量不高。随着合作社、家庭农场、农村新型企业和NGO（非政府）组织等新兴业态高速发展，组织数量、从业人员不断增多，社会结构、行为活动日趋复杂，这对新兴领域党组织覆盖提出了新的挑战。图2-10中，28%的被调查者就认为"非公企业出资人不重视，不支持"基层党组织，工作开展受到很大的制约。三是联合党组织作用发挥不够。按照区域化理念，部分农村虽然成立部分联合党组织，但在具体操作中，只注重形式、不注重效果，只讲理念创新、实践载体没有配套，只搞体内循环、自娱自乐，群众和驻地单位认可度不高、参与率不高，工作覆盖面和影响力不大。

（二）思想认识略微滞后，理念转变的"完成度"不够

部分基层党组织负责人对党建工作的重要性和现实意义的认识存在一定偏差，认为党建是虚的，业务是实的，丢掉了主责主业。一是抓思想政治工作意识不强。部分基层党组织负责人摆不正位置，存在"不占用党员太多时间和精力，多少干点意思意思"的错误思想，很少组织党员汇报思想，致使部分党员组织上入了党，思想上并未真正入党，"四个意识"树立得不够牢固，满足于"独善其身"，责任感、使命感不强，面对错误言行不敢旗帜鲜明地站出来勇敢斗争。二是对"党是领导一切"的认识不充分。部分基层党组织负责人缺乏开放、创新、服务、统筹的理念，缺乏抓党建的信心和魄力，还没有破除就"党建抓党建"的传统思维，片面认为抓党建就是抓支部、抓党建就是抓党员，抓党建就不能管业务，对于抓党建促进中心工作认识上含糊不清，措施上缺乏创新，党建和业务工作"两张皮"。三是服务群众的意识不够强。有的基层党组织做工作对"上"负责多，对"下"负责少，对党员的工作生活关心不够，给群众办实事不多，村级党群服务中心功能仅限于"办公场所"，不能满足服务党员群众的功能，群众对党组织的认可度和满意度有待提高。

（三）工作方法稍显老套，与新时代的"匹配度"不够

随着新经济、新业态在乡村的不断涌现，部分党组织负责人面对老办

法不灵，新办法不会，软办法没用的窘况，学习不多、思考不深、"自身不硬难打铁"，影响了基层党组织作用发挥。一是管理的运行方式不活。从机制体制的建立上引导社会组织、驻区单位和居民群众等多元参与的思考不够，调动社会力量、社会资源不充分，满足于自己做自己的，与驻区单位沟通少、联络少，致使不同类型党组织之间缺乏联动性，造成资源分散、难以共享，驻区党组织和党员对社区建设关心不够，参与社区党建的主动性不强。二是教育学习的针对性不强。有的党组织教育内容乏味，与党员关心的热难点问题、自身需求结合不紧；有的党组织教学形式单一，说教多于引导、灌输多于启发；有的党组织创新意识不足，学习缺乏内涵，由图 2-19 可知，走访中有 29% 的被调查者所在党组织主要通过读报纸、念文件、领导讲话开展党组织生活，形式单一、内容枯燥，对党员缺乏吸引力、感召力。三是基层党务干部"内功"不够足。部分党务干部从事党务工作时间短，进修培训、考察学习等深造机会不多，业务不够熟练，落实制度随意性大，组织生活不健全，"三会一课"制度坚持不好，导致部分党员对党组织的归属感下降，表现跟普通群众差不多甚至不如普通群众。

（四）组织群众依旧乏力，动员群众的"参与度"不够

党的二十大提出了提升基层组织组织力的新要求。但是，面对新时代新征程，部分基层党组织只满足于完成上级指派的任务，和群众之间的关系不融洽，把群众力量忘在了脑后。一是依靠自身努力多，发动群团参与少。一些党组织负责人不善于借用群团力量推进工作，对党建带群建、社会组织、志愿者等组团统筹思考不多，致使组织群众工作力量分散、浮在表面，零碎而不系统，整体效应发挥不足。二是依靠干部力量多，发动群众广泛参与少。在日常工作中，部分基层党组织负责人在落实任务时，缺少新形势下组织发动群众的新方式、新方法，不能引导群众主动参与，面对上级的压力，习惯于上指下派，落实工作靠干部，执行任务靠干部，没有养成依靠群众工作习惯，在遇到突发性、临时性、特殊性问题时，才临时发动群众，造成工作被动，落实乏力，效果欠佳。三是手中依靠资源不足，集体经济较为薄弱。部分村（社区）党组织带头人，主要注重发展自己的产业，对如何壮大集体经济研究不多，投入精力不够，导致农村集体经济还不够强大，难以及时将党的主张、党的声音和党的温暖及时传递给广大群众。

（五）制度体系不够完善，压力传导的"刚性度"不够

虽然基层党组织负责人对党建的重要性都有清醒的认识，但由于制度体系的不完善，部分基层党组织认为经济工作和业务工作是必须完成的中心工作，完不成就要"挨板子"，党建工作干多干少、干好干坏没有准确界定，可以松一松、放一放。一是日常监管机制不完善。平时督查主要检查档案资料，只要资料齐全就认为工作扎实有效，致使以"硬件建设"代替活动开展，以"制度上墙"体现工作成效的情况仍有发生。二是考核标准不够精细化。虽然将党建工作目标管理纳入了年度考核内容，但考核指标相对粗线条，对过程性监管考核少，对质量和效果的测评考核少，考核的"指挥棒"作用发挥不足，"整改看着办、通报毛毛雨、追责轻飘飘"等问题依然存在。三是责任查究机制不健全。近年来因为部分基层干部对抓党建认识不够、重视不足，抓党建成了"可有可无、可多可少"的附加品，仍然存在"举得高，放得轻""喊在口上，动在嘴上，搁在纸上"的现象。

（六）队伍建设仍有"失血"，优秀人才的"支撑度"不够

村"两委"干部年龄结构老化，学历结构普遍偏低，眼界有限，思维需要拓展，工作业务能力不足，而优秀人才又招不来、留不住，面临着青黄不接、断代断层问题。一是待遇偏低，能人不愿干。村"两委"干部和社区工作者待遇不高，对人才加入社区建设的吸引度不够，很多高校毕业生、回乡能人不愿到村（社区）工作。二是发展受限，人才留不住。村"两委"干部和社区工作者是受体制影响较深的一个群体，既受体制的约束，又不在体制内，身份比较微妙，缺乏自我认同，加上上升通道狭窄，进入体制的受益面较小，一旦有合适机会，就会毫不犹豫地选择离开。三是事务繁杂，工作负荷较大。据不完全统计，目前需要社区盖章证明的事项有30多个，下放的服务事项有100多个，需要做的报表台账有1 000多项，致使社区工作压力较大，造成人才望而却步。

**四、聚焦基层党组织角色定位，助推乡村振兴迈上新台阶**

近年来，崇州市着力探索"西控"区域乡村振兴的生动实践，在党建的引领下，走出了一条"三则同导、三区共融、三生统筹"的美丽乡村建设之路。

（一）聚焦"五个基本"，夯实基础抓党建

目前，我国正处于社会转型的重要时期，如何在新时期加强党的建

设，确保乡村振兴工作取得实效是我国各项工作顺利展开的关键。一些学者认为，必须全面加强党委领导班子建设，发挥好党总揽全局、协调各方的领导核心作用。这就要求我们牢固树立"抓住党建就是抓住生产力"的观念，尤其是在新农村建设中，党建工作的顺利开展能为乡村振兴提供强大的精神动力和重要的政治保证。在党建工作中，相比其他党组织，农村基层党组织不仅处于改革发展稳定的主战场，而且也处于应对各种矛盾和利益考验的第一线，因而更需高度重视农村基层党组织的发展。针对农村基层党组织目前存在的号召力不足与凝聚力不够的状况，要在全面推行标准化建设的基础上，抓实"五个基本"以强化农村基层党组织建设。一要围绕组织建设。通过集中建党行动，全面推行"小微党建+"模式，实现学校医院、商圈楼宇、院落林盘、物业机构、社会组织等领域党组织全面有效覆盖。二要围绕队伍建设。通过"头雁"提能行动、村级后备干部孵化行动、党员发展规范化3项行动，力争提升一批基层党组织书记的能力，培育一批村级后备干部人才。三要围绕活动建设。树立"跳出支部抓党建、跳出党员抓党建"理念，逐步打破以往党组织活动内容由党组织决定的做法，从主题选定、活动策划、方案制订到形式确定，都尽可能让党员"按需点菜"，确保"对口味"，提高党员的参与率和积极性。四要围绕制度建设。规范"三会一课""主题党日""组织生活会""双报到""领导干部双重组织生活""城乡党建结对共建"6项党内制度，努力让每一项工作统一规范、有"导航系统"。五要围绕阵地建设。按照党建服务到一线、工作资源到一线的思路，大力推行党群服务中心扁平化改造，规范建设集综合服务、红色记忆、党员沙龙、群团驿站、微党校等于一体的社区综合体，打造服务群众的温馨家园。

（二）聚焦"产业链"，服务中心抓党建

推进乡村振兴战略，农民最关心的就是就业和增收问题。只有当乡村振兴和农民的切身利益相结合，农民才愿意投入更多的时间和精力参与农村建设。所以，农村基层党组织必须紧紧围绕回答好"核心如何抓中心"问题，不断深化红色引领绿色内涵，把党的建设与产业发展、把党员的示范带动作用与群众的生产生活有机结合起来，让党建引领发展成为最鲜明的特质和最持久的优势。一要打造产业引领平台。因地制宜采取"产业链条"区域型、"龙头企业"带动型、"小微党建"服务型、"党员理事"协商型等模式，做到产业发展到哪里、组织覆盖到哪里、服务跟进到哪里，推动党组织争当改革发展的领路人、促进者。二要打造行业连接平台。全面推行城乡结对、同行组团、科研院所结盟等党建富民新模式，通过组织生活共过、信息资源共享、发展难题共解，促进党组织上联党委政府、中推产业抱团、下联会员群众、外联优秀人才，推动党内互助到市场合作、组织驱动到经济驱动，横向联合做大产业规模、纵向联通整合产业链条，不断优化资源配置，助推产业发展。三要打造党员示范平台。大力推行种植上示范带头、销售上挑战目标、服务上争当明星，建立"党员示范棚""党员示范区""党员示范基地"等，提升党组织思想政治的引领力、创新发展的驱动力、创新争优的带动力、员企同心的凝聚力、社会责任的担当力。

（三）聚焦"组织力"，突出作用发挥抓党建

基层党组织的领导核心地位是推进乡村振兴战略的重要前提，只有不断提升农村基层党组织的组织政治功能，才能将基层党组织打造成乡村振兴的战斗堡垒。因此，针对基层党组织影响力不够和党员引领能力不强的问题，必须多方施策、综合发力，不断提升基层党组织的组织力。一要强化学习教育，提升党组织战斗力。以学习贯彻党的二十大精神为主线，坚持把"两学一做"学习教育融入教育培训、党内生活制度、中心工作，扎实开展"不忘初心、牢记使命"主题教育，注重运用"两微一端"平台，及时发布权威学习资料，便于党员个人利用碎片化时间学习，多方搭建党员互动交流平台，鼓励党员定期交流学习体会，组织开展能够感染人、触动人、警示人的主题党日活动，使党员真正找到存在感、自豪感，把党员的心聚拢到党组织的旗帜下，把党员的劲头引导到干事创业中。二要强化区域化统筹，提升党组织号召力。以提高社区党组织的综合协调能力为导向，纵向把上下级力量串起来，横向把辖区社会资源联起来，让其统筹辖区内党政机关、企事业单位、非公有制经济组织和社会组织等各级各类党建资源，完善多方参与、功能健全、运转有序的共建共享工作机制，逐步提高群众组织化程度，着力把组织优势转变为治理优势。三要强化服务建设，提升党组织凝聚力。要积极探索"党建+"模式，把党建工作与党员群众的工作生活、所思所想所盼结合起来，突出服务理念，强化党组织和党员作用发挥平台的建设，既要突出"党的色彩"、植入"党的基因"、喊出"党的口号"、扬起"党的旗帜"，加强对党员群众的人文关怀，充分体现党组织服务的政治属性，又要为居民自治、多元参与提供方向性指引和

支持性平台，推动政府"有形之手"、市场"无形之手"、居民"自治之手"，同心同向引导群众坚定不移感党恩、听党话、跟党走，确保基层党组织真正成为群众的主心骨。

（四）聚焦"社区治理"，"三治"融合抓党建

乡村振兴是一项复杂的系统工程，基层党组织除了发挥政治、经济、文化等方面的职能作用，还必须充分发挥服务保障作用，把高质量发展、高品质生活作为农村（社区）发展治理的目标主线，加快构建以党组织为核心的基层治理体系。一是以自治为基础，培育多元组织。建立业委会、院落管理委员会等居民自治机构，实施社会组织扶持发展计划，搭建社会组织孵化平台，设立扶持社会组织发展专项资金，积极引入或培育专业化社会组织，支持社区开发民事调解、文化娱乐、道德评议和环境治理等功能，大力开展可持续社区氛围营造，推进社区自管理、自组织、自发展。二是以德治为补充，塑造社区精神。结合社会主义核心价值观的内容，着力发挥川西文化浸润力，不断挖掘"蜀中之蜀"历史文化资源，依托农事、农耕、农时等互助传统塑造互助、友爱、奉献等特色鲜明的乡愁文化；要积极培育新时代乡贤群体，用居民身边事教育身边人，促进社区居民见贤思齐，形成"向上向善向美"的社区精神。三是以法治为保障，提高主体意识。以居民为中心，按照权责统一的原则，通过居民座谈会、党员座谈会、党支部交流会、群众听证会，征集社区管理的"金点子"，制定居民权责清单。推进社区居民"立法"行动，制定社区居民公约、社区管理规定等一系列管理制度，促进居民自觉遵守法律法规、公民道德和居民公约。

（五）聚焦"责任落实"，强化问效抓党建

在全国都在深入推进党风廉政建设和反腐败工作的大环境下，地方也必须严格落实党风廉政建设的"两个责任"，加大违纪违法案件查处力度，积极构建"不敢腐、不能腐、不想腐"的工作机制。因此，在乡村振兴过程中，为了加强党建工作，进一步唤醒党员干部的宗旨意识、纪律意识和规矩意识，全体党员干部要在提升党性修养、服务人民群众的实践中，突出主责主业，以严的举措压紧压实党建责任，确保党的建设质量不断提高。一要"清单式"量化责任。结合基层党组织的目标、任务、制度和要求，建立健全"职责清晰、分工合作、共同负责"的党建工作责任清单，确保党建责任人人挑，人人肩上有指标，推动刚性履行主责主业和"一岗

双责"，走出"上级九层风浪、下级纹丝不动"的困境。二要制定精准的考核体系。坚持静态分析与动态督查、面上了解与点上印证、定性评价与定量对比、痕迹化管理与群众评议相结合，不断改进完善考核办法，加强常态随机督查力度，强化年终述职及结果运用，做到指标设置上"可考"，具体操作上"能考"，确保考核方式不偏向，树立以实绩论英雄的风向标。三要完善严格的问责体系。按照"谁管理、谁调查、谁建议"的原则，健全问责程序的目标引导、任务分解、衔接实施等制度，综合运用批评教育、诫勉谈话、组织处理以及党纪处分等形式，对抓党不严、治党不力的人严厉问责，彻底扭转"处处架设高压线，就是从来不带电"的松软现象。

（六）聚焦"人才支撑"，引育并重抓党建

根据社会资本理论和多中心理论，要创新适合本土的乡村振兴模式，必须在实践中，将政府主导、市场辅助和非政府组织支持紧密结合在一起，不断拓宽不同人员、不同资本参与乡村振兴的途径。人才是推动乡村振兴的中坚力量，因此，必须通过党组织搭台，不断壮大乡村人才队伍。一要培育一批干部人才。持续深化"头雁孵化工程"，分层分类开展基层党组织负责人培训，建立健全市、乡、村三级村级后备干部递进培养机制和村（社区）干部待遇保障机制，全面加强基层党组织带头人队伍建设，凸显"头羊效应"。二要孵化一批乡土人才。整合各渠道培训资金资源，建立政府主导、部门协作、统筹安排、产业带动的培训机制，依托党校、川西林盘培训学院、微党校等载体，实施青年人才培养、农村实用人才培训、新型农业经营主体带头人轮训等计划，扶持培养一批农业职业经理人、经纪人、乡村工匠、文化能人和非遗传人等"土专家""田秀才"，让其成为乡村振兴的生力军。三要引进一批精英人才。积极运用"乡情乡愁"，引导外出返乡型人才，以及在外发展较好的本地群众回归乡村，以主人翁意识、主人翁姿态，建设美丽家乡、叙写美好乡情。采取"人才+项目+基金+基地"方式，与国内知名高校、科研机构、文创团队等建立红引驿站、创客之家，构建智力支持和科学研究的双边双向共利机制，将招商引资与招才引智紧密结合，加强向高等院校、科研机构"借脑""借智"力度。

## 第二节　新农人发挥主体作用

改革开放以来，随着工业化、城镇化进程的推进，城乡经济发展差距增大，城乡关系由过去的一致性日益演化成对立和分离的过程，农村社会的优质资源纷纷流入城市。商品与要素市场的快速成长，使得自主性迁徙成为人口流动的主要方式，产生了规模庞大的农村流动人口。农村社会主体的集体认同感和家族血缘逐渐分散化、陌生化，内部凝聚力和向心性不断消解，其组织结构濒临断裂与瓦解，呈现出"说村不是村，有院没有人，说地不是地，草有半人深"的荒凉景象。农村社会这种由均衡性向非均衡性的结构变迁，为农村社会的发展带来了很多的不确定性，也为农村社会治理增添了多重困境。如何打破这种非均衡性，对治理农村空心化尤为重要。新常态下，党中央高度重视"三农"问题，连续出台中央一号文件大力促进农业发展、扶持农村建设、增加农民收入，我国"三农"发展由此迎来了一个新的历史时期。在乡村振兴战略的带动下，政府进一步支持农村外出务工人员返乡创业，农村实行土地确权与土地流转，经济活力得到提升，越来越多的外出务工人员带着资本、技术、项目以及新的眼界与思想回流，为乡村发展注入活力，他们被称为"新农人"。农民不再是一种身份，而是成为一种职业。

2025年的中央一号文件指出，完善乡村人才培育和发展机制，推进乡村工匠培育工程。实施乡村振兴人才支持计划，加强农民技术技能培训，壮大农村各类专业人才和实用人才队伍。2012年以来，中央一号文件多次对农业职业教育培训工作作出部署，认真贯彻落实中央政策和习近平总书记重要讲话精神，培育造就一批有文化、懂技术、善经营的新型职业农民，创新农业技术人才一体化培养模式，为社会主义新农村建设和现代农业发展提供技术和智力支持，不仅是我国"三农"发展需要思考的重要课题，也是农业职业教育深化改革的应有之义。

本节正是从这个背景出发，首先，探讨了新农人在新农村中的特点作用；其次，以推拉理论为基础，从推力和拉力两个角度分析了人口外流和人口回流形成的机理；再次，以崇州、邛崃、温江、金堂四地新农人的不同培养方式为例，分析新农人如何在乡村振兴中发挥应有作用，并进一步从规则性因素和资源性因素两个方面探究影响新农人作用发挥的多重困境；最后，从规则、用地、素质、资金四个拉力维度阐释解决困境的最优路径选择，推动城市和农村经济的均衡性、互动性、包容性发展，打造产业兴旺、生态宜居、乡风文明、治理有效、生活富裕的新时代美丽乡村。

## 一、新农人在乡村振兴中的特点与作用

作为推动乡村振兴战略的人力基础，新农人具有广阔的视野、较高的知识水平、系统的管理能力和先进的科学技术，在发展乡村产业、推动治理有效等方面发挥着巨大作用，是新时代农村产业新领域、新模式、新业态的探路人和先行者。目前，新农人通过充分发挥自身农民新群体、农业新业态、农村新细胞的特点，不断为乡村振兴注入新鲜血液，助力乡村振兴与时俱进、生态安全、农业升级。

（一）新农人的三"新"特点

新农人不断反向回流到农村，在解决"谁来种地"问题的同时，也成为一种"现象"。虽然"新农人"的内涵与外延尚处于深入研究中，但作为一种客观存在，和传统农民相比，新农人具有以下三个全新的特点。

1. 农民新群体

学者杜志雄曾经从生产角度定义新农人，认为新农人是以农为业的新群体。杜志雄指出：新农人区别于传统农民的最本质特征，是新农人遵循生态农业的生产方式从事生产[①]。作为农民中的新兴群体，新农人构成多样，以从事农业生产经营活动为业，他们具有市场化与信息化思维，从产前到产中到产后，是全产业链经营农业生产、营销、服务的新型主体[②]。在这一群体中，既有本地农民、外出务工的返乡者，也有来自城市和其他农村地区的具有一定职业背景的外来人员，如新知青、新乡贤等。

2. 农业新业态

农业新业态指的是从生产方式来看，新农人虽然以农为业，但采用的农业生产经营方式却不同于传统做法，并将这种生产经营方式演变为新的业态。徐旭初指出：新农人的本质特征不在于从事农业生产，而在于采用

---

① 杜志雄."新农人"引领中国农业转型的功能值得重视［J］. 世界农业，2015（9）：248-250.

② 郭艳平，谭莹. 新农人成长的影响因素及政策路径［J］. 农业经济，2016（4）：68-69.

新型生产方式从事农业，在当前，主要体现为"互联网+农业"模式①。这种新业态主要依托农业合作社、家庭农场、种养大户、协会企业等为组织载体，具体表现出以下四大特点。

第一，"互联网+"思维。新农人是随着互联网而成长起来的一代人，他们散发着信息化的气息，网络思维已融入他们的工作与生活，同样也融入农业生产、管理、流通、服务的全过程。他们习惯于利用微博、微信等新媒体平台和百度、京东、淘宝等电商平台交流学习、销售产品，因此，经营农产品电子商务的电商也是新农人的重要组成部分。新农人的这一思维特征决定了他们的发展方向主要聚焦在流通与营销层面，从而呈现出与传统农业领域不同的新营销思维②。

第二，生态发展理念。和传统农业生产人员不同，新农人秉持人与自然和谐发展的理念，注重采用传统农耕和科技创新相结合的生态生产方式来解决农产品的质量安全问题③。

第三，品牌强化意识。新农人相对年轻，素质较高，较之传统农民，受教育程度较高，善于运用各种新媒体和新工具与服务对象展开互动，了解服务对象需求，从而塑造和服务对象需求相契合的品牌形态，打造自己的农产品品牌④。

第四，抱团共赢理念。当前的新农人在发展农业的过程中，不再是过去的单打独斗，而是抱团取暖，共赢共享。各地的新农人依托微信、微博等新媒体平台和新农联、农友会、合作社等社群机构，相互协作，集思广益，互为补充，创立品牌，共同发展。

3. 农村新细胞

农村新细胞是指新农人这个细胞原本是没有的，他们不同于职业农民，职业农民本质上是生产导向型群体，或许身份属性有所淡化，但其本质仍是农民；而新农人虽然以农村为主要生产场所，以农产品相关产业为主要经营对象，但是他们却是一个以市场为导向、拥有信息化思维的跨界新群体，不再是纯粹的农民⑤。他们来自各行各业，拥有稳定的工作，在

---

① 徐旭初. 新农人来啦 [J]. 中国农民合作社，2015（10）：30.

② 吴婷. 新农人在路上 [J]. 湖南农业科学，2014（11）：87-90.

③ 华昕. 新农人：生态为魂农事为业 [N]. 中国信息报，2015-10-21（5）.

④ 曾亿武，郭红东. 农产品淘宝村形成机理：一个多案例研究 [J]. 农业经济问题，2016（4）：39-48.

⑤ 郭艳平，谭莹. 新农人成长的影响因素及政策路径 [J]. 农业经济，2016（4）：68-69.

城市完成了资本原始积累后，为了保障农产品的安全、回归田园生活而回到农村投身农业，事实上，他们已经成为农村社会经济的新细胞。

（二）新农人的四"助"作用

作为一个新群体，新农人是我国"三农"发展到一定阶段的必然产物。其强大生命力与巨大的发展前景不仅表现在这一群体素质和能力的卓越上，还体现在他们代表了农村、农业、农民的发展方向，是社会发展和时代进步的必然。新农人返乡创业是"大众创业、万众创新"不可或缺的一部分，不仅实现了自己就业方式的转变，也带动了其他农民就业方式的变化。同时，新农人返乡创业不仅能够带动部分农民就业，而且对于推动新型城镇化建设，促进农村全面小康的实现都具有重要作用。研究新农人返乡创业现状，分析他们在创业方面遇到的问题，有针对性地提出解决方法，意义十分重大。

1. 助力与时俱进

当前，我国新型农业经营体系快速演变发展，新农人为适应发展趋势不断改革求变，由于他们农业技术强、专业素质高、经营管理能力强，有效推动了传统农业生产经营模式的转变，特别是农业流通模式的转变。过去，农民一般位于产业链末端，对农产品定价不具有主动权，而新农人凭借新技术、新知识改变农业流通模式，通过互联网平台汇聚海量商品、买家和卖家，让农民成为流通主体直接对接市场，从而改变农民在产业链中的位置[①]。新农人依托互联网，不仅减少了中间环节，以销定产，降低了信息不对称导致的资源损失，同时，也助力农村更新了业态，实现了传统文化的传承与创新。

一方面，新农人通过建立观光景点和现代农场的方式，引领游客体验传统农耕文明和民俗文化；通过网络"云传播""云体验"的方式，对农村传统文化再次加工，依托图片、音频、视频等载体，给予游客视觉冲击和艺术熏陶；通过乡村旅游的形式，让游客感受不同于城市的文化碰撞，推动城乡文化的传递与共享……由此实现农村文化的传播传承，促进农村文化良性循环发展[②]。

另一方面，新农人在乡村振兴中，还积极利用新材料、新技术适应性整治改造农村传统的物质空间，就地取材，规划设计新农村，翻新公共文

---

① 朱丽."新农人"如何开启"新农业"[J].中外管理，2014（3）：32-35.

② 王向东."新农人"视野下的乡村文化传播策划研究 [D].福州：福建农林大学，2017.

化空间，在保护传统村落的基础上融入现代设计理念，保护和发展因人口流动导致的村落文化的衰退①。

2. 助力生态安全

近年来，随着农残超标、瘦肉精、苏丹红、膨大剂等事件的发生，生态环境问题和农产品安全问题受到社会的广泛关注，而随着生态文明和乡村振兴的不断推进，生态农业迎来了发展机遇期。和传统农民相比，新农人是更具潜力更加活跃的高素质经营人才和种养人才，他们的出现为发展新农业奠定了前提和基础。和过去的小农分散经营相比，新农人的生产方式和发展理念都有了质的提升，在家庭农场和合作社等经营模式中，不断使用有机种植、循环种养等生态农业技术从事农业生产，控制农药、化肥的使用，改善土质、涵养生态，坚持绿色低碳发展，既解决了食品安全问题，也减轻了生态环境污染。农业农村部监测数据显示，40%以上的新农人农场和合作社在减量使用化肥，还有近八成的新农人在农村开始推广综合循环种养、无害化处理、粪便麦秆资源化等技术，有效助力了农村生态安全。

3. 助力巩固拓展脱贫成果

乡村振兴和巩固拓展脱贫成果相互促进，是党和国家针对"三农"问题做出的重大部署，而新农人在这一过程中发挥着重要作用。新农人在个人创业增收的同时，也创造了许多就业岗位，更好地助力巩固拓展脱贫成果，推动产业发展，帮助农民增收，通过以一带多的连环效应实现农村健康有序发展。调查显示，新农人对周边农户辐射带动作用巨大，他们主动对接困难农户，平均一个新农人可辐射带动 30 多户农民。网络数据显示，新农人依托淘宝等互联网平台直接带动了 962 万个就业岗位，一半以上的从业人员都是农民，可以说，新农人已经成为振兴农业农村发展和带动群众增收创收的突出亮点。

4. 助力农业升级

在农业发展上，"新农人的融入不断倒逼农业的供给侧结构性改革，倒逼生产方式的转变升级，倒逼城乡市场走向一体化，最终推动整个农业的现代化进程"②，这种农业的革命性变化主要体现在两方面。一是生产方

① 欧阳国辉，郭佳. 传统村落文化保育中的"新农人"介入研究 [J]. 湖南社会科学，2017 (5)：169-173.

② 张永军. "新农人"，时代的呼唤 [J]. 西部大开发，2016 (11)：4-5.

式的升级。生产方式变革是新农人和传统农民相区别的典型标识和符号，是新农人的灵魂和基因，相较之传统生产方式，新农人的出现推动了农业生产经营的规模化和集约化，优良品种的引进、先进农机的使用、新型技术的采用、农业品牌的打造，改进了生产技术、提高了产量质量、增加了附加值、降低了生产成本、克服了经营风险和缺陷。据统计，我国的农业生产机械化率已达 80%，农业的科技进步贡献率超过了 58%，绿色兴农、质量兴农成为农业新的发展趋势，手机互联网已成为农民的新工具[①]。二是农业功能的升级。在新农人的引领下，城乡资源实现了双向流动，一三产业实现了融合发展，农业的休闲、观光、体验功能被充分挖掘，成为农村经济新的增长点[②]。为了满足消费者日益增长的农产品品牌需求，新农人以消费者需求为农产品品牌研发方向，设计生产符合消费者需求的品牌形态，作为休闲、观光、体验活动的补充，并利用微信、微博、电商等互联网平台推广宣传自己的产品和品牌。

**二、从推拉理论解读农村空心化困境和新农人回流机遇**

推拉理论认为，发生人口迁移是两个力相互作用的结果，一个是推力，另一个是拉力。推力主要是指迁出地存在就业岗位较少、工资水平偏低、社会福利缺失、自然环境恶劣等留不住人的现象；而拉力则恰恰相反，主要是指迁入地有较好的就业机会、较高的工资收入和完善的福利待遇。正是由于这两种力的交互作用，人们才会从自身的利益出发进行理性分析，选择相应的迁移行动，让个体的生活质量变得更好。该理论解释了当前农村空心化的困境和新农人回流的原因。

（一）农村空心化困境的形成机理

学者 Bagne 指出：推力是指人们原来生活的地方有着诸多的不利因素；拉力就是人们所要迁入的地方，有着更多的有利因素，从而吸引了人口的涌入[③]。农村空心化困境便是源于此：随着城镇化进程的不断加速，越来越多的青壮年劳动力选择去城市务工。传统农业以体力劳动为主要劳作方

---

① 韩长赋. 总结 70 年农业农村发展经验和五大历史性成就[EB/OL].(2019-9-27)[2025-02-10]. http://www.xinhuanet.com/politics/2019-09/27/c_1210294630.htm.

② 黄豁. "新农人" 孕育农业新业态 [N]. 国际商报, 2016-07-01（A8）.

③ 刘庆乐：推拉理论、户籍制度与中国城乡人口流动 [J]. 江苏行政学院学报, 2015（6）: 70-75.

式,种植规模小、成本高、收益少、效益低、周期长,还要随时面对自然灾害风险、面对"谷贱伤农"困境,农产品利润空间狭窄,守着自己的一亩三分地一年也就几千块钱的收入,而进城务工一个月收入就有几千块钱,收入的差距凝成了巨大的推力作用,导致农村地区的劳动力出现短缺,而农村的产业资本缺乏与之匹配的劳动力数量和质量,受资本逐利性和流动性的影响,必将流向高利润地区,导致农村资本短缺,进而加剧农村产业凋敝,形成恶性循环。再加上农村地区的社会保障体系和基础设施建设滞后于城市地区,如最低工资标准低、医疗卫生教育服务差等,导致农村地区劳动力流失、土地闲置、留守现象严重。此外,城市地区,特别是特大城市地区,具有开阔的眼界、多元的文化、对个性的包容,也成为农村人口逆向选择进城务工的巨大推力。据统计,截至 2024 年年底,我国共有 2.997 3 亿农民进城务工,比上年增加了 220 万人,增长 0.7%,到 2035 年,预计还将有上亿的农村人口实现市民化。

(二) 新农人回流机遇的现实逻辑

Bagne 的推拉理论明确指出,拉力所作用的迁移程度可能高于推力,拉力起主导作用;但有时候拉力的作用也会带来一些不好的结果,比如家庭的分离、迁入地的环境比较陌生且不太适应、迁入地的激烈竞争带来巨大压力、迁入地的生态环境恶化等,即"每一个地方都有值得人们留下的因素,也有值得离开的因素"[①],而这些为新农人的回流创造了机遇。

近些年来,在利好政策的影响下,农村生态环境、传统文化、资源禀赋优势日益凸显,越来越多的人返乡成为新农人中的一员。据统计,2012年开始,农村人口流动呈现先增后降的态势,从 2015 年开始,流动人口总量连续几年呈下降态势。从近年来流出地的监测数据来看,在外出人口中,有 1/4 左右的人口出现返乡现象。特别是成都地区,农村外出务工人员回流现象突出,2012 年起,在成都市各级政府大力宣传鼓励之下,很多本地农村外出务工人员考虑到城市更高的交通费用和生活开销,而转向选择离家更近、环境更熟悉的农村岗位,在新时期的拉力作用下,农村劳动力回乡就近务工得到提速。具体说来,农村的这种"拉力"主要表现在以下几个方面。

---

① 刘庆乐:推拉理论、户籍制度与中国城乡人口流动 [J]. 江苏行政学院学报,2015 (6):70-75.

1. 社会责任驱使新农人解决农村突出问题

自 2005 年以来，部分高素质高学历的精英分子将自身定义为"新农人"，在乡土情怀和社会责任的驱使下，他们带着理想追求选择下乡务农，在追求物质利益之外坚守生态环保理念，以生态有机的农业生产方式替代化肥、农药、激素的使用，来应对农业生态恶化、农产品质量偏低等问题，遵循自然，顺应自然，对生态环境极度负责，对食品安全追求极致①，试图解决农村突出问题，改变乡村面貌。

2. 资本的逐利性推动新农人追求农业市场

根据市场发展规律，资本的流动带有一定的逐利性，而我国对"三农"的持续支持推动了新农人追求农业市场。2012 年的中央一号文件提出对符合条件的返乡创业项目和青年务农给予补助与支持；2013 年的中央一号文件为缓解用地难问题提出稳定土地承包关系、推动土地确权登记颁证；2015 年的中央一号文件提出推进农村三产融合发展，鼓励新农人引领观光农业、休闲农业、创意农业、智慧农业、体验农业；2017 年的中央一号文件提出为农村电商发展营造良好政策环境；2022 年的中央一号文件提出启动"神农英才"计划，中央预算进一步向"三农"倾斜；2023 年的中央一号文件提出完善专技人员定期服务乡村的激励机制；2025 年的中央一号文件提出完善乡村人才培育和发展机制。国家的"三农"政策助推了许多新农人以农业为终身职业，而"柳桃""褚橙"等成功案例更是让新农人将目光投向农业的蓝海市场，期待在农村有所作为，古老的农业再次散发出神秘魅力②。

3. 消费分层扩大倒逼新农人回归"生态自觉"

随着生活质量的不断提高，人们的生活追求不再满足于温饱层面，在膳食结构上越来越注重食品安全和食品生态，由此推动了农业产业结构的调整。此外，随着"双康"旅游时代（小康+健康）的到来，收入水平的提高也引起了消费分层③。但是，受农产品特性和传统销售模式影响，高端群体的消费需求并未得到满足，由此，倒逼新农人以市场化理念为指导，回归"生态自觉"，即根据消费者需求从事生产工作。此外，随着城

---

① 杜志雄. "新农人"引领中国农业转型的功能值得重视 [J]. 世界农业，2015 (9)：248-250.

② 郑风田，张憬. 新农人的梦想与路径 [J]. 商界（评论），2014 (7)：40-43.

③ 杨斯阳. 对新农业与新农人的思考 [J]. 种子科技，2015 (3)：21-22.

市容纳量的不断增大，城市化、工业化带来的交通拥挤、食品安全问题、环境污染等负面影响让许多新农人憧憬归园田居、返璞归真、健康绿色的生活，从而选择远离城市、回归乡村，并以实际行动把这种生活追求和自身事业融为一体，由此出现了人力资源向农村流动的现象①。

### 三、推拉理论视域下推动新农人在乡村振兴中发挥作用的实践探索

#### （一）培训职业农民提升素质的崇州实践

为了满足适度规模经营对农业职业经理人的市场需求，崇州市从 2008 年开始，探索以提高农业职业经理人的科学素养、职业技能和经营能力为核心，以资格认定管理为手段，以政策扶持为动力，加大职业经理人的培养力度，逐步建立和完善了农业职业经理人制度。农业职业经理人制度的建立，有效地解决了新时期"谁来种田"和培育新型农民的难题，对提高农民的科学素养，帮助农民掌握现代农业科学技术和经营管理方法，提高农业生产综合效益，推动现代农业不断发展都具有非常重要的现实意义。农业职业经理人作为新的经营组织模式的主体，其作用如何？运行情况怎样？还存在哪些问题？应该如何发展和完善？值得我们认真研究和探讨。

1. 建立农业职业经理推荐和选择制度

一是建立了人员推荐制度。现代农业职业经理人由乡（镇）政府统一推荐，优先推荐热爱农业生产、有一定农业生产管理经验、在当地具有一定号召力和影响力，具备一定组织管理能力，自愿为当地群众服务的人员。在深入调研、综合分析的基础上，崇州市确立了以农机手为主、村组干部和种养大户为辅的现代农业职业经理人推荐对象。二是建立了人员选择制度。由农业农村局负责对现代农业职业经理人推荐人员进行资格审查，将符合推荐条件、经核实自愿从事农业生产经营管理的人员纳入培训名单。通过建立推荐选择制度，崇州市充分调动了参训人员主动参加培训的积极性。

2. 强化农业职业经理人培训体系建设

一是围绕合作社发展需求，实现因需而培。崇州市打破以前"就培训、说培训"的传统培训思维，采取"定向、定单"的方式，着力选拔并培养一批有知识、懂技术、善经营、会管理的农业经营管理人员成为现代

---

① 李露萍. 当代"新农人"的身份建构研究 [D] 上海：华东师范大学，2016.

农业职业经理人，推进合作社的规范运行、产业发展。二是注重培训关键环节，实现培而有效。崇州市完善教学培训管理制度，采用理论学习、实际操作、参观调查等多种培训形式，开展职业素质、经营管理和职业技能相结合的综合能力培训，实行日常考评与技能测试相结合的百分制综合测评管理，对培训合格的发放培训合格证，确保培训实效。三是建立评定管理制度。经培训合格的参训人员，由农业农村局办公室牵头，组织成立资格评定委员会，按照拟定的《现代农业职业经理人资格评定管理办法》进行资格评定，发放资格证书。通过技能培训、资格评定，崇州市确保了现代农业职业经理人的综合素质提升、专业技能提高。

3. 加强农业职业经理人制度建设

一是对农业职业经理人资格实行申报审核制度。崇州市采取自主申报、乡镇推荐、市农业农村局审核的农业职业经理人资格审核制度。二是实施资格证书评定制度。崇州市按照《崇州市现代农业职业经理人资格评定管理办法》进行评定，合格者颁发农业职业经理人资格证书。三是建立人才储备管理制度。由农业农村局建立农业人才库，制定人才库管理办法，对现代农业职业经理人实行人才库实名登记、统一管理。四是统一人才管理。对纳入人才库管理的现代农业职业经理人，由农民专业合作社联合会优先推荐到土地股份合作社、土地规模经营公司（业主）的相关岗位工作。通过人才库管理，崇州市对现代农业职业经理人实行年度综合测评，引入综合测评淘汰和激励奖励机制，对测评不合格的予以淘汰或再培训，测评优秀、成绩突出的予以表彰奖励。

4. 搭建平台，充分发挥农业职业经理人作用

崇州市按照"教学有设备、下乡有工具、学习有场所、实习有基地"的要求，建立了农业职业经理人培训中心并配备现代化多媒体教室和培训教学组，创建了 50 亩（1 亩 ≈ 667 平方米）农业集成技术推广示范实训基地，利用"12316"农业服务热线、农信通、农业气象信息和农业专家大院科技信息库网络等现代信息技术，开展高产创建、配方施肥、病虫害防治、标准化生产、农民实用技术培训等服务，及时解决农民生产中遇到的问题。同时，崇州市借助农业职业经理人的培训，建立起了人才输出的机制和平台，鼓励其不受地域限制，实现农村跨区域资源要素整合、跨区域人才流动和跨区域产业合作，农产品经营的扩大效益充分得以实现。

5. 政策扶持，促进农业职业经理人队伍发展

为了促进农业职业经理人队伍发展，崇州市积极给予农业职业经理人在资金政策上的支持和鼓励。一是在粮食规模生产、农业生产基地、基础设施建设、高标准农田建设等方面给予了一系列扶持政策。例如，财政补贴农业职业经理人培训专项资金已经达到了 56 万元、水稻规模种植补贴40 万元、测土配方肥料 110 万元等。二是在项目上给予支持。崇州市鼓励农业职业经理人领办的龙头企业与大专院校、科研院所建立联合实验室，或在其领办、新办的农民专业组织、基地进行农业科研成果的研发、推广、应用和转化的均优先给予项目支持。三是在就业、社会保险、金融上给予补贴。崇州市将已登记失业并申领就业创业证且女性年满 40 周岁、男性年满 50 周岁的农业职业经理人纳入就业困难人员范围，凭证享受相关就业扶持政策；鼓励农业职业经理人以个体身份参加城镇职工养老保险，以上一年度全省在岗职工月平均工资的 60% 为缴费基数，缴费费率为 20%，其中个人缴费 8%，财政补贴 12%；根据农业职业经理人经营规模，给予一定委托贷款支持；农业职业经理人从事规模种养生产，且参加政策性农业生产保险的，对其应由农户自交保费部分给予 20% 的减免补助，减免补助资金在政策性农业保险补助专项资金中安排。

（二）支持院企合作形成合力的温江实践

近年来，温江区紧密围绕现代农业发展对培育新型创新创业型职业农民要求，结合自身特色，和成都农业科技职业学院合作，通过启动实施"155"工程，构建"123"机制，打造创业双保险，完善创业"孵化器"等途径，始终把情感系于"三农"，把理想系于农村，把教师放在田野，把出路寄于创新，形成了亲农、事农、兴农的氛围，铸就了为"三农"服务、为兴农育人的院企合作新局面。

1. 大力实施"155 工程"，打赢农业创新教育"持久战"

早在 2015 年 11 月，《中共中央关于制定国民经济和社会发展第十三个五年规划的建议》就明确提出，"大力推进农业现代化……构建培育新型农业经营主体的政策体系，培养新型职业农民。"作为一所以"农"字头为特色的高职院校，在贯彻落实党中央关于发展现代农业，培育新型创新创业型职业农民方面，必须提出自己的思考。2015 年，在温江区委的领导下，成都农业科技职业学院承担了四川省教育综合改革试点项目——高职院校"创客"孵化机制改革试点，在全省率先探索农业创客的培养与孵

化，大力实施"155"工程。

这项工程重点打造以"农创会"为品牌的农业创新创业综合实践平台，以成都农业创客学院、成都农创空间、成都农业创新创业联盟、大学生创新创业俱乐部、创新创业研究所为五大主体，从创业意识、创业课程、创业实践、创业孵化、创业研究五个方面实施突破，力图实现创新创业结合专业、融入全程、校地合作、产教融合的建设目标。成立创客学院是成都农业科技职业学院在全国高职学院中的领先之举，创客学院采用市场化运作模式，实行"理事会、院务会、监事会"的治理机构，截至2020年年底，创客学院已建成创新型人才培育实践基地、青年大学生创业孵化平台、农业科技协同创新中心。除此之外，成都农业科技职业学院还积极探索"校友+农业+众筹"的新模式，成立了创业集团，整合学校现有的各类创业资源，吸引校友、学友、教师的创业项目（团队）和形成生产经营、协作联系的其他企业、事业单位或者社会团体作为子公司加入。同时，为了给农业创客们提供更多智力支持，成都农业科技职业学院还成立了大学生创新创业研究所，利用联合国教科文组织创业教育联盟平台资源，整合高校研究所、就业创业指导教研室及各分院的资源，通过对创客文化、创客环境、创新创业政策、产业集群与创业联盟、创业教学理论与方法等方面开展研究，推动创新创业教育向纵深方向发展。

2. 积极构建"123"机制，扫清农业创新创业"拦路虎"

成都农业科技职业学院在引导、支持、帮助广大有创业意愿的同学进行创业的同时，还积极为保障创业创新工作打造了一套"123"机制，即一把手工程，制度、场地两保障，机构、人员、经费三到位。

成都农业科技职业学院成立了创新创业领导小组，由学院院长担任组长，分管院领导担任副组长，为创业工作提供组织保障。与此同时，成都农业科技职业学院建立创新创业工作考评机制，为创业工作提供制度保障，将创新创业工作纳入目标责任制，作为各级领导干部考核的内容。成都农业科技职业学院还对创新创业执行经费单独预算，为创业工作提供有力的经费保障，早在2007年，成都农业科技职业学院就成立了就业指导与创业孵化中心，由分管院领导任中心主任统筹招就处、学生处、团委、实训中心、计财处、后勤服务中心和成人教育培训处等相关部门，投入100万元为大学生创业提供服务和支持。2014年，成都农业科技职业学院单独成立大学生创业中心，2015年升格为创客学院，实现了人财物三到位。此外，成都农业科技职业学院还在全省率先成立了大学生就业创业指导教研室，进行系统的大学生创业培训课程体系的开发与建设。

3. 细化强化课程建设，激发学生创业意识"双保险"

如果说"123"机制是成都农业科技职业学院为广大农业创客提供的制度保障，那么强化课程建设、细化创业教育，就是学院激发学生创新创业意识的"双保险"。2007 年，成都农业科技职业学院就在全省率先引入国际劳工组织的创业理论和实训课程，同时进行课程的本土化探索，初步形成了面向涉农专业的聚焦式创业教育课程和面向全体专业的普及型创业教育课程体系。此外，学院在创业教育方面还拥有多个"第一"：联合国教科文组织创业教育联盟第一批理事单位；最早承接人力资源和社会保障部 SYB 大学生创业培训的高校；四川省第一批同时拥有"大学生 KAB 创业教育基地"和"大学生 KAB 创业俱乐部"的高校；成都市第一批"大学生创业孵化示范基地"；四川省大学生创新创业园区（孵化基地）中唯一的高职学院的代表。

作为创业教育的先进单位，成都农业科技职业学院拓展了多种形式的创业专项培训，先后举办 54 期 SYB 大学生创业培训、9 期大学生 KAB 创业培训和 4 期大北农 SET 创业培训。同时，学院还积极与政府各部门合作，开展创业培训项目。比如，与四川省残疾人联合会、四川省人力资源和社会保障厅合作，承办四川省首届残疾人大学生创业培训项目；与四川省人才交流中心合作，连续 4 年引进四川省"阳光导航"高校毕业生创业培训项目；与成都市人力资源和社会保障局合作，开展大学生就业创业能力提升项目——"猕猴桃果园园主实验班"，以创业专项培训提升学生的创业能力。

4. 搭建实践操作平台，打造众创空间，完善"孵化器"

虽然有制度保障和创业教育，但如何让学生的创业项目真正落地、开花、结果，更多的还是需要实践来检验。为此，成都农业科技职业学院和各农业相关企业积极合作，打造农业众创空间，搭建创新创业实践平台。2013 年，成都农业科技职业学院在彭州市葛仙山镇建成第一座现代农业科技示范园（占地面积 260 余亩），使学院创业孵化中心进一步扩大。同年，孵化中心通过成都市人力资源和社会保障局、成都市财政局、成都市教育局、共青团成都市委的组织验收，获批为首批"成都市大学生创业孵化示范基地"。随后，成都农业科技职业学院又修建了 2 000 余亩的大型现代农业科技园，进一步扩大了大学生创业孵化基地。利用该基地，在政府主管部门的大力推动下，成都农业科技职业学院组建了温江区大学生创新创业联盟，正筹建成都市大学生创新创业联盟，以吸引政府、企业、高校、行业协会、社团（创业学子）、媒体等机构互动合作，实现创新创业资源整合，共建共享。联盟成立后，将利用农业职教集团平台，辐射创业集团内部所有中高职院校。除了大学生创业孵化基地，2015 年开始，成都农业科技职业学院与大邑县人民政府合作，共建了大邑农业大学生创业园（规划了 5 000 亩）；学院还与崇州市合作，流转 600 亩建设现代农业创新创业科技示范园，与郫都区合作共建约 5 000 平方米的成都农业创客空间。目前，成都农业科技职业学院校内近 3 000 平方米的大学生创新创业孵化基地已初具规模，目前有 40 余支在孵创业团队。

在打造这些农业众创空间的同时，成都农业科技职业学院结合自身的"农本"特色，与成都农业职教集团成员四川旺达集团合作共建"旺达猪产业学院"，培养养猪创业型人才。一方面，校企双方共同组建专业学院理事会，实行理事会领导下的院长负责制，聘请四川旺达集团总经理担任专业学院院长，在招生就业、学生管理、队伍建设、人才培养、经费分担等方面明确了双方的责权利，构建了产业学院的管理体制；另一方面，形成共育共管共享运行机制，由校企共同制订人才培养方案，教学计划中的课程体系由校企共同研究确定，教材由学校教师和企业技术专家共同建设，教学任务由校企专兼职教师共同承担。为了对这一人才培养方案进行全方位的把控，产业学院还建立了人才培养动态评估机制，通过理事会吸收企业参加教育质量评估，对整个方案实施过程实行全程指导与监控，从源头上确保人才培养质量。另外，产业学院还集成多种考核评价方式，学院和企业同时对学生学习情况进行评价，并引入第三方社会评估机构，及时校正专业学院人才培养过程中存在的偏差。

（三）加强政策扶持挖掘潜力的金堂实践

近年来，随着回引工程的力度加大和培训模式的丰富多样，金堂县竹篙镇就业者择业范围更加广泛，呈现出由体力型向智力型、由打工潮向创业潮转变的趋势。但是，农村地区务工人员技术和收入层次较低、回乡创业空间不足依旧是竹篙镇必须直面的一大难题。比如：回乡创业企业多为小微企业，无法满足现有工业园区的入驻标准；新建立园区面临用地瓶颈，小微企业基本处于散养状态；企业设置和管理不规范，存在安全隐患和竞争力不强等弊病，不利于企业长远发展；等等。在这样的背景下，劳务经济得到金堂县委县政府的空前关注，县委县政府出台了相关政策措施，举办了全国农民工论坛，并建立了农民工博物馆，为创业就业提供更多更全面的保障。2000 年以来，随着回乡创业和就近就业工作的持续深入推进，金堂县竹篙镇吸引了上万名外出务工人员回乡，促使大量青壮年回归家庭，无形中化解了留守儿童、空巢老人等一系列社会问题。其具体举措表现为以下四个方面。

1. 开展分类培训，提高创业就业能力

金堂县充分利用人力资源市场竹篙分市场和助民技能职业培训学校等服务平台，大力实施 SYB（start your business，意为"创办你的企业"）培训项目和农村劳动力技能培训工程。金堂县采取"拉网式"摸底调查，准确掌握创业就业意向人员的类型和特点，分类施教，对文化程度较低、资金能力有限的人群，以普及实用技术为重点，开展制鞋、烹饪、种植、养殖等技能培训班，增强就业能力；对有一定资金和创业经验的人员，开展企业管理、利润分析、企业文化等内容的培训，组织到企业现场取经，召开创业人员座谈会，交流经验，提高创业能力。

2. 完善信息渠道，推动创业就业互动

一是多形式开展集中宣传，利用春节等返乡高峰期，通过召开回乡创业座谈会、劳务招聘会、车站招贴招聘广告等方式，听取创业者需求，宣传回乡创业政策，发布就业信息，促进供需无缝对接。二是建立求职用工数据库，镇、村成立了劳动保障工作站，村上招聘了一名协管员，县上专门配备了电脑、打印机、扫描仪器，开通了劳动专网，采集有就业意愿的就业者信息，在企业用工需求数据库中比对配型，给就业者提供适合岗位的同时，为企业用工提供了丰富的人力资源储备。

3. 整合回引资源，构建创业就业"强磁场"

按照"引凤先筑巢"的工作思路，竹篙镇党委和镇政府从 2000 年开始，集成资金、政策实施城镇改造，先后实施回乡创业居住区、回乡创业小镇示范建设，建成商贸市场 110 亩，设置商用大棚摊位 178 个，提供商铺门面 448 个、住房 324 套，吸引外出务工人员回乡创业居住。竹篙镇于 2012 年起启动了面积为 2.28 平方千米的"金堂竹篙回乡创业园"建设。目前，农产品精深加工园区已完成起步区建设，建成标准化厂房 4.3 万平方米，签约入驻企业 7 家，提供就业岗位 1 000 个。

4. 提供优质服务，解决务工者后顾之忧

一是强化法律援助。竹篙镇通过多种渠道宣传法律知识，在每个村社区建立了法律服务工作室，聘请法律顾问提供专业法律咨询法律援助等，帮助创业就业农民工维护自身权益。二是加强政策扶持。一方面，竹篙镇根据《金堂县关于鼓励回应创业经济发展的实施意见》的相关规定，在工商登记、厂房租建、电力等方面由政务服务中心出面协调，实行一站式服务；另一方面，竹篙镇严格落实各项返乡人员创业资金扶持政策，做到创业融资需求事先摸底、融资手续协助办理，尽量简化融资程序，为返乡人员创业提供全程跟踪服务。近两年，竹篙镇33名返乡人员通过向政府申请担保贷款或在政府协调下贷款成功，共收到贷款196万元，贷款贴息29.4万元。三是扎实开展留守家庭关爱活动。针对留守儿童、空巢老人、留守妇女人群增加的实际情况，竹篙镇党委、政府坚持多方合作，由镇妇联、团委、司法所等部门牵头开展关爱留守家庭活动，镇干部每人联系一名留守儿童和一名空巢老人，为留守家庭提供全面服务，及时解决留守家庭实际困难。

**四、当前影响新农人助力乡村振兴的结构制约性因素**

当前影响新农人助力乡村振兴的因素既有历史与文化的原因，也有政治与经济的原因。从结构制约性因素分析，主要表现为规则性因素和资源性因素。

（一）规则性因素

1. 农补政策未落实

当前，四川省多数新农人虽积累了一定资金，但不足以支持返乡创业，创业资金缺口大。而在生产过程中，一是新农人为提高产品质量和产出数量，往往会使用先进设备和先进技术，在生产基地建设上投资巨大，因而对资金的需求量较大。二是农业生产回报周期较长，导致许多新农人陷入资金周转不足的困境。三是受农业投资风险高回报低、农业贷款体系不完善等因素的影响，新农人很难获得融资资本。因此，新农人的产业若没有政府扶持，仅靠自身力量是很难做下去的。而目前政府的各类农业补贴，一般倾向于大规模发展、资金雄厚的龙头企业，新农人由于经营规模偏小，很难达到销售额、经营面积等硬性指标，因而很难获得政府的政策扶持与资金补助①。此外，政府对于生态农场的支持力度总体较小且分布不均，新农人所从事的生态农业经营活动，往往只能获得农资补贴与农机具购置补贴，其他补贴几乎没有②，这就导致了新农人无法推广自己的生产理念，也不能扩大生产规模。

2. 金融体制不完善

金融体制的完善是一项复杂长期的系统工程，金融机构贷款困难和社会资本培育困境严重影响了新农人在乡村振兴中发挥作用。一方面，虽然当前成都市出台了一系列的融资惠农措施鼓励新农人创新创业，但和新农人创新创业相符合的金融扶持政策相对匮乏。正规金融机构贷款审批时间长、手续繁杂、附加条件多，非正规金融机构融资风险高、融资成本更高。另外，很多新农人缺乏对金融服务支持的认识，成都市范围内的调查研究表明，只有12.73%的农民清楚金融机构的贷款条件，同时53.55%的农民因为缺乏担保和抵押而不能成功贷款，这充分表明农村金融服务体系，亟须在政府的支持引导下，进一步提高服务质量，强化金融宣传工作，化解新农人返乡创业的资金瓶颈。另一方面，许多新农人的社交网络尚处于初级社会关系网络阶段，主要以地缘关系和血缘关系为纽带进行人际交往，缺乏深度交往网络，社会身份和关系网络相对狭窄，由此阻碍了新农人的创新与创业。

（二）资源性因素

1. 农业相关人才缺乏

一方面，环境因素造成人才流失。随着农村空心化和人口老龄化问题的日益加剧，受农业生产辛苦、回报周期长、利润低等原因影响，大量的农村青壮年劳动力选择进城务工，导致农村人力资源匮乏。而新农人主要从事的是农产品生产经营工作，在这一过程中，需要大量拥有生产技术、善于品牌营销策划的专业人才。人才的匮乏限制了新农人的农业生产能力和自身优势的发挥。

另一方面，新农人自身素质不足。首先，一些新农人不善于和农民交往。由于新农人多为跨界群体，其行为方式、思维习惯、思想观念都和农

---

① 华昕. 新农人：生态为魂农事为业 [N]. 中国信息报，2015-10-21 (5).
② 杜志雄. "新农人"引领中国农业转型的功能值得重视 [J]. 世界农业，2015 (9)：248-250.

民存在较大区别①，不善于和农民交流打交道，沟通上的障碍容易造成利益共享的矛盾与冲突②。其次，许多新农人不具备农业生产经验。在投身农业前，许多新农人都没有直接接触过农业，虽热情高涨，但技术经验缺乏，实践历练不足，无法预估和防控各类风险。调查显示，66.5%的新农人自创办企业以来，没有进行过任何进修或培训，受自身经历等因素制约，部分新农人在选择创业行业及项目时，盲目性较大，多数还停留在传统的种植、养殖类农业项目上③。最后，一些新农人的想法过于超前化和理想化。上文提到，很多新农人都具有较高的学识和文凭，对农业发展方向有着自己的规划和想法，对传统农业的一些举措全盘否定，习惯带着洁癖心态发展农业，拒绝使用化肥和农药，甚至照搬书本超前跨越发展，不仅提高了生产成本，还降低了生产效率④。

2. 土地流转关系不稳

一方面，符合需求的土地数量减少限制了新农人能力的发挥。在农村，土地是农业生产不可或缺的重要条件，但目前我国的农业用地不论在数量上、还是在质量都呈现出下滑趋势，而新农人在创新农村业态助力农业升级的过程中，往往对土地质量要求较高、对土地面积要求较大，很难寻找到完全符合需求的土地，这极大限制了新农人扩大生产的可能性。

另一方面，土地流转关系不稳也限制了新农人成长的空间。作为现代农业的推行者，新农人往往采用标准化、规模化的现代生产经营模式，对生产、办公的相关配套设施要求较高，土地使用周期长、投入大。但普通农民受传统观念影响不愿意流转自己的土地，即便愿意流转，也不愿意签订长期的流转合同，造成新农人土地租赁成本代价较高。因为租赁的土地投入缺乏保障，一旦遇到什么变化，新农人都需承担巨大损失，导致新农人不敢扩大农业生产规模，不敢做长期规划与投资，也打击了新农人的热情激情⑤。

---

① 张红宇. 农业供给侧结构性改革背景下的新农人发展调查［J］. 中国农村经济，2016（4）：2-11.
② 张静. 新农人：守得云开见月明［J］. 西部大开发，2016（11）：34-36.
③ 张静. 新农人：守得云开见月明［J］. 西部大开发，2016（11）：34-36.
④ 杨斯阳. 对新农业与新农人的思考［J］. 种子科技，2015（3）：21-22.
⑤ 张红宇. 农业供给侧结构性改革背景下的新农人发展调查［J］. 中国农村经济，2016（4）：2-11.

### 3. 配套基础设施落后

首先，配套设施严重欠缺。为确保现代农业的提档升级、推动农商文旅体融合发展，在生态环境良好的基础上，还必须完善相应的产业配套，可是，在一些农村地区，虽然资源条件禀赋优越，但是基础设施的打造却无法满足产业的发展要求，新农人本身又难以筹集到足够的资金修建配套基础设施，这极大制约了新农人农业研发、生产、服务、运输、销售等工作。

其次，农业品牌认证困难。近年来，在新农人的带领下，许多农村地区都采用了生态种植模式打造有机农产品，但是这种有机农产品认证时间较长、认证费用偏高，盈利空间被严重压缩，甚至出现入不敷出的现象，导致许多新农人不得不半途而废①。

最后，物流供应短板影响交易。随着互联网技术的不断升级，O2O 模式已经成为农产品销售的新趋势，但农产品电商特别是生鲜农产品电商物流成本居高不下，严重制约了农产品流通的"最初一公里"，高质量的农产品因为无法及时送达造成了巨大的浪费，从而挫伤了新农人的生产积极性，制约着新农人的进一步发展②。

### 五、利用推拉理论进一步释放新农人助力乡村振兴活力

当前，我国正处于社会转型期，作为中国社会的重要组成部分，农村地区若无法转型成功，中国整体转型也无法成功，农村地区转型的速度、广度和深度，决定了中国整体转型的速度、广度和深度。农村地区的成功转型不是走"回头路"，而是面向未来走创新路，需要我们不断在农村的"肌体"中注入新元素、新基因，而新农人就是担负乡村振兴使命的新元素、新基因。新农人作为农民新群体、农业新业态和农村新细胞，既然是一个全新的尝试，那么，在新农人助力乡村振兴的过程中就不可避免地会遇到各种问题挑战，探索创新将伴随新农人一生。现如今，我国很多地区的劳动力离开农村，涌入全国各地的城市，这些丰富的农村劳动力中不乏精英人才，他们懂技术、懂知识、懂管理、有智慧、有头脑，是农村经济社会发展的骨干力量。他们的流失，直接导致农村人力资本的存量与质量

①　华昕. 新农人：生态为魂农事为业 [N]. 中国信息报，2015-10-21 (5).
②　陈俊江，睦海霞. "互联网＋"现代农业发展策略：以成都为例 [J]. 开放导报，2017 (5)：44-48.

大幅度下降，即农村人力资本出现严重的短缺。因此，必须要加大农村的人力资本投入，将新农人带来的新文明基因不断融入农村，转变传统农村的发展基因，才能更好地推动农村社会成功转型。在农村空心化的背景下，如何利用推拉理论让流入城市的劳动力返乡，这是所有农村工作的当务之急。

（一）增强政策支持力度

首先，做好扶持政策制定的前期工作。一方面，要深入基层，以访谈、座谈、问卷调查的形式充分了解当地情况和新农人需求，通过统计分析形成报告，从而为政策制定奠定基础。另一方面，坚持完善政策的实施环境，改善新农人创业所需的产业园、物联网等基础设施，搭建创业项目平台。

其次，加强对新农人扶持政策的宣传。除了利用传统宣传途径，还可以利用微信、微博等互联网平台宣传国家对新农人的关心、理解、重视和支持，及时开展宣讲会深度解读与新农人相关的政策，提高政策宣传推广的及时性和有效性，帮助人们转变"农村穷"的错误观念，树立社会职业不分贵贱、农民是一份高贵身份的理念，在农村肥沃的土地同样能干出一番大事业，建功立业，大有前途，扎根农村，体验农村，并将其纳入国家现代农业建设发展和新型农业经营体系构建的行动中①。

再次，强化各项涉农政策的执行能力。要不断推动土地扶持政策、公共服务政策、税收扶持政策等新农人创业扶持政策的贯彻落实，例如，加大新农人贷款担保基金、财政贴息、基地建设补贴，放宽农产品市场准入条件，在农业政策申请高峰期简化办事手续、工作流程和审批程序，提高工作效率，规范公共服务性收费，为新农人提供方便。

最后，制定和完善政策实施的监管制度。新农人扶持政策的顺利宣传和执行均离不开监管人员的监督，要确保相关政策真正落实到新农人身上，必须成立相关机构建立监管组织，以访问和回访的形式确保政策的贯彻落实和公平公正，这是相关政策得以贯彻落实的组织保障和制度保障。

（二）提高土地流转效率

首先，要完善农村土地的流转机制。相关部门应建立专门的组织机构承担土地流转工作，规范土地的流转流程，提供规范的合同方案，评估各

---

① 杜志雄. 新农人：代表农业产业发展的方向［J］. 西部大开发，2016（11）：38-39.

类土地价值，利用互联网等现代工具登记备案土地供求关系，提高工作效率。

其次，要加强土地流转的中介力量。在农村地区推动形成以乡镇为单位的组织机构网络，积极发挥中介组织和组织成员的桥梁作用，有效推进土地的流转工作。

最后，要加大土地流转的宣传力度。相关政府组织机构应通过广告、宣讲、培训等形式，在农民群体中宣传土地流转政策和流转效益，发挥已受益农民的典型示范作用，提振周边农民土地流转的信心和决心。

（三）创新农村职业教育

首先，开展观念培训，转变农民思想。开展农村职业教育首先可以开展观念培训，通过对比新旧技术和生产理念带来的农产品质量和产量差异，让农民深刻认识到小农思想、传统技术和现代农业的不相适应，充分认识到农业技术更新换代和发展理念与时俱进的重要性，进而选择更先进的生产方式和发展模式。

其次，开展实践培训，提升操作能力。开展农村职业教育不仅要教育与农业和经营管理理论相关的知识，还要教授学生农业的实际操作技术，"纸上得来终觉浅，绝知此事要躬行"强调的就是理论必须和实践相结合才能发挥作用，农业培训更应该如此。要将学生带入田间地头、农牧场，交流生产经验，了解风土人情，在生产实践中进行训练，检验培训效果，学习真正的农业技术。

再次，开展分类培训，因人因地施教。政府应鼓励学生报考农业院校，选择农业类的专业，学成之后，回归农村、服务农村、建设农村。农村著名企业可以实行校企合作，通过订单式教育形式，弥补人才缺失。培训前应调查了解新农人的基本情况，开设的课程要突出不同的学生接受能力，循序渐进，因材施教，提高新农人的培训效率；培训的内容要和新农人所在地的具体情况相配套，调动新农人的培训积极性。对于那些希望在农村生产创业的青壮年人员，要加大他们的农业技术培训，技术培训内容最好要符合本地区的优势产业，这样才有针对性，可以邀请政府相关部门的农业技术人才，或者高等院校的农业技术人员为他们进行技术培训。

最后，开展综合培训，满足多方需求。农村职业教育应以市场要求为导向，教会新农人利用大数据实现以销定产，尽量减少信息不对称带来的损失；教会新农人树立品质意识和品牌意识，通过差异化经营降低生产风险；综合培训新农人的心理素质，教会新农人以农为业是一个连续性、长期性的过程，这一过程中困难重重，但不可轻言放弃①。

（四）拓宽多元融资渠道

首先，新农人在融资过程中必须综合分析自身的资本条件和融资需求，结合自身实际进行融资，避免盲目融资，确保融资效率。同时，还必须运用科学方法严谨评估融资渠道，减少融资的风险性。

其次，相关部门应建立多元化、多层次、有针对性的金融服务体系，规范制度管理，加强政策引导，避免融资乱象。要针对新农人特点量身定做金融贷款政策，推出多元担保优惠政策②，为新农人融资提供良好的金融环境，推动农村资本市场的发展繁荣。

最后，培育社会资本实现政府组织与非政府组织同频共振，提高新农人的创业意愿和创业绩效。政府应在充分评估个人信用和完善社会规范的基础上，搭建社会参与网络平台，引导新农人和资源丰富的协会或个体建立社会网络，延伸参与网络触角，形成分布广泛、结构多元的社会资本参与网络。

## 第三节　乡贤发挥意见领袖作用

伴随着城镇化进程的加速，乡村空心化、农村土地资源荒废、村民自治弱化等现象开始显现，乡村振兴成为乡村发展的重要议题。党的十九大将实施乡村振兴战略作为新时代做好"三农"工作的总抓手，明确提出了我国乡村发展的目标任务。产业兴旺、生态宜居、乡风文明、治理有效、生活富裕是乡村振兴的总要求，其超越了传统的经济发展范畴，是涵盖政治、经济、社会、文化、生态的乡村全面发展治理的综合命题，需要调动各方力量协力配合。乡贤治理作为我国特有的乡村传统德治文化形态，蕴含着中国悠远的乡村治理智慧。乡贤具有的"本土本乡人士、热心公益事

---

① 华昕. 新农人：生态为魂农事为业 [N]. 中国信息报，2015-10-21 (5).
② 严爱玲，江宏. 农村金融与新农人创业的耦合协调发展探索 [J]. 怀化学院，2018 (7)：28-30.

业、多元化精英人士"① 特点，彰显出他们在乡村振兴中强大的内驱动力，是推动乡村振兴的重要力量。崇州市作为传统农业大省四川省的农业大市，积极依托广袤乡村的田园本底资源，深入推进农业农村综合改革，发展生态产业、康养产业和乡村旅游，推动农村一二三产融合发展，着力提升乡村发展治理水平。崇州市成功调动新乡贤参与乡村治理，探索出"三先三后"的建设原则和"四不"理念，让村民变股民、住房变客房，将封闭的传统技艺、传统文化深挖细琢，赋予田园林盘文化体验内涵，成功实现了林盘与田园的有机结合、新村民与原居民的有机融合、原始村落与国际范的成功接入，实现乡村重塑与价值倍增，成为成都市乡贤助力乡村振兴的参考案例之一。本节以成都凡朴生活圈调研分析为基础，探讨新乡贤参与乡村治理改革，重构并彰显乡贤治理的积极作用，为实施乡村振兴战略提供借鉴。

**一、逻辑起点：基于新乡贤特质的功能厘定**

在"依法治国"与"以德治国"相结合的中国特色社会主义安邦治国理论指引下，我国基层涌现出了许多融合"自治、德治、法治"的农村治理探索实践，以应对传统乡村治理模式的失灵，弥补乡村自治的低效和法治边缘化。乡村治理结构中，自治与德治缺失的一个重要原因在于缺少自治与德治的实践主体。实现乡村"三治合一"，取决于相应实践主体道德协商自治功能的发挥。新型乡村治理为"乡贤回归"提供了可能的空间。

乡贤文化作为中国乡村特有的地域性文化形态，根植乡土、贴近百姓，蕴含着乡村治理的智慧经验。新时代，新乡贤凭借自身的德行、知识、政治素养、财力等特质参与到乡村治理中，成为乡村振兴的实践者与引领者。作为政府与基层民众的中介，无论是民意的上表，还是政令的传达实施，乡贤具有极佳的桥梁与表率作用；作为"崇德向善、奋发有为、造福桑梓"的乡村典范②，新乡贤所具有的文化、经验、财富与专长，促进了乡村发展稳定；作为乡土社会的文化道德权威，新乡贤所具有的道德品质在凝聚民心、教化乡民、引领乡风等方面具有重要的价值③。这些定

① 姜方炳."乡贤回归"：城乡循环修复与精英结构再造：以改革开放40年的城乡关系变迁为分析背景［J］.浙江社会科学，2018（10）：71-78，157-158.
② 胡彬彬.培育当代乡贤，重建乡土社会［J］.社会观察，2016（2）：103-108.
③ 张祝平.新乡贤的成长与民间信仰的重塑［J］.2018（5）：229-238.

格在新乡贤身上的"标签",如以德为基产生的模范效应、以财为源带动的经济效益、以文为底激发的智力贡献、以政为源建立的乡村秩序等,彰显出他们促进乡村复兴的强大内驱力。

(一)以德为基产生的模范效应

乡贤的最大特点是坚守传统、坚守故土,"乡愁"是乡贤文化的基础本底,"德行"是乡贤文化的重要品质,他们"为人正直、急公好义、处事公道、闻名乡里,是乡村道德的典范、精神的领袖、秩序的守护者。"①这种情怀和德行对乡邻教化、乡风传承、社会和谐发挥了重要作用。

无论是传统的乡贤还是新乡贤均具有强大的象征符号意义,其价值不仅仅是经济标准可以衡量的,他们的作用不仅停留在物质层面的直接收益,还体现在世代相传的传统文化意义中,体现在乡贤和农业、农村的整体互动中,体现在乡贤和其他乡村主体的团结互动中。一方面,新乡贤是核心价值的践行者。作为新时期的时代精英,新乡贤勤劳奋进、甘于奉献,在功成名就之后,用自己的威望、德行、特长参与新农村的治理发展,"尚贤敬德、造福桑梓",他们的举止如一道标杆,成为村民认同效仿,践行社会主义核心价值观的榜样。另一方面,新乡贤是文明乡风的弘扬者。随着城镇化进程的推进,乡村传统的文化不断衰微、邻里关系不断冷漠、精神信仰逐渐缺失、生态问题日益突出②,而那些与新农村建设不符的铺张浪费、封建迷信等不良习俗死灰复燃,面对这一现状,新乡贤可以凭借自身威望,引导乡风文明,鼓励你效我仿,扬正气、接地气,在润物细无声中涵养文明乡风。

(二)以财为源带动的经济效益

新时代,我国的乡贤区别于传统的以功名为标志的乡绅,他们是有着丰富经验、广阔视野、先进科技和乡愁冲动的时代精英,是对乡村有着经济贡献的成功人士。经济财富在一定程度上影响着新乡贤的乡村社会地位,是其赢得声望的支持保障,正如王先明所言:"乡贤有着丰厚的财产,通过对地方社会作出贡献而赢得乡里声望。"③ 衡量乡贤对乡村的经济贡献体现为供给层面,从供给层面分析其经济贡献主要通过供给主体创造的社

---

① 赵法生. 再造乡贤群体 重建乡土文明 [N]. 北京:光明日报,2014-08-11 (06).

② 胡彬彬,李红. 新乡贤:乡村文明重建的重要力量[EB/OL].(2016-10-06)[2025-02-25].http://theory.gmw.cn/2016-10/06/content_22306060.htm.

③ 王先明. 乡贤:维系古代基层社会运转的主导力量 [N]. 北京日报,2014-11-24 (06).

会财富增加来体现①。一方面，新乡贤是村民的致富带头人。他们凭借自己在智力、社会、经济等方面的优势，能够为村民提供更多更好的致富途径，如通过农业+旅游、农业+文创、农业+节庆、农业+康养等形式，拓宽产业盈利面、增加农民收入、吸纳就业人数等。另一方面，新乡贤是乡村提档升级的助力器。新乡贤能够凭借自身敏锐的眼光和突出的能力，为乡村引入现代化要素，拓宽乡村发展的渠道和思路，以招商引资、自主投资等方式助推乡村经济腾飞。

（三）以文为底激发的智力贡献

乡贤是发展"乡村道德教化、文化发展和公益事业的主推力量"，能够为乡村振兴提供技术贡献和智力贡献②。在技术贡献方面，新乡贤的贡献主要体现在专业技术、管理技术、营销技术三个层面。通过技术手段来解决技术难题，获得技术效果，这不仅需要我们通过资金政策手段"输血"式扶持乡村，更需要我们懂技术、能管理、会营销。用"造血式"手段振兴乡村，而乡贤的回归，为我们提高农民技术水平奠定了基础。在智力贡献方面，新乡贤的贡献主要体现在战略定位、产业选择、策划发展三个层面。新乡贤通过智力将知识内化为创造潜能，以项目策划、创业辅导、运营开发、产品创新、产业结构、管理经营、利润分配、人才培养等形式提供智力支持，从而将智力转化为效益，推动乡村的振兴。

（四）以政为源建立的乡村秩序

社会的稳定依赖内生性权威的实现，乡贤作为传统的内生性权威，虽不再扮演"大家长"的角色，但他们威望高、口碑好、资源多、心思活，凭借这些优势仍可通过不同途径充当顾问角色，代言公共事务管理，引领基层组织建设，弥补村"两委"的不足，维护良性有效的乡村秩序。特别是近些年来，退休官员掀起了返乡热潮，更是为乡贤队伍注入了新鲜血液③。一方面，新乡贤的参与有利于完善乡村自治体系。乡村治理是一个多方合力作用的有机系统，既依赖行政力量的推动，也依赖多方社会力量的参与，更离不开乡村居民的自治。在这一治理体系中，新乡贤因自身的

---

①　刘民坤，蒋丽玲.旅游业对经济增长的贡献研究评述［J］.旅游学刊，2017（4）：33-42.

②　张兆成.论传统乡贤与现代新乡贤的内涵界定与社会功能［J］.江苏师范大学学报，2016（4）：154-160.

③　梁军.中国培育"新乡贤"：一些退休官员返乡回报桑梓［EB/OL］.（2016-03-09）［2025-02-25］.http://w.huanqiu.com/r/MV8wXzg2NzgwMjVfOTBfMTQ1NzQ5ODIwNA==.

各种优势更容易获得群众的信任和社会的认可，许多事务由新乡贤来沟通处理往往更便捷高效，因此探索出一条新乡贤参与的乡村治理路径是解决乡村治理困境的有效方式之一，它有助于形成政府引导、社会参与、村民自治的新型乡村基层治理体系。另一方面，新乡贤的参与有助于降低乡村治理成本。受自身资源条件限制，基层政府提供乡村公共服务的能力相对不足。而新乡贤以财为源带动了巨大的经济效益，为乡村贡献了巨大的财力和物力，有经济实力的乡贤能够直接为乡村提供公共服务产品，有人脉魅力的乡贤能够吸引社会资源间接地为乡村提供公益服务，有效降低了乡村的治理成本。

## 二、现实困境：重构乡贤治理面临的困境

受城镇化影响，传统村落的稳定性结构发生断裂：乡贤文化不断流失与坍塌，传统历史得不到搜集和整理，艺术技艺得不到挖掘和传承，让乡村振兴面临"无根"困境；乡贤主体不断流失与缺失，乡村人口结构急剧变化，留守的老弱妇孺成为主要群体，让乡村振兴面临"无人"困境；乡贤治理有了鸿沟与标签，乡村被烙上了落后印记，新乡贤被贴上乡绅标签，乡贤治理被误认为就是发展当地经济，让乡村振兴面临"无为"困境。一些地方在发掘乡贤作用时，往往忽视社会结构变迁、割裂官方文化和民间本土文化、缺乏扶植村民客观行动能力。如何推动乡贤治理的创新性转化和创造性发展，成为当前亟须研究和回答的课题。

### （一）"无根"——乡贤文化的流失与坍塌

历史文化是乡土社会的根，但随着中国社会的急剧变化，传统村落结构受城镇化冲击而不断发生断裂，遭到破坏，如：物质遗产的坍塌受损、文化遗产传承的岌岌可危、人口结构变化冲击传统农业生活、基层民主危机引发乡村内生困境……"文化、知识和道德权威依赖的乡村伦理、社会心理结构逐步被消解。"① 亟须乡贤传承保护文化来提升村民的幸福感、获得感和安全感。

### （二）"无人"——乡贤主体的流失与缺失

随着城镇化进程的推进，大量的农村资源、人口和财富涌向城市，乡村不断空心化、边缘化，乡村家庭呈现出"以代际分工为基础的半工半

---

① 张英魁. 乡贤的外生性及其介入乡村机理分析 [J]. 中国特色社会主义研究，2017 (3)：79-84.

耕"模式①。根据国家统计局发布的相关数据，截至 2022 年年底，全国农民工的总量已经达到了 29 562 万人，这些人中绝大多数是青壮年、精英分子，留守乡村的只剩下老弱妇孺，乡村活力进一步丧失，乡村振兴的内驱乏力，陷入贫穷—转移—贫穷的恶性循环。

（三）"无为"——乡贤治理的鸿沟与标签

在乡贤治理过程中，部分村民对乡贤返乡存在误解，认为他们是"为了捞好处"；一些村干部担心乡贤会影响自己的话语权，对新乡贤的任用存在顾虑；部分乡贤在乡村治理中习惯依靠威望、阅历、人情处理问题，先入为主的立场易出现偏袒隐患，情和法的界限把握不到位；受环境不确定性和复杂性的影响，新乡贤面临着蜕变隐患，部分乡贤在"不经意间"摇身一变成为"村霸"，在处理集体事务时运用手中资源以权谋私；一些不属于乡贤的人员混在其中滥竽充数，如公开拉票、等额选举、家族势力操控、当选者不具有代表性②……这些问题都为乡贤治理贴上了"无为"的标签。

### 三、理路整合：乡贤对乡村振兴的主体补位

乡贤文化是中华优秀传统文化的重要组成部分，它的形成源于乡贤作用的发挥，是几千年来根植于乡村特定土壤环境下的文化积淀。崇州有 4 300 多年的文明史，繁华的商业赋予了崇州乡贤文化特有的历史内涵和时代价值。经过 40 多年的改革开放，新乡贤作为一个特别的群体，越来越发挥着不可替代的作用，这是一种既为村民接受又为社会认可的村庄内生和行政嵌入相结合的治理模式③。而凡朴生活圈便是崇州乡贤引领乡村振兴的典型。

凡朴生活圈即"徐家渡林盘+凡朴生活"，核心区位于集贤乡山泉村，徐家渡林盘因村子里徐姓人口多，历史位置为铁溪河大渡口而得名，是传统川西林盘保护性修复工程，位于崇州市 10 万亩优质粮油高产稳产高效示范基地核心区，农耕文化底蕴浓厚，现有住户 35 户，人口 129 人。2015 年，政府巧借铁溪河水势，采用顺应原村民农舍布局肌理，整田、护林、

---

① 贺雪峰. 地权的逻辑 2：地权变革的真相与谬误 [M]. 北京：东方出版社，2016：176.

② 高新军. 村民自治转型：从选举走向治理 [J]. 南风窗，2013（22）：25-27.

③ 李传喜，张红阳. 政府动员、乡贤返场与嵌入性治理：乡贤回归的行动逻辑：以 L 市 Y 镇乡贤会为例 [J]. 党政研究，2018（1）：101-110.

理水、改院，同步配套道路、光纤、供排水等基础设施，把徐家渡林盘规划为居民聚居区、乡村旅游发展区和基本农田保护区；2017 年引入凡朴生活项目，按照"凡朴公司+组集体"组建乡村旅游联合体的思路，充分坚持自然永续的农耕理念，进行野奢木屋、胶囊小屋、树屋等独具一格的田园景观打造，并且依托徐家渡林盘传统文化和 10 万亩高标准农田的田园本底，与合作社、家庭农场、规模种植户、林盘居民共建共融，建立起了凡朴生活圈，植入平凡朴实、自然永续的生活态度，把凡朴生活融入国际理念、项目运营融入国际交流、产业发展融入社区营造，形成"国际范、原乡味、可持续"的凡朴生活社区，走出了一条依托生态建设、产业发展、共融共享、多元文化跨界融合与社区治理同频共振的乡村振兴路径。

（一）乡贤资源深挖重构，激活振兴源头活水

随着改革的不断深入和治理的矛盾不断突出，政府将目光转向了传统文化，试图借鉴其智慧经验，于是乡贤文化进入了我们的视野。为此，凡朴生活圈"充分开发动员村里的'闲人'，使'乡闲'变成'乡贤'，让'乡贤'不再'乡闲'"[①]，以乡贤文化创新乡村治理，完善乡村治理格局。在充分界定乡贤职能范围的基础上，政府主要"围绕一个核心、搭建四个平台、发展六大产业"，塑造崇州传统优秀乡贤文化，努力打造天府蜀州第一乡贤文化圣地。

围绕一个核心，就是指通过古江源的祠堂修复工程，培育乡贤文化的土壤，激活沉睡的文化资源，积极引导新乡贤参政议政，为民代言，通过本人报名、村庄推荐和政府考核的方式，发掘新乡贤，引导新乡贤。为发展壮大新型乡贤组织，凡朴生活圈制定了乡贤助推乡村善治的系列方案，通过政策动员明确乡贤的认定标准、乡贤的责任担当、乡贤会的操作流程。为推动乡贤将乡愁冲动转化为他们反哺家乡的动力，凡朴生活圈的领导干部以联谊活动和乡贤们畅叙乡情，通过情感动员盛情邀请乡贤们为凡朴的繁荣发展建言献策。

搭建四个平台，即搭建乡贤理事会平台、乡贤会馆沟通平台、乡贤产业联络共享平台等，让他们在崇州建设中发挥载体作用。为此，崇州市探索建立了新乡贤信息库，将户籍在本地或在本地有姻亲关系、社会上有影响、热心家乡事业的人士挖掘出来，建立动态更新的新乡贤数据库。作为

---

① 袁方成，靳永广. 从"乡闲"到"乡贤"乡村人才资源开发的地方实践与借鉴价值［J］. 前沿理论，2016（6）：29-35.

乡贤，他们本身有着一定的经济基础，他们返乡更多的是要实现自己的尊重需要和自我实现需要，因此，凡朴生活圈通过四大平台对乡贤展开身份动员，向他们颁发乡贤证书，制作乡贤榜，聘请他们担任村里的经济发展顾问，明确他们的身份地位，调动其反哺家乡的热情。

发展六大产业，即发展新农业、旅游业、康养业、创意产业、美食业等六大产业。凡朴生活圈在大力发展农业共赢制的基础上，鼓励有资本，有技术，有市场，热爱家乡的乡贤积极投身崇州生态宜居的现代田园城市建设。

### （二）乡贤嵌入绿色发展，保护田园生态本底

绿水青山就是金山银山，广大农村有着田园史诗般的景观资源和绿色本底，农耕文明更是中华民族传承了数千年的一笔宝贵财富。相对于城市摊大饼式的扩张和快节奏的生活，乡村依然坚守了它的美，它用农耕文明的质朴和慢节奏持续散发着自身独有的魅力，因此习近平总书记强调，要培养造就一支懂农业、爱农村、爱农民的"三农"工作队伍[①]。而凡朴生活圈的建立强调融入农耕文明，以文创为载体，其实质就是吸纳创新型乡贤，以农业+文创的形式改变凡朴生活圈"产业结构单一、社区治理乏力、新村活力不足"等痛点。

村庄秩序的生成"既与宏观经济和治理制度安排紧密相关，也与乡村内在结构密不可分"[②]。要实现行政嵌入和乡村内生的平衡整合，必须符合乡村规律，尊重自然，理解乡村，以谦卑敬畏之心梳理营造呈现乡村之美，而不是快速地进行"城市化"打造。振兴乡村非一朝一夕之功，乡贤们需要足够的时间来改变和新生，在凡朴生活圈里，新乡贤们用脚步去走每一条道路，每一条溪流，同村民聊天，和村民一起生活，从村里步行到镇上集市去买菜做饭，去经历它的一天一年。为构建良好生态环境，还要打好"三大战役"，做好"小散乱污"治理，建立河流清澈、树影婆娑、谷地芬芳的生态环境。集贤乡在2017年先后投入资金140万余元，深入治理"水、土、气"污染，关停"三无企业"和小散乱企业21家，全面落实"河长制"，严格落实巡查治理责任，投入经费约40万元，清理河道10千米，清淤100多吨，封闭排污口29处，关闭和整治散乱污养殖户141

---

① 习近平.习近平著作选读：第二卷［M］.北京：人民出版社，2023：27.
② 贺雪峰，仝志辉.论村庄社会关联：兼论村庄秩序的社会基础［J］.中国社会科学，2002（3）：124-134，207.

户，减少养殖面积 8 425 平方米，减少牛存栏头数 2 800 余头，督促 21 家农家乐和餐饮场所完成环保设备的更新和维护，从而为凡朴生活圈的振兴守护住了田园生态本底。

（三）乡贤驱动集体经济，助推乡村产业兴旺

产业是实施乡村振兴的基础和重要支撑。根据马克思的观点，劳动者只有和生产资料相结合才能够创造出巨大的生产力，毛泽东同志也指出只有将农民们组织起来，"一切权力归农会"①，才能真正解决农民的致富问题。基于此，新乡贤应积极贯彻新发展理念，坚持农村一二三产业融合发展，依托土地股份合作社、家庭农场、闲置房屋、土地等本土资源，整合公司的资源优势和品牌优势，以"公司+集体经济组织+农户"的思路组建乡村旅游联合体，开发乡村民宿、农事体验、特色农产品等乡村旅游项目，不断激发先锋党员、本土乡贤和本地群众致富的热情。在凡朴生活圈建设中，凡朴公司出资约 500 万元，负责规划、技术、经营等方面的人才支撑，山泉村 10 组利用徐家渡村林盘闲置的约 3 亩的集体建设用地经营权折资入股，成立崇州市凡耕公司，盘活集体资产，采取"保底+分红"的收益分配方式，共同实施"凡朴生活"民宿建设项目，实现了群众在产业链上持续增收。凡耕公司按照"公司+土地股份合作社""公司+家庭农场"的模式，利用自身在"稻鱼共生""鱼菜共生"等方面的技术优势，指导土地股份合作社和家庭农场实施稻田综合种养，发展循环农业；利用农户的闲置资产、传统手工艺技术优势，植入自身资源优势和品牌优势，开发乡村民宿、农事体验、特色农产品等乡村旅游产品，实现了食材共享、资源共享、利益共享，"资源变资产""资产变资金""农民变股东"。

此外，凡朴生活圈坚持文化为魂、产业支撑、个性发展、活在当下的原则，突出转化与创新，构建了文化乡贤产业体系。具体而言，一是打造文化乡贤产品，包装了一台戏、出版了一本书、宣传了一个好习惯；二是建设乡民精神家园，打造以祠堂、会馆、书院、广场为支撑的共有平台，强调文化乡贤的凝聚力、亲和力，找到人们灵魂的去处；三是树立乡风标杆，提炼独特的元素、符号、创意偶像与典型。一切文化吸引都离不开村落经济的带动，在把凡朴生活的客人引流过来的同时，乡贤们基于现有林盘进行特色产品的市场推广，例如凡朴鲜豆花，50 年的豆腐足以赢得所有

---

① 中共中央文献编辑委员. 毛泽东著作选读 [M]. 北京：人民出版社，1986：13.

人信任，通过凡朴生活产品包装，凡朴的豆腐乳即将上市。

（四）乡贤引导跨界融合，丰富农耕文明内核

"中国文化以乡村为本，以乡村为重，因而中国文化的根就是乡村。"①乡贤具有人熟地熟村情熟的优势，是农村社会的稳定器，是推行道德教化的楷模与导师。农耕文明的召唤和家乡情结的牵绊，让具有文化自觉的乡贤们主动投入乡土文明的传承和保护。诸如民间祭祀、家风复归等活动唤醒了村民内心深处的精神追求，重新接上了凡朴生活圈被斩断的乡村联系纽带，增强了村民对传统价值的认同。

（1）核心价值观融入。费孝通先生在《乡土中国》一书中指出，乡土中国最大的特点便是农民聚居形成"面对面的社群"，在这个面对面的"熟人社会"中，道德和礼治成为维系乡民关系的纽带，这种纽带的形成依靠的不是外在权力，是通过教化所培育出的敬畏之感，而乡贤便是这种道德和礼治的推行者。乡贤在反哺带动凡朴生活圈的乡村振兴过程中，在仁义礼智传承汇聚等方面和乡民碰撞出思维火花，形成了思想共识。

一方面，言传身教直接影响。凡朴生活圈将培育和弘扬乡贤文化作为践行社会主义核心价值观的重要抓手，从乡贤评选、宣扬、引领、回馈四个方面，通过评选优秀乡贤、编印乡贤故事书、成立乡贤理事会等方式，广泛发现乡贤人才，大力发展乡贤文化，充分发挥乡贤示范引领作用，积极发动乡贤参与到地方建设中，协助村民化解矛盾纠纷，为农村发展出谋划策。此外，凡朴生活圈高度重视对乡贤的关怀和支持，积极邀请乡贤参加文艺汇演、艺术节、文化展等活动，充分宣扬乡贤的事迹精神，传扬乡贤的道德力量，营造见贤思齐的良好氛围。

另一方面，创新载体间接影响。一是立体化宣传乡贤。凡朴生活圈建立蜀位（味）崇州乡贤品牌联盟、崇州乡贤敬老文化等品牌活动，深入挖掘先进典型，开设乡贤、乡情、乡恋、对话崇州等知名专栏，展示锐意创新，反哺家乡的感人事迹，大力指导舞蹈队、腰鼓队、话剧协会等乡村文化组织的建立，推动文化下乡，引导制作具有浓郁凡朴特色的文化产品，以宣讲、话剧、舞蹈、歌曲、对口词、小品、快板等多样的文化形式，组织建立"五老宣传队"，让社会主义核心价值观在潜移默化中得到传承。二是生活化传颂乡贤。凡朴生活圈开展新乡贤艺术创作，以文学、绘画、

---

① 梁漱溟. 梁漱溟全集：第一卷 [M]. 济南：山东人民出版社，1989：612.

书法、微电影、情景剧等艺术形式再现新乡贤知政建言，讲有温度的故事。三是大众化礼敬乡贤。凡朴生活圈在中小学开展学乡贤活动，让乡贤文化在校园广泛传播，扩大新乡贤文化的传播覆盖面；开办凡朴乡贤大讲堂，把乡贤人物及先进事迹，特别是好人、好事、好风尚搬进礼堂，走进广场，请上舞台，让社会主义核心价值观入耳入心入脑。四是普遍化创新载体。凡朴生活圈进一步完善体育设施和文化场所，大力推动移风易俗，反对封建迷信，倡导健康向上的文娱活动等，积极开展新时代乡村家风文化和乡贤文化建设，从生活习俗、价值观念上孕育文明向上的风气，坚持本土化、现代化与品牌化相结合的发展方向，形成人人学乡贤、人人颂乡贤、人人做乡贤的浓厚氛围。

（2）乡村文化的传承。优秀的乡村文化能够增强凝聚力，孕育乡村好风尚。要形成文明乡风、良好家风、淳朴民风，焕发文明新气象，文化培育是关键，必须着力充实乡村振兴的文化载体和文化内核，听见"乡音"，望见"乡愁"。文化工作特别是基层文化工作，都面临着一个时代的挑战，时代的新要求，搞乡贤文化建设许多地方前期也做了一些探索，但是从现实来看，无论是讲故事、现代传播、非遗形式表达等，我们演出的表达形式都显得比较单一，而且很多是点上思维，没有呈现系思维，这是我们的短处。文化建设怎么惠民，怎么打通"最后一公里"，怎样解决"文化既要种下去，还要长起来"，如何把过去的传统文化用现代的方法表达出来，凡朴生活圈积极借助了崇州市已有的平台，运用自身的优势，把成都的学术优势和崇州市的底蕴优势结合起来，将乡贤文化建设作为突破口，将乡贤文化提升到新的高度。

新乡贤聚是团火，散是满天星，发挥新乡贤的智库作用，是乡村振兴的源头活水。凡朴生活圈在传承乡村文化的过程中，积极发挥新乡贤在乡风文明的示范作用，在农村文化站，村综合文化活动室，传播新乡贤对于培育精神心灵家园、推进美丽乡村建设的示范作用，广泛汇聚新乡贤这支队伍强大、人数众多、不可替代的强大力量。此外，乡贤可以"用乡民可以接受的方式传递现代知识，协调契约法治精神和传统的价值伦理"①，保护优秀乡风民俗，留住乡土气息，结合传统佳节，发动社区居民共同开展元宵汤圆宴、清明寒食宴、端午粽子宴、冬季村民运动会、送春联、团年

---

① 张颐武. 重视现代乡贤［EB/OL］.（2015-09-30）［2025-01-20］.人民网，http://www.offcn.com/shizheng/2015/0930/8447.html.

饭等多样化的社区集体活动；积极开展做好乡村非物质文化遗产的传承工作，培养一批技艺精良的青年手艺人，着力充实乡村振兴的载体和文化内核，从而将乡贤治村与制度治村结合起来，形成治理合力①。

（3）彰显乡村国际范。独乐乐不如众乐乐，"凡朴"作为凡朴生活圈唯一的 IP 是不够的，需要更多的新村民携手并肩参与其中，比如国际友人。乡村国际范并不一定是"高大上"，而是要用降序的建造方法、跨界的团队、国际化的思维以及智慧和科技的方法融为一体，积极构建如"乡村可持续发展青年社""农匠联盟"等乡村对外交流平台，让外来乡贤、国际友人等国际精英汇集乡村，不断丰富乡村景观、文娱、食品、服装、教育的文化载体，让外来的新理念、新气象、新形态与乡村传统文化相融，助推乡村振兴迸发新的活力。

目前，凡朴生活与世界有机农场机会组织（WWOOF）等 6 个国际社会（社工）组织合作，引入 42 个国家 116 名国际义工参与凡朴生活圈的建设与运营，践行文化优先、生态建造、节能环保，优质教育等理念，联动林盘 35 户群众，推动社区共治共赢共享，形成集乡土教育、农事体验、文化交流于一体的特色旅游。截至目前，凡朴生活圈共接待外国友人 2 万余人，成为成都对外交流的乡村平台之一。凡朴生活圈融入国际理念，立足国际标准本土化，践行生态建造理念，建成有机农场、树屋木屋、胶囊旅舍；践行节能环保理念，建成绿色屋顶、雨水收集和污水处理自循环系统；践行食材本地化理念，建成轻食餐厅、谷仓米吧、后院生鲜；践行优质教育理念，开办自然学校、乡村可持续发展青年社、传统手工艺传习所。

（五）乡贤再造村落场域，创新农村社区治理

"场域"是村民个体参与乡村事务的主要场所，这一公共空间的打造有利于村民对自己所在的村形成归属感和认同感，进而凝聚为乡村治理的一种集体精神②。当前，凡朴生活圈新乡贤的输入创新了社区治理，激活了其他的内生力量，再造了村落场域，重构了多元主体共治乡村的新格局。

（1）强化村"两委"的党建引领。一切的治理创新都不能忽视党建引

---

① 李建兴. 乡村变革与乡贤治理的回归［J］. 浙江社会科学，2015（7）：82-87，158.
② 曹海林，石方军. 现代农村社区共同体精神的重塑与再造［J］. 社会科学研究，2017（6）：88-94.

领。在村"两委"的领导下,凡朴生活圈设立了乡贤会,构建了"以村'两委'为指导、以土地股份合作社为主体、以乡贤会为牵引"的治理模式,充分发挥乡贤在治理过程中的辅助补位作用,以进一步夯实林盘、社区等基层党小组在社区治理中的核心地位,解决基层党组织的"边缘化""空心化""飘浮化"的问题。凡朴生活圈加大资金、人员、经费的投入,加快吸收新鲜血液,重点培养发展技术标兵、专业人才、致富能手等职业能力过硬的乡村人才,将"两学一做"学习教育不断向基层一线推进,结合新时期的特点,办好乡土"微党校",加强党员干部社区治理能力培养,加快构建拥有较高素质的专业型党员人才队伍,为社区治理提供人才支撑。

(2)引导村民参与公共事务。学者曼海姆指出,只有通过人的改造才能重建社会,而改造人的关键在于改造其思维与行动①。长期以来,乡村场域都缺乏现代化的权力主体,由农民主导而非现代公民构成的乡村,亟须成为乡村振兴的领导力量,农民的虚位造成乡村政治力量的不平衡,急需"领头羊"嵌入政府和乡村中间,以辅助者的角色助推村民自治和政府治理的良性互动,打造扁平化治理结构。凡朴生活圈积极完善议事制度,提升社区自治能力,发掘林盘和小区群众意见领袖,以片区为单位引导小区居民通过民主选举的方式产生楼栋长等小区自治组织,有序引入"罗伯特议事制度",强化业主委员、片区长、小区楼栋长等小区自治组织的运作,引导居民就"物业、绿化恢复、环境卫生维护、非机动车车位规划"等公共议题展开广泛讨论,培育居民通过沟通协商的方式自主解决小区事务的能力;通过村民大会、专题会、坝坝会等多种形式对公共议题展开广泛讨论,整合社区资源,搭建互动交流平台,引导群众积极参与社区治理;增强法治宣传,防止社区治理偏离正轨,进一步完善农村法治服务,做好宣传,引导党员干部群众学法、守法、用法。

(3)引入社会组织参与治理。社会组织是农民出于共同利益考虑而结成的自组织,是村民自治的内源性资源②。集贤乡凡朴生活圈按照"基层党组织+义工+农户""基层党组织+社工组织+农户"的模式,培塑创新跨

---

① 曼海姆. 重建时代的人与社会:现代社会结构研究 [M]. 张旅平,译. 南京:译林出版社,2011:101.

② 龚志伟. 农村社会组织的发展与村治功能的提升:基于合村并组的思考 [J]. 社会主义研究,2012(5):87-91.

界综合性空间，积极开展社区营造活动，充分运用外部资源创新社区治理体系，实现社区治理载体的最大化。凡朴生活圈号召青年返回家乡，吸引新乡民，用自己的热情、所长、专业投身在这里，深入研究实践提升总结。凡朴生活既是一种理想的工作生活方式，也是实现每个个体理想和价值的地方，乡村发展规划设计、农业种植、电商网络、艺术、教育、医疗、环境、记录、摄影、传播、经营、管理、翻译等，一切的专业和特长都是凡朴生活圈所需要的。这里生态环境友好、产业可持续发展、文化有共同的根、市民友善喜悦、与外界友好连接。自凡朴生活圈引导群众和社会组织积极参与新村建设，变"单打独斗"为"齐抓共管"以来，凡朴生活圈的基层民主协商形式不断丰富，凡朴生活圈的发展成果逐步共享，乡村发展新思路不断优化和提升，各类自治组织不断成长起来，他们现在扎根凡朴生活，服务于整个凡朴生活圈，呈现并传播乡村的美，致力于乡村产业的发展、乡村与城市的交流与链接。

**四、充实深化：新乡贤助力乡村振兴的思考**

目前，经过乡贤助力，凡朴生活圈作为成都市乡村振兴中的参考案例之一，具有一定的成功经验。但凡朴生活圈目前仅是星火一点，还需要不断充实、扩展。凡朴生活圈依托田园本底的农耕文化还有待进一步挖掘，以农耕文明为内核的塑形铸魂尚未完全形成，需要形成以"农耕文明"为内核驱动的乡村振兴之路，建立健全乡贤治理的制度性设计，明确乡贤和乡贤组织的法律地位，妥善处理乡贤返场后的几大关系，才能汇聚不同力量致力于乡村振兴的伟大事业。

（一）必须建立健全乡贤治理的制度性设计

乡贤治理是古人的管理智慧，也是一种乡村的制度性设计，它既非简单的招商引资，也非简单地回乡发展产业，需要乡贤融入居民的生活生产，依托自己的多方资源助力乡村全面振兴。但乡贤作用的发挥有时带有盲目性，凭借满腔热情反哺家乡从感性上看是可歌可泣的，但由于种种原因在现实层面很可能会碰壁，毕竟农村问题不是一蹴而就的，乡贤也有七情六欲，品行良莠不齐。所以，要发挥新乡贤在乡村振兴中的作用，必须抓好顶层设计，建立健全乡贤治理的制度性设计。一方面，要建立健全新乡贤建设体制机制。及时出台乡贤工作的相关意见，在乡（镇）一级设立乡贤工作服务中心，在村一级设立乡贤工作服务站，确保相关工作专人专职。另一方面，要建立健全新乡贤激励保障制度。当前的新乡贤普遍不具有官方身份，不享有相应的福利待遇，要激发乡贤的积极性和主动性，必须以多种方式赋予他们成就感和荣誉感，让他们更有动力扎根乡村，以优惠政策、服务政策和生活政策铺平乡贤报效桑梓之路。

（二）必须明确乡贤和乡贤组织的法律地位

法律法规是乡贤助力乡村振兴的重要保障，无论是新乡贤还是乡贤组织，要获得村民的长期认可就离不开法律法规的保障。当前，区（市、县）一级的乡贤组织普遍得到了民政局的认可，经过注册已经获得了法人地位，但乡（镇）一级的乡贤组织法律地位尚不明确，村一级更是无从谈起，乡贤组织游离于法律边缘并不利于乡贤地位的认可和乡贤作用的发挥。再比如，为乡贤提供的宅基地，根据法律规定只有村集体成员才享有宅基地的使用权，而引入的乡贤大多数不属于村集体成员，无法享受相应的权益。如何从法律层面明晰这些问题，实现"情、理、法"的辩证统一，是当前我们不得不面对的问题。此外，乡贤治理主要依靠的是道德人品等非权力要素，但乡村治理必须依靠法律法规，部分乡贤在农村治理过程中出现了以人代法、以言代法现象，部分乡贤组织打着振兴乡村的口号行违法之事，这些行为也必须依靠法律法规的相关条文予以纠正。

（三）必须妥善处理乡贤返场后的几大关系

乡村振兴依赖多方合力，仅仅依靠乡贤是远远不够的，还依赖村"两委"、村民、财治与德治相结合，如何处理乡贤返场后的这几大关系？这几大关系解决好就是乡村振兴的巨大助力，解决不好很有可能让乡村治理支离破碎。

一要处理好乡贤和村"两委"的关系。在乡贤和村"两委"的关系中，村"两委"是治理的主要力量，乡贤是治理的辅助补充，既不能出现只重视村"两委"而忽略新乡贤意见的倾向，也不能出现新乡贤取代村"两委"的倾向。在未来的发展过程中，凡朴生活圈的乡贤应积极配合乡党委政府，结合10万亩环线的优势，不断完善凡朴生活圈内的治理，将凡朴生活圈不断拓展，积极将多彩耘谷项目和原色农旅文化融合体验园项目融入凡朴生活圈，结合天府林盘改造项目，实现"多点开花、积点成面"，形成规模效应。同时，加强特色传统产业打造，做好"水文章"，打好"生态牌"，深度发掘梁景村的酒文化，并开展招商引资和景观打造，以"梁景酒镇+铁溪河沿线+凡朴生活圈"形成足以辐射全乡的两点一线产业格局。

二要处理好新乡贤和村民的关系。在当前的乡贤返乡过程中，部分村民抱有明显的抵触情绪，特别是一些乡贤会出现"宗族化"倾向、干预地方政府的运行等行为，引发了村民对新乡贤的抵制。面对这种情况，消极抵制无法改变现状，村"两委"应帮助村民转变意识，鼓励他们积极参与农村事务，形成农村自治内生动力；同时必须引导乡贤明确自身定位，在参与治理中想村民之所想，急村民之所急，不断增强自身的向心力和认同感。

三要处理好财治与德治的关系。根据乡贤自身禀赋的不同，一般可分为德乡贤、富乡贤等类型，许多地方对乡村振兴存在误解，片面地将乡村振兴等同于乡村经济振兴、产业振兴，因此在乡贤的引入和使用上，更加重视富乡贤的作用，而忽视德乡贤的作用，这种行为并不可取，亟须我们对基层思想进行正确引导，全面了解乡村振兴内涵、重新认识不同乡贤的不同作用，从而优化乡贤资源，助力乡村全面振兴。

# 第四节　妇女发挥"半边天"作用

要实现乡村振兴，必须关注的现实是，妇女占据了我国农村人口的半数以上，尤其是在一些青壮年劳动力外流严重的农村，妇女可以说是乡村振兴的主要力量。作为乡村振兴的受益者、享有者、建设者与推动者，如何激发好妇女这支力量，是当前实施乡村振兴战略必须直面的问题。开展"乡村振兴巾帼行动"，是妇联贯彻落实习近平总书记重要讲话精神、推动乡村振兴的重要举措，是新时期妇女乡村工作的创新载体，能够有效地动员组织广大妇女群众，把妇女对美好生活的向往转化为助力乡村振兴的动力，在广阔的新农村彰显巾帼新风采、贡献巾帼新力量。

## 一、冲突与弹性——农村妇女的特点剖析

"从一切解放运动的经验来看，革命的成败取决于妇女参加运动的程度。"① 在社会主义新农村的建设过程中，妇女的参与建设程度对农村的发展程度与发展速度起着决定性作用。而在乡村振兴的大背景下，许多妇女

---

① 马克思，恩格斯. 马克思恩格斯全集：第32卷 [M]. 中共中央编译局，译. 北京：人民出版社，1975：571.

抓住了机遇，实现了能力与角色的蜕变升华，但更多的妇女面对挑战却感到困惑，角色认知模糊，面对机遇却能力欠缺，致富能力偏弱。为避免妇女在乡村振兴大潮中被进一步地边缘化，必须重新剖析农村妇女的具体特征。

（一）多重身份多重责任，角色认知相对模糊

在农村地区，妇女肩负着种田务农、照顾家庭和生育哺育等多重责任，是家庭及人情关系的主要维系者①。虽然农村妇女扮演着多重角色，但她们中的许多人并没有清晰认识到自身扮演角色的多重性。

对于许多农村妇女而言，婚后除了生育哺育下一代的使命，她们的生活重心就是丈夫与家庭。丈夫进城务工后，留守妇女逐渐由家庭的配角转为主角，家庭的控制权与决定权向她们倾斜，虽然她们的工作职责转向务农种地，但她们的生活重心依旧是孩子老人。这种思想和留守妇女的多重身份相悖，它束缚着留守妇女们的思想与行为，让许多留守妇女丧失自我，丧失主体意识，以家庭为核心"画地为牢"，极少有机会参与到村务工作中或政治生活中，个人竞争力偏弱。部分参与其中的留守妇女，也受多重身份影响，精力体力分散，无法平衡家庭生活与村务工作，顾此失彼，工作效率低下。

（二）优势特征突出，技术经营素质偏低

和男性相比，农村妇女在个人信服力、领导组织力、技术经营能力等综合素质方面面临更多障碍。虽然她们的女性优势特征突出，但依旧处于艰难尴尬的境地——她们不得不扮演但又无力扮演农村经营者和农业主力军的角色。

一方面，农村妇女女性优势特征突出。自乡村振兴行动开展以来，许多妇女开始投身乡村建设，除了土生土长的留守妇女，还有许多下乡创业的城市妇女和回乡创业的女大学生，她们敢想敢干，有勇气有智慧有梦想，善于抓住机遇，勇于创新，往往一项产业、一个创意就能改变一方农村土地，就能带领农民共同致富。这些乡村振兴的巾帼英雄们还具有许多男同胞们所不具备的优势，她们做事细心、有耐心、善于沟通，这些特征让她们无论是在基层机关工作中还是带头发展产业的过程中，都更容易打开局面、赢得信任。同时，她们的开拓进取、自强不息精神往往还能带动

---

① 吴慧芳，叶敬忠. 丈夫外出务工对农村留守妇女的心理影响分析 [J]. 浙江大学学报，2010（5）：138-147.

周边的农民，特别是农村妇女，在一些妇女占绝大多数的乡村影响更是深远。

另一方面，妇女的综合素质又使妇女在乡村振兴中处于艰难尴尬的境地。首先，就个人信服力而言，农村的留守妇女大多数经济来源狭窄、实力薄弱，忙于务农和家计分散了她们绝大多数精力，在这种情况下，很难获得其他村民的信任和支持。其次，就个人领导组织力而言，长期束缚于家庭与农田，让许多留守妇女社会经验匮乏、人际关系狭窄，在动员农民、组织人力、化解冲突、整合资源等工作上举步维艰，更不用谈用个人威信管理村务。最后，受城乡二元结构和城乡发展不均衡的影响，农村妇女的全面发展受到限制，在许多偏远的农村，妇女学历低，技术培训欠缺，综合素质偏低，基层民主政治建设的参与水平较差。

（三）意识易被新思想引领，又易被传统束缚

新时代繁荣昌盛的社会主义新农村文化为乡村妇女的发展营造了较好的文化氛围，引领着妇女们主动在乡村振兴中发挥半边天的作用。但是，受传统束缚，妇女在新变化中往往又被动地适应。

一方面，妇女受到了传统男尊女卑思想文化的影响。虽然封建制度被废除了很长时间，但"男主外，女主内"的传统思想迫使女性居于从属地位，"认为男子的劳动就是一切，妇女的劳动只是无足轻重的附属品，"[1]造成她们民主意识、主体意识缺失，这极大地阻碍了妇女参与基层民主政治建设。

另一方面，妇女受到村民舆论和村规偏见的影响。首先，村民舆论阻碍了留守妇女民主意识的觉醒。由于农村经济文化发展相对落后，整体社会氛围较为封闭落后，"妇女是男人依附"的思想根深蒂固，如果妇女参与村务工作，易被村民指责为"不务正业"。其次，乡村氛围也阻碍了妇女主体意识的觉醒。在男性主导的乡村氛围影响下，女性几乎没有话语权，如果妇女提出了意见，男性通常会嗤之以鼻。

## 二、新时代妇女在乡村振兴中的角色定位

随着农村"空心化"现象突出，传统的"男主外，女主内"分工模式发生改变，乡村出现新的社会分工，如"女耕男工"、农业女性化等现象。

---

① 马克思，恩格斯. 马克思恩格斯选集：第 4 卷 [M]. 中共中央编译局，译. 北京：人民出版社，1972：158.

农村妇女作为家庭的"经营者"、农业的"生产者"、乡村的"守候者"，必将在乡村振兴中发挥重要作用。

（一）家庭的"经营者"

在当前的农村，留守妇女依然没能打破自身传统的再生产角色，扮演着家庭"经营者"角色。正是因为如此，留守妇女往往成为和谐乡村的践行者和推动者，因为和谐乡村要以和谐家庭为立足点，而和谐家庭离不开家庭"经营者"的再生产活动，既离不开她们从自身做起，从身边做起，摒弃陈规陋习，提升卫生水平，宣传文明风尚，改善生活质量，树立科学合理的教子、赡养、环保、消费等观念，在改善生活质量的同时提升教育水平，实现家庭成员与成员之间、家庭与自然之间、家庭与社会之间和谐共处；又离不开党和政府引导农村留守妇女慈孝立家、以德治家、和谐兴家、勤俭持家，让她们在经营家庭的过程中，做传统美德的传承者、和谐社会的践行者、友善关系的建设者、良好风尚的倡导者，以家庭经营促进农村经营，全面提升社会主义新农村建设的文明程度。

（二）农业的"生产者"

"妇女解放的第一个先决条件就是妇女重新回到公共的劳动中去。"①党的十九大报告首次提出了乡村振兴战略的 20 字总要求：产业兴旺、生态宜居、乡风文明、治理有效、生活富裕。在"生活富裕"方面，要求农村妇女逐步成为农村生产的主力军，成为农村物质文明的建设主体。随着农业女性化现象开始普及，农村妇女既是发展农村经济的主体，又是农村社会和家庭发展稳定的一个重要因素，其中传统的农业生产又是重中之重，农业生产的 60% 以上都是由农村妇女来承担，因此，要实现生产发展、生活宽裕，离不开广大留守妇女的付出和努力。

（三）乡村的"守候者"

妇女除了在家庭和农业发展中发挥着重要作用，同时在乡村建设方面扮演着"守候者"的角色，在乡风文明和管理民主方面逐渐崭露头角。一方面，在"乡风文明"方面，妇女是精神文化的传承者。村容整洁、乡风文明是乡村振兴的重要目标，是社会安定、农村和谐、村民团结的基础，两者是农村精神文明建设中的重要内容。要实现这一目标，离不开妇女这一社会变革力量在新农村精神文明建设中发挥的重要作用，她们日益成为

---

① 马克思，恩格斯. 马克思恩格斯选集：第 4 卷 [M]. 中共中央编译局，译. 北京：人民出版社，1972：70-71.

和谐农村的建设者、核心价值观的践行者、家庭美德传统文化的传承者。另一方面，在"管理民主"方面，妇女是参政议政的生力军。随着妇女在经济上由"依附者"转变为"承担者"，她们在政治生活上的地位也发生了重大改变。在农村自治过程中，庞大的留守妇女对农村政治产生了越来越大的影响，承担着越来越多的责任，留守妇女逐渐成为新农村建设和基层民主政治建设的承担者、参与者和监督者，不断推动着乡村民主政治向前发展。

### 三、"乡村振兴巾帼行动"的实践探索

全国妇联在《关于开展"乡村振兴巾帼行动"的实施意见》中明确指出，必须立足妇联优势，发挥好"最美家庭寻找"、"美丽家园"创建、思想引领和教育培训作用。在这样的背景下，崇州市以"新常态、新作为、新女性"为主题，切实发挥家庭作用、妇女作用，在乡村振兴中展现巾帼风采。

（一）以家庭建设为突破口，促进乡风文明振兴

家庭是社会的细胞，是乡村的细胞，是个人成长的摇篮和场所，优良的家风既是塑造家庭成员德行的主要因素，也是影响党风、政风与社风的重要因素。为此，按照习近平总书记"注重家庭、注重家教、注重家风"①重要论述的要求，崇州市在乡村振兴行动中特别注重家庭文明建设，帮助妇女平衡各种角色，充分发挥妇女在良好家风、文明乡风、淳朴民风等方面的重要作用，开展移风易俗活动，倡导广大家庭以良好家风引领社会文明新风尚，以家庭和谐促进社会和谐。

1. 以"四香"标准创建美丽幸福家

矛盾的特殊性决定了我国农村的发展基础不尽相同，因此，崇州市必须因地制宜地精准施策，根据自身成都后花园定位，紧扣乡村振兴战略，围绕社会主义核心价值观，积极探索和实践"最美家庭"在农村开展的活动载体，发挥妇女在良好家风、乡风、民风培育中的独特作用。结合成都市妇联"蓉城幸福家"品牌建设，按照"四香"（院有"花"香、室有"书"香、人有"酿"香、户有"溢"香）标准，崇州在全市开展"美丽幸福家"示范创建活动，引导农村妇女从自身做起，从家庭做起，改变生

---

① 中共中央党史和文献研究院. 习近平关于注重家庭家教家风建设论述摘编 [M]. 北京：中央文献出版社，2021：3.

活习惯，增强美化环境的责任意识。为进一步发挥巾帼骨干在乡村振兴中的示范作用，崇州市妇联不断加强完善妇女志愿者队伍的建设，有效发挥妇女在"巾帼示范村"创建中的重要作用，积极营造和谐美、品德美、事业美、生活美、环境美的文明氛围，共建安居乐业美丽家园。

2. 建立"家庭文化教育示范基地"

中国传统社会乡村聚族而居的特点，推动了家训家风的代代相传并扩散形成族训宗规，进一步在宗族聚居地演化为某一宗族为主的乡规民约，形成中国乡村治理的草根力量和内在凝聚力。崇州市紧紧抓住了这股力量，积极利用家庭文化的渗透力和影响力有效预防了诸多社会问题。在乡村振兴行动中，崇州市妇联结合留守妇女多方面多层次精神文化需要，组织开展"家庭美德建设""学习型家庭""五好文明家庭"等多种形式的有益身心健康的特色活动，让她们在自娱自乐中实现自我教育和自我提高。2017 年，崇州罨画池被确立为成都市首批家庭文化示范基地。崇州市通过崇州家庭文化长廊、琴鹤家风大讲堂、祭祀祭孔、成人礼等形式，广泛宣传展示古代、近代、现代的好家风好家训和"最美家庭"故事；制订成都市（崇州罨画池）家庭文化示范基地年度活动计划，常态化开展家庭文化活动，如社会公德、家庭美德、职业道德等方面的教育，引导留守妇女形成健康、文明、科学的生活方式，远离愚昧落后。崇州市还号召全市广大家庭积极参与家庭文明建设，推动形成平等融洽、友善和谐的人际关系，让"做文明人、建新农村"成为留守妇女的生活新风尚。

3. 打造"智爱崇州"家庭教育品牌

按照"乡村振兴不仅要塑形，还要铸魂"的要求，崇州在弘扬和践行社会主义核心价值观的过程中，坚持"两个文明"一起抓，既注重物质生活的丰裕，又注重农村精气神的提振。在特色家庭教育方面，崇州市开展了平安家庭、五好家庭、绿色家庭、学习家庭等创建特色家庭的评选活动，同时以项目化方式促"智爱崇州"家庭教育的专业化程度，培育"心起航""妈妈联盟"等家庭教育社会组织，以品牌增强乡村凝聚力，以教育孕育农村好风尚。崇州市积极整合讲法大讲堂、罨画讲堂、桤泉镇骆学林讲堂、传统手艺教学课堂等资源，在全市学校和企业、村（社区）、巾帼创新创业示范基地等，开展家庭教育专题讲座和交流沙龙。在这些学堂上留守妇女大显身手，在传统手艺教学课堂上教授了传统工艺和茶艺花艺；在罨画讲堂和桤泉镇骆学林讲堂上传播了国学；在讲法大讲堂上宣传了法治精神和民主精神……有师资、有场地，还有农民群众喜闻乐见的方式，农民的学习积极性被进一步激发调动起来，对生活品位的提升需求不断增强。这些家庭教育品牌的树立，进一步增强了广大父母的家庭理念，让农民群众种好自己的"文化庄稼"。

（二）以名人名牌为着力点，促进巾帼人才振兴

现在搞乡村振兴，面对各种投资主体，不能忘了农民是最重要的主体，妇女也能顶半边天，不能把她们排除在乡村振兴行动之外，要以名人名牌为着力点，提升妇女综合素质，让更多的人认识她们、认可她们，把她们的积极性主动性创造性调动起来、激发出来，促进巾帼人才振兴。

1. 培育女农业职业经理人

乡村振兴，必须提升农民尤其是妇女的综合素质，努力使留守妇女成为农村经济建设和发展改革的主力军。作为新农村建设的主要力量，提高农民的整体素质，重点就在于提高农村妇女整体素质；培育新型农民，重心就在培育新型女农民。崇州市瞄准"两不愁三保障"标准，坚定不移地坚持农业共营制，把就业增收摆在突出位置，激发农民致富的内生动力。如今，在乡村振兴行动中，崇州市密切与农业部门合作，完善现代农业职业经理人培育体系，拓展农业职业经理人培养方向。崇州市依托崇州市女职业经理人联合会，大力实施"引凤还巢"工程，引导各类巾帼人才到农村创新创业，鼓励乡村女青年返乡创业，注重发挥成功女农业职业经理人的示范效应，鼓励引导女大学生、女企业管理人员等参加农业职业经理人培训，投身农业农村创业，培养一批生产经营型、专业技能型、社会服务型女农业职业经理人。目前，崇州市已培育女农业职业经理人660名，她们在乡村振兴中充分发挥引领示范作用，在粮食规模化经营、传统手工技术传承、"非遗"文化创意、社区发展治理创新等方面展现巾帼担当，巾帼不让须眉。

2. 实施名人名牌培育行动

要想火车跑得快，还需车头带，在"乡村振兴巾帼行动"中，名人名牌的培育，意味着更宽的知名度和更广的美誉度。为此，崇州市积极深化"巾帼双名"品牌建设，建立崇州市"乡村女性人才库"，培养留守妇女的自信、自尊、自立、自强精神与创新意识，唤醒她们的主体意识、发展意识，激发她们的积极性与参与性，挖掘她们的创业潜能与致富潜力，让她们走出家门，走向社会；实施"巾帼名人商学院"培育工程，发掘和培育

乡村振兴中的各类人才，推进"女性培训乡村行"活动，邀请有关专家为留守妇女上课，把文化、礼仪、法律、保健等知识送到乡村，帮助留守妇女顺应现代农业的发展趋势，引领广大女性人才投身建设生态宜居的现代田园城市。目前，崇州市已培育了"西蜀巧妹""智爱崇州""巧妹心语"等巾帼品牌，发挥了巾帼品牌效应，帮助妇女在乡村振兴中实现价值，提升服务群众的能力和水平。

3. 制定女性人才扶持措施

长期以来，资金、土地、人才等各种资源要素单向由农村流入城市，造成农村的严重"失血"和"贫血"，因此，实施乡村振兴战略必须要推动更多的资源要素配置到农村。为此，崇州市积极加强女性干部队伍的配备、培养、管理、使用，形成巾帼人才向农村基层一线流动的用人导向，打造一支懂农业、恋农村、爱农民的农村巾帼工作队伍。崇州市积极完善财政、金融、保险等扶持政策，健全投入保障制度，创新投融资机制，建立乡村女性创业扶持基金和创新创业孵化基地，引导和鼓励乡村女青年、女科技人才创新创业，加快形成财政优先保障、金融重点倾斜、社会资本积极参与的多元投入格局。崇州市制定高端女性人才引进管理服务措施，努力做到激情事业留人、情感关怀留人、品质生活服务留人。目前，崇州市已建立女性人才创新创业扶持基金100万元，先后引进大数据产业、乡村可持续旅游发展产业等高端女性人才18名，让她们置身于乡村振兴和农村创新创业热潮中。

（三）以农商文旅为主攻方向，促进产业文化振兴

产业兴旺是乡村振兴的重点。崇州市积极从农业内外、城乡两头共同发力，动员指导乡村妇女，大力发展农村生产力，做大做强高效绿色种养业、农产品加工流通业、休闲农业和乡村旅游业、乡村服务业、乡土特色产业、乡村信息产业，促进农村农商文旅产业融合发展，培育农业农村发展新动能，保持农业农村经济发展旺盛活力，为乡村的全面振兴奠定物质基础。

1. 主动投身都市现代农业，推动现代农业全面升级

乡村振兴非一日之功，需加强规划引领，实现有序推进。近年来，崇州市围绕"大生态、大康养"现代农业功能区建设，坚持规划先行，树立一体设计、多规合一理念，增强都市现代农业发展规划的前瞻性、约束性、指导性，不断深化"西蜀巧妹"妇字号等基地的建设，现已建成崇州

市粮油规模化经营、崇州市水稻综合种养、崇州市学梅家庭农场、道明镇"本草山房"林业共营制、白头土而奇电子商务等巾帼示范基地 25 个，通过巾帼示范基地的创新带动作用，引领全市 5 万多名妇女群众参与农村产业振兴，促进农村妇女及家庭就业增收。崇州市巾帼农村产业振兴代表王伶俐、谢娇、黄丽等创新创业事迹被中央电视台、《中国妇女报》和四川省、成都市等新闻媒体进行专题报道。其中，女职业经理人谢娇建立的崇州市季崧林地巾帼科技示范基地还作为全国集体林业综合改革试验示范工作推进会的现场参观点位，受到中央农办、国家林业和草原局和全国各省领导的关注。

2. 献力全域旅游示范建设，实现绿色产业长足进步

党的十九大报告提出乡村振兴战略的方针就是产业兴旺、生态宜居、乡风文明、治理有效、生活富裕，绿色乡村人居环境是应有的题中之义。为此，崇州市积极响应号召，献力全域旅游示范建设，实现绿色产业长足进步。通过深化巾帼建功活动，崇州市在全域旅游示范区开展"巾帼岗位争优秀、转型升级建新功"系列主题活动 10 余场，参与人数 15 000 多人次。结合"四送"活动，共举办女性乡村旅游业专场用工招聘会 3 场，帮助 1 580 多名妇女实现就业。依托崇州市西蜀巧妹家政服务公司，在街子镇、白头镇等全域旅游示范区开展"田园天使"项目，在竹艺村、乌尤驿等开展"新村民课堂"，重点针对乡村休闲餐饮服务员的外在形象、内在素养、服务技能等进行培训，目前已开展 6 期，共培训 500 多人，有力提升了崇州市乡村旅游从业人员的服务水平。通过上述措施，崇州市真正做到把本市的资源变资产，把本市的优势变成金山银山，从而推动全域旅游产业做大做强，推动乡村面貌焕然一新，努力实现乡村振兴。

3. 传承弘扬乡村文化元素，促进农商文旅融合发展

乡村振兴必须遵循乡村自身发展规律，注重地域特色，充分挖掘具有农耕特质、民族特色的乡土文化遗产，保护好村庄林草、溪流、山丘等特色风貌，实现城市与乡村各美其美。因此，崇州市在引领巾帼担当作为、助力乡村振兴中，一方面根据农村女性特征，发展民族特色产业；另一方面，激发巾帼创新意识，传承乡村民间项目。

一方面，根据农村女性特征，发展民族特色产业。为进一步让崇州的女匠人、民族特色产业走向世界，崇州市积极组织女匠人代表外出交流学习，参与国内外各种会展，与四川大学和中央美术学院对接，通过专业指

导，创新创作满足消费者需求的不同竹艺文化作品；为实现民族特色产业的传承，女匠人们设计了竹艺文化相关课程，向其他群众宣传民族文化，传授竹编技艺，以点带面，将文化元素融合到乡村振兴之中，反映时代的更新变迁，唤醒居民的恋旧情结，找回群众的乡愁记忆。事实证明，中国的农村完全能够设立属于自身特色的地方文化元素，让乡土文化成为乡村振兴的动力，让农耕文化精华成为农村文明的底色，这是崇州乡村文化自信的直接体现。

另一方面，激发巾帼创新意识，传承乡村民间项目。崇州市围绕文化传承和创意，建成"西蜀巧妹"文化创意联盟、崇平镇"习风堂书院"乡村振兴教育基地、道明竹艺村巾帼文化创客、集贤徐家渡凡朴女性文创、街子川西女工文化创意等巾帼示范基地 8 个，依托农业制作手工艺商品、依托农业开展文化创意、依托农业发展乡村旅游业，打造崇州市农商文旅产业融合示范。如今，崇州市乡村振兴的大幕已经开启，乡村文化产业也将迎来新的发展机遇。

### 四、引领巾帼担当促进乡村振兴的启示

"每一个了解一点历史的人也都知道，没有妇女的酵素就不可能有伟大的社会变革。"[1] 乡村振兴的成败很大程度取决于妇女的参与程度，只有明确家庭与社会发展的结合点、以提高妇女的素质为根本目标、与新型农业农村发展紧密结合、积极推进农村的文化产业建设，妇女才能进一步认知自我、提升各项素质，做乡村振兴的领头羊、做时代精神的弄潮儿。

（一）必须明确家庭与社会发展的结合点，找准工作与生活的平衡点

可持续发展是乡村振兴的第一要务，新时代要实现以巾帼行动助推乡村振兴，必须创新工作思路，在继承发扬优秀民族文化的基础上，解放思想、实事求是、与时俱进、开拓创新，在形式和内容上勇于创新，明确家庭与社会发展的结合点，找准工作与生活的平衡点，从而实现精准发力，增强农村妇女工作的针对性、主动性和预见性。

（二）必须以提高妇女的素质为根本目标，实现理想与素质相互匹配

要提升妇女助力乡村振兴行动的深度和高度，必须以提高妇女的素质为根本目标，通过各种形式的培训，全面提升农村妇女的整体素养，培育

---

[1] 马克思，恩格斯. 马克思恩格斯全集：第32卷［M］. 中共中央编译局，译. 北京：人民出版社，1975：57.

更多懂技术、会经营、有文化的新型女农民、知名女匠人、合格管理人，实现理想与素质相互匹配。一要在意识上唤醒。通过加强妇女解放理论和马克思主义妇女观教育，强化乡村妇女男女平等意识，提升妇女同志的社会责任感。同时要加强乡村妇女的心理素质培训，培养她们积极健康的心态和豁达、向上、坚韧的品格。二要在能力上唤醒。要加强妇女有关现代经营管理、现代科学技术的理论培训和实践操作，发掘妇女的潜在能力。

（三）必须与新型农业农村发展紧密结合，推进传统向现代迅速转型

巾帼行动最大的实际是落实在乡村，近些年来，随着经济的发展、技术的进步、制度的改革，整个农村面貌发生了翻天覆地的变化，只有紧扣新农村建设内容，与新型农业农村发展紧密结合，找准定位，才能实现巾帼行动的具体化，才能与时代合韵合拍，实现乡村从传统向现代迅速转型。

（四）必须积极推进农村的文化产业建设，助推资源与资本自由切换

文化的力量，深深熔铸在民族的生命力、创造力和凝聚力之中①。发展文化产业，是乡村振兴的一个重要环节，妇联组织和乡村妇女必须发挥自身的凝聚力、吸引力和影响力，以贴近实际、贴近生活、贴近群众的乡村特色文化项目，引导妇女积极推进农村的文化产业建设，助推资源与资本自由切换，在为民族文化产业添砖加瓦的同时，实现女性自身的全面发展。

---

① 梁昭柱. 文化的力量熔铸在民族的生命力、创造力和凝聚力之中 [J]. 求是，2003（8）：39.

# 第三章 文化篇：文化点亮乡村，坚持乡村振兴的形魂同塑

## 第一节 民俗文化：传统为之铸魂

家庭是社会的细胞，是个人成长的摇篮和场所，中国历来重视家庭教育和家风建设，"在各层社会集合之中，家无疑是最重要最基本的一环"①。优良的家风既是塑造家庭成员德行的主要因素，也是影响党风、政风与社风的重要因素。《大学》开篇就有云："古之欲明德于天下者，先治其国；欲治其国者，先齐其家；欲齐其家者，先修其身"。古人将"齐家"视为个人品行与社会治理之间的重要桥梁纽带，认为廉洁社会的塑造依赖廉洁家庭的建设，中国传统的廉洁家训家诫、家教家风、族训宗规能够提供天然的"防腐剂"。习近平总书记在中央纪委全会上曾经提出，"每一位领导干部都要把家风建设摆在重要位置，廉洁修身、廉洁齐家"②，这既表明了优良家风的重要性，也从侧面表明了家风建设的迫在眉睫。巴蜀清正家风文化作为中华优秀传统文化的组成部分，具有中华民族文化的共同特征，同时受地域和传统文化影响，又具有明显的地域特征。如何在理论层面上梳理问题，在实践层面上提出应对策略，对和谐社风、廉洁政风、淳朴民风、清正党风、优良家风建设都具有重要的现实和历史意义。

---

① 余英时. 中国思想传统的现代诠释 [M]. 南京：江苏人民出版社，2003：20.
② 习近平. 在第十八届中央纪律检查委员会第六次全体会议上的讲话 [M]. 北京：人民出版社，2016：12.

## 一、家风、族风与民风：巴蜀清正家风与廉洁文化建设一脉相承

（一）价值观：家训家诫———廉洁教育的世代传承

清正即清白正直、廉洁公正，"清正之士，抗行伸志"。家训家诫作为传统社会独特的教育形式，涵盖了一个家族对子孙后代为官理政、持家治业和立身处世的教诲，推动着廉洁文化世代传承。当前我国正处于公共话语空间转型时期，站在民族复兴的路口，解读廉洁家训家诫对如何打通"民间舆论场"和"主流舆论场"、重塑"廉洁政治的公共话语空间和主流舆论场"[①] 具有重要意义。

首先，巴蜀家训家诫认为"源澄而流清，源浑而流浊"，所有的清正行为，都源自人的自身，源自清正者坚定的清正之志和高尚的清正之品。巴蜀家训家诫批判骄奢淫逸的行径，告诫子孙后代什么"不能为"。巴蜀家训家诫强调子女要戒奢侈之风，行简朴之事。

其次，巴蜀家训家诫认为学习"纵不能淳，去泰去甚。学之所知，施无不达"，即学习即使不能改掉自身的不良行为，但也能培养正气与风骨。因此，许多巴蜀家训家诫极力鼓舞子孙多学习多读书，提升自我。

最后，巴蜀家训家诫认为"士君子之处世，贵能有益于物耳，不徒高谈虚论，左琴右书"，"空谈误国，实干兴邦"，切中时弊，告诫子孙"不可为"。实，与虚相对，有扎实、实在之意，即符合客观情况，务实就是把我们推崇的应然状态转化为实然状态，让口号精神看得见摸得着，就是在解放思想、实事求是、与时俱进思想的指导下，根据客观事物的发展规律开展实践活动，说实话，出实招，办实事，讲实效。戒"空谈"就是要抵制官僚主义和形式主义，讲"实干"就是要抓铁有痕、脚踏实地。

通过巴蜀地区历史上各朝代的名人"其庭训若严明者，其子弟必有杰出"的表现，证明家训家诫对历代的教育有正面的影响。家风的源流是相当久远的，而凡是尊长告诫其子孙或晚辈的家训家诫，内容均是包罗万象，是智慧的结晶。

（二）区域观：族训宗规———廉洁教育的地域传承

"社会关系是逐渐从一个一个人推出去的，是私人联系的增加，社会范围是一根根私人联系所构成的网络"[②]。中国的社会结构最大的特点是

---

① 庄庸. 廉政家训：开局之年的"中国式正能量"[M]. 北京：中国方正出版社，2014：2.
② 费孝通. 乡土中国 [M]. 北京：北京大学出版社，1998：26.

"差序格局"，传统社会乡村聚族而居的特点，推动了家训家风的代代相传并扩散形成族训宗规，进一步在宗族聚居地演化为某一宗族为主的乡规民约，形成中国乡村治理的草根力量和内在凝聚力，促进廉洁家风的地域传承。

一种是带有宗族色彩的族训宗规，这是家训的地域扩展和代际延伸，族人扩散至哪，家训就传播至哪。相对于人的生存而言，一切理论都是灰色的，也都是叙述的，人们恒久性地依赖自己的叙述，依赖自己的叙述方式、话语、风格。实际上，带有宗族色彩的族训宗规是人的创造物，是生活本身生长出来的叙述，它本身无所谓中心与边缘；当族人向不同地域开枝散叶，即使生存在不同方言、思想、习俗、文化之中，他们的族训宗规都能部分地含纳与替代当地的地域文化，彰显原初文化的亲和性、包容性乃至生命力。如孔子的孔门祖训强调"崇儒重道，好礼尚德，务要读书明理"便是典型，至今影响着孔门后裔。在巴蜀家风中，部分涉及宗族色彩的族训宗规不仅是中华民族廉洁文化的宝贵遗产，也是当今廉洁家风党风政风实现的理论基础，如秉持克己秉公，勿嗜利忘义；不忘祖本，秉承父慈子孝、兄友弟恭原则等。

另一种是带有乡约色彩的族训宗规，这是带有地域性的宗族或民族聚居地乡民传统自治的典型。巴蜀文化的形成既受到巴蜀地区自然环境的影响，也受到历史文化因素的影响，所以，巴蜀民俗是在中原文化框架之中形成的具有自身特征的族训宗规。家庭是一个小的社会，在这个小社会中有怎样的风气，取决于家风文化的侧重点。每个家庭的家风都是不尽相同的，如果非要给所有家庭的家风找一个共通点，那就是每个家庭的家风都是一种信仰，是每个家庭成员的信仰。因此，家风的形成与每一位家庭成员都有直接的关系。家风的存在不是为了约束某一个人，而是让所有的家庭成员都能以家风为榜样，实践家风的内容，因此，家风从制定之初就要与家庭成员进行协商。家风是生活在家族中所有人共识性的道德观念，是所有人的价值观之所在，不同的家风对家庭成员的影响也是大不相同的。如余氏家训所倡导的全民参与式的民主决策机制，有效培养了族人和村民的公民意识，使人们既对决策内容抱有敬畏心和神圣感，又能对权力进行监督与制约，是传统中国乡民的廉洁制度和廉洁文化建设的体现。

（三）传承观：家教家风———廉洁教育从娃娃抓起

"家庭是社会的基本细胞，是人生的第一所学校。"教育要从娃娃抓起①，因为家庭"是人的品格形成的原点，也是构成整个社会风气的基石"②，不同的家教孕育不同的家风，不同的家风培育不同品行的家庭成员。我国素来重视家教家风，从古至今，中华民族出现了无数品性正直、廉洁正气的父母，他们用自己的言传身教塑造着子女的精神面貌。巴蜀家风中很多都注重廉洁刚直的家教建设，从小教育子女要"廉善、廉能、廉敬、廉正、廉法、廉辩"。

事实证明，为孩子制定适当的家规，可以规范孩子的行为，将孩子培养成为有用的人才。毋庸讳言，在现实生活中，处处充满了诱惑，作为社会的一个细胞，因地制宜地制定一些家规，作为家庭成员生活的底线，这对家庭的幸福生活无疑是有利的。同时，制定家规是进行家规教育的前提条件，由于父母和孩子一起遵守家规，对孩子起了潜移默化的教育，这更加有利于孩子的健康成长。遗憾的是，现在一些年轻的家长，受各种社会因素的影响，缺少家规意识，在家庭生活中，明显缺少规矩的约束，不重视言传身教，未认识到沟通的言语就是言教，自身的行为就是身教，这不但对家庭建设不利，对孩子的成长也没有好处。所以，文明家庭都应该有一个既能约束家庭成员的言行，又符合社会一般公共道德准则的家规。在进行家规教育时，不少父母很容易有专制的做法，如教育方式多训斥，少疏导，以及用溺爱或暴力等极端方式③。要使家规教育更有效，父母应该清除"子从父"的封建伦理的影响，尊重孩子的人格，顺应和促进孩子的身心发展。家规既然是共同制定的，就应该共同遵守。孩子终究是要走向社会，在社会这个大熔炉里去磨炼的，社会上还有许许多多的规则，法律的、道德的、为人的、处世的、工作的、生活的等。作为父母，应该带头遵守，以身作则，做好孩子人生的引路人。

家风的集合就是民风、社风、政风，党员干部的家风对整个社会风气的形成具有较强的收敛或扩散效应，家风正，则民风淳；家风好，则政风清；家风浑，则社风浊。因此，从党员干部自身及其家属的廉洁教育入手

---

① 习近平. 在2015年春节团拜会上的讲话［N］. 人民日报，2015-02-18（2）.
② 万吉良. 建好"人生的第一所学校"［N］. 河北日报，2015-02-25（3）.
③ 教育部关心下一代工作委员会《新时期家庭教育的特点、理念、方法研究》课题组. 我国家庭教育的现状、问题和政策建议［J］. 人民教育，2012（1）：6-11.

对切断腐败源头具有重要意义，定期开展宣教、开展座谈会，定期观看廉洁文艺汇演、廉洁故事、廉政警示片等，签署家庭廉洁从业承诺书，利用现代信息手段发送廉洁邮件、廉洁短信，发放廉洁挂历、廉洁台历等，都是提升党员干部及其家属防腐拒变能力、守好"廉洁家门"、建设"廉洁家风"的重要举措①。虽然良好家风有助于奠定廉洁从政的思想基础，但我们也必须认识到党员干部的工作和生活作风对家风建设的反作用，两者相辅相成相互促进，作风正则有助于强化廉洁家风，作风不正则会动摇廉洁家风的根基。因此，我们必须坚持家风建设和作风建设两手都要抓，两手都要硬，既要巩固"不愿腐"的家风氛围，也要完善"不能腐"的社会监控机制和"不敢腐"的制衡惩罚机制。

### 二、传承、发展与超越：推进巴蜀清正家风与廉洁培育有机结合
### ——以桤泉镇为例

桤泉镇"荷风廉韵"廉洁文化教育基地以"廉政教育基地、廉洁文化高地、干部培训洼地、乡村体验福地"为发展定位，依托民俗院落、新兴社区、产业基地，创新推出"廉洁文化与民俗文化、产业文化互动融合""观、闻、品、悟四维互动体验"的"三化四维"综合体验式教育模式，从而逐步实现投资运行由政府主导向民间合作转变、教育方式由单一灌输向多维体验拓展、教育对象由党员干部向社会各界延伸。基地采用市场化运作模式，日接待游客近 3 000 人次，带动了产业发展，促进了群众增收致富，提升了社会影响力，推动全镇纪检工作再上新台阶。

（一）深入挖掘促传承

廉洁文化教育基地建设作为一项系统工程，必须以自身所处的文化土壤为基础，不断挖掘传统文化中的清廉内涵。为此，桤泉镇深入挖掘传统文化促进清廉家风传承。以余花龙门子教育基地为例，基地由半亩塘文化院坝和余氏家训墙两部分构成，通过深入挖掘余氏家族的民俗文化，将历史廉洁人物、蜀州先贤铭志坊、骆学林讲堂、余氏家训墙等八个部分巧妙布局，把民俗文化和廉洁文化有机结合在一起，如：打造了半亩塘文化院坝，作为集乡村旅游和乡村文化活动与宣传功能的公共文娱活动场所之一；保留了燮和古井，劝解世人铭记先贤恩泽，不忘族人先辈战乱迁徙的

---

① 向亚云，刘庆楠. 树廉洁家风，建幸福家庭 [M]. 北京：企业管理出版社，2014：12.

艰辛，期盼世代和平；设置了书画泼墨斋，不定期联系崇州市文联、桤泉镇思源学校老师到半亩塘文化院坝给书画爱好者授课；成立了骆学林讲堂，鼓励民间文化骨干积极参与，围绕余氏家族和成吉思汗后裔的传奇历史、崇州历史文化记忆、中华美德的人与事，讲述百姓身边事；绘制了蜀州先贤铭志坊，传播包括崇州在内的中国各地历代著名的廉洁人物。余花龙门子教育基地通过一系列的文化挖掘和继承，增强了人们对传统精神和品德的深刻认识，强化了人们对传承文化的生动感受。

（二）"三化"互动促发展

近年来，桤泉镇在打造廉洁文化教育基地的过程中，不断创新完善廉政建设宣传教育手段，以"阵地＋主题"的模式积极拓宽宣传教育领域，以"三化"互动的方式推进廉政宣传教育的常态化。

首先，注重找准廉洁文化与民俗文化的结合点。余花龙门子是一个农民聚居林盘，采用的是连片原生态林盘保护性改造，坚持了"小、组、生、微"设计思路和"三留三不""四态"融合的核心理念，较为完整地保留并呈现了川西民居和林盘原有的风貌。

其次，注重找准廉洁文化与基层治理文化的结合点。荷风水村新型社区在建设和管理的全过程中，探索建立"三会一社"基层治理模式，始终坚持"群众自主自愿"的核心原则，充分发挥群众主体作用，实现民事民做主。荷风水村新型社区围绕小区公共秩序、环境卫生、物业管理、家庭文化、传统文化传承等群众普遍关心的问题，通过前后十多次召开家庭夜话会，让群众发声，形成简单明了、通俗易懂、群众认同的荷风水村"大家庭公约"，让具有"乡情化、群众化、自主化"特质的公约变成了淳朴民风的文化传承，延伸和拓展村规民约内涵。

最后，注重找准廉洁文化与产业文化的融合点。桤泉镇依托地处国家级崇州十万亩现代农业综合示范区的千亩荷花基地和金手指葡萄庄园，在荷花基地内设一桥、两台、三亭、五路、七言、八贤、二十五莲章等文化景观和农业科普知识设施；按照"红色引领绿色"的理念，在金手指葡萄庄园内设有红色文化长廊和合作社党建阵地，着力将基地打造成廉洁文化的宣传地、农业科普的实训地、榜样先贤的追思地、生态体验的目的地。

（三）四维体验促超越

廉洁文化教育基地建设的目标是通过多种途径让廉洁文化深入人心，从而推动反腐倡廉工作的长效深入。为此，桤泉镇推出四维体验实现廉洁教育手段的提档升级。

首先，以"观"为基础，营造尚廉社会风气。枙泉镇通过打造红色文化长廊，利用公路沿线的石壁、街道围墙雕刻廉政文化宣传画，并配以言简意赅的廉政格言警句，大力宣传中国梦、先辈先烈英雄事迹、为民清廉等廉洁文化。枙泉镇还在全镇积极营造创业创新、忠孝礼义和社会主义核心价值观氛围，凸显教育意义。

其次，以"闻"为手段，知荣明耻远离腐败。在枙泉镇的廉洁教育基地，通过反腐倡廉学习培训，上至基地纪委书记、下至合作社业主均能领悟廉洁教育基地的建设意义，义务为来自全国各地的学习人员进行讲解，开创了"社会各界齐参与、党员干部受教育、当地群众受实惠"的多赢局面，阐释了廉洁文化"生命力"内涵，让前来学习的人员在耳濡目染中深切感受到，家风清才能走得稳，民风淳才能走得快，党风正才能走得远，让清新、清正、清爽的好风气充盈整个社会。

再次，以"品"为辅助，防微杜渐警钟长鸣。金手指葡萄庄园，在接待用餐上积极探索、推陈出新，向客人提供廉洁套餐，赋予美食不一样的内涵，让前来观光旅游、体验采摘的游客在休闲旅游中，既看了美景、品尝了佳肴，又接受了教育。

最后，以"悟"为目标，营造廉洁体验氛围。廉洁教育基地通过手段和载体创新，在"荷风莲韵"开展生动、灵活、新颖的互动式廉洁主题活动，内设有一桥、两台、三亭、五路、七言、八贤、二十五莲章等10余处文化景观和农业科普知识设施，使之成为廉洁文化的宣传地和榜样先贤的追思地，让党员干部和人民群众切身领悟，增强廉洁文化的吸引力和感染力，润物细无声，让每一个到这里来采葡萄赏荷花的游客都能受到熏陶，珍惜来之不易的美好生活，饮水思源，牢记党恩，不忘初心，跟党前行。

### 三、反思、扬弃与探索：赋予巴蜀清正家风与廉洁培育新生命力

当前，我国大部分民众对家风作用和内涵具有准确的认知，但是家风传承的方式和意识却存在一定偏差。因此，要发扬巴蜀清正家风、营造廉洁家风氛围，亟须从以下三个方面进行反思、扬弃与探索。

（一）重塑家风传承意识

品行是我们为人行事时，让我们做出正确选择的内在动机，品格是一种稳定的物质，无论环境如何，这些特质决定了我们对事情的反应。拥有

良好的品格，便能在人生的十字路口做出正确的选择，也才能让自身所处的家庭、所处的社会得到帮助。家风，是"父母祖辈身体力行并言传身教、用以约束和规范家庭成员的一种风尚和作风"①。当一个家庭（族）的价值准则代代认同接受并秉承执行，就是家风的传承过程。但在当前，"许多家长虽然认为家庭教育很重要，但普遍关注的只是子女的学习成绩和知识获取，对子女的品德教育较少。"② 家风传承的认同性、自觉性、自发性日趋减弱，家庭的传承意识和德育功能正在弱化，亟须我们重塑家风传承意识，对优良家风有效地"承过来"，并认真"传下去"。

（二）重拾家风传承方式

廉洁家风传承的常态化，需要以传承阵地为依托，以多种传承手段为工具，既依赖家庭（族）规则的合理制定，又依赖家庭和学校的共同教育。

一方面，为家庭成员制定合理的规则。传承廉洁家风，仅靠人的自觉性和思想教育是远远不够的，它依赖一定的结构性基础，必须注重文化的规范。家风传承是家庭或家族延续核心价值与意识的过程，是传承核心意志、烙印家族特色的结果。一般来说，家风传承有两种常见的特定形式。一是家族长辈的言传身教。家长的言传身教和以身作则对子女的言行举止具有重要的示范作用，"在家庭中，长辈总会自觉或不自觉地教给孩子一些为人处世的道理，而好的言传身教会令晚辈终身受益。"③ 每个家长不论职务高低、权力大小，都要以自重、自省、自警、自励的精神修德立品、勤政廉为，始终保持清正廉明的品格和作风，从自身做起，从小事做起，从细节做起，"勿以官小而不廉，勿以事小而不勤"。每个家庭里的党员干部都要做到牢记宗旨、坚持党性、遵守法纪、勤政为民、廉政为公、公道正派、淡泊名利、维护公德，追求思想上的纯洁、道德上的高尚、情操上的圣洁、人格上的健康，以自身的清廉正派，努力营造风清气正的社会风尚。二是通过家规家训等形式传承，在家庭中适当制定一些简单易操作的家规，对于规范孩子的言行、培养孩子良好的教养非常重要。为孩子制定合理的规则，立出明确的界限，是父母的重要职责，也是将孩子养成人成才的必要手段。

---

① 罗国杰. 论家风 [N]. 光明日报，1999-05-21（5）.
② 王志强. 当代中国家庭道德教育研究 [M]. 杭州：浙江大学出版社，2013：176.
③ 郝耀华. 从家训到相约的中国式道德传承 [N]. 光明日报，2014-3-19（3）.

另一方面，加强家庭和学校的共同教育。孩子属于未成年人，年龄尚小，自制力不强，容易被诱惑，这些特点告诉我们教育孩子光靠自觉是不行的，还需要一定的外力和强制力。如果在受教育期间，不在孩子心中培育标准的尺度，即他们日后随时检视自己行为的标准，便很容易导致他们在面对诱惑时，将正确的道德观念和家风抛诸九霄云外。而家规就是一种有效的外力，它具有强制作用，可以约束孩子的行为，有利于孩子的健康成长。因此，家长的教养态度、教育理念等对孩子的发展具有非常大的影响，家长和教师要培育孩子正确的价值观，通过传统文化的教育，从中吸收良好的家风教育，并推陈出新，使之适应当前社会的发展。

（三）重谱家风传承内容

家风传承以家族成员所共同认可的生活方式、行为习惯、道德规范、价值观念为主要内容，对个体的道德观、人生观、成才观等进行培育。儒家思想对个人品格的教育与养成有相当多的论述，如孝悌治家、勤俭持家、诚信友善等。而巴蜀文化代代相传的清正家风就是从广大精深的思想中撷取可以应用于生活中的部分凝聚而成，这些优良家风不仅有利于培养子孙正确的人生观和道德观，建设和谐家庭，还有利于社会主义和谐社会的构建，虽然有些墨守成规的内容现在已经不合时宜，但是如果能给予新的意义，在现今偏重智育而忽视德育的学校教育中，一定也能发挥新的作用和呈现新的价值。

家庭作为生活的后院十分重要，家庭建设得好，不仅家人和个人受益，也能为社会起到示范作用。家庭建设得不好，不仅家人和个人受害，也影响党的形象、影响社会风气建设。因此，无论是出于做好事业的角度，还是对家庭负责的角度，党员干部都要在干好事业的同时，注重管好家庭，营造清廉的家风。但是当前社会许多优良家风所倡导的品德规范正在渐渐被人们遗忘，许多家风所提倡的行为习惯逐渐被忽视，因此亟须我们重谱家风的传承内容。作为一项长期性系统性工程，家风传承需要在家庭、新农村、社区等组织达成共建共识，依托社会主义核心价值观、传统文化和家庭教育之合力，学习积极向上的生活方式、投资方式和消费方式，学习清清白白的为人之道和处事之道，学习对传统的家风内容和舶来文化取其精华去其糟粕和与时俱进。清廉作为无数巴蜀家风的核心要义，既是为人最基本的准则，也是党员干部最大的官德，是勤政观、从俭观、公正观、自律观和服务观最基本的体现，是不管外界环境的千变万化，我们都应坚持的行为、思想、意识、修养准则。

总之，巴蜀文化中的清正家训家风是治家立身之言，用语浅白，情意恳切，本节通过对巴蜀文化中清正家风进行阐述，特别是针对其传承及现代培育进行研究，从而为巴蜀文化与家风的研究提供一定的参考与借鉴。

# 第二节　艺术文化：艺术介入乡土

当城乡关系进入融合阶段，要素流动不再仅仅只是乡村流入城市的单向行为，而是演变为双向流动，城市资源开始溢出，流向乡村广袤的发展空间。内生动力是乡村振兴的本质力量，乡村艺术作为乡村不可或缺的优势资源被盘活，逐步将乡村振兴外部动力转变为内生动力。为此，2022 年 4 月出台的《关于推动文化产业赋能乡村振兴的意见》明确规定了文化赋能乡村振兴的发展目标。随后，党的二十大报告也提出了乡村振兴必须坚持以文塑旅和以旅彰文。事实上，艺术文化介入乡村、点亮乡村、振兴乡村顺应了时代潮流，它能够强化主体身份认同和利益认同，为乡村主体注入新活力，避免无根无序导致的空心化；能够挖掘乡村特色推进实体建设和价值塑造，实现发展范式转化，避免单一资本文化再生产引发的不可持续，为乡村振兴指明了发展方向。因此，我们在厘清艺术介入乡土概念基础上，围绕艺术文化赋能乡村的特色和优势，分析艺术文化激发乡村内生性动力的逻辑，探讨乡村振兴的多种可能性。

## 一、艺术介入乡土的逻辑起点

艺术介入乡土是尊重乡村发展规律的重要表现，也是推动乡村全面振兴的题中之义。充分发挥艺术文化的作用，创作出还原乡村本真面貌并符合时代发展要求的艺术作品，有利于调动各方生产积极性，不断激发乡村振兴的内生性动力。

（一）以文化内涵实现价值耦合，提升乡村吸引力

在现代化进程中，吸引力是制胜的重要法宝。而随着城市化的推进，乡村的吸引力逐步降低，发展变得迟缓。而艺术的文化内涵有利于提振乡土价值、提升乡村吸引力。

一方面，艺术有助于展现乡村的独特形象。文化逻辑的出发点是保持

乡村文化资源，尊重那些经过历史沉淀和选择而保留下来的在当下仍有社会意义的文化价值。乡村承载着艺术文化，是传统艺术的发源地，而艺术则是点燃乡村的"火种"，艺术介入乡土的逻辑初衷是依靠自身蕴含的理念保持乡村的文化属性和精神内核，依托自身爆发的精神力量引领文化的实践创新，在尊重艺术历史沉淀和根植村民日常作息的基础上，营造乡村特有的文化遗产、民俗风情和自然景观互动融合的文化场域，创作出区别于其他乡村地区的地方特色作品、活动和节庆，形成自身独有的品牌形象，从而吸引人们去认识乡村、了解乡村、建设乡村、爱上乡村，提升乡村知名度。

另一方面，艺术有助于提高乡村的文化意蕴。艺术介入乡土的落脚点是以平稳和谐的方式将新的思维、新的概念、新的观点、新的价值融入传统，维系并接续在现代化进程中被冲击而断裂的价值和文化，秉承"以人为本"理念重塑乡村文化，以符号为媒重塑乡村信仰，运用具有原真性、在地性、亲民性的艺术设计手段激发人们的情感属性，打造乡村核心吸引力，助力乡村文化的传播保护与创新发展。

（二）以文化形象点亮村容村貌，提升乡村感染力

从系统论看，现代化是一个复杂的系统问题，涉及经济、政治、文化等多维视野。在谋求共同富裕的中国式现代化进程中，不仅要在物质上实现共富，还要在精神上实现共富，才能彰显中国式现代化的综合属性。因此，乡村振兴必须实现乡风文明才能焕发内生动力，必须彰显文化的独特性和自觉性才能重塑乡村的生活意义。而艺术文化介入乡村有着得天独厚的优势，它将传统的资本逻辑导向转化为文化逻辑导向，以独特的艺术创造力在视觉层面改造村落景观，更新人居环境，提升乡村感染力，从而转变乡村落后现状，为乡村村容村貌建设添砖加瓦。

一方面，艺术设计有助于充分挖掘乡村文化资源。艺术介入乡土主要是从系统整体的视角打造视觉吸引力，乡村拥有着独特的资源和文化，但许多资源往往处于沉睡状态，并没有进入对知觉主体的吸引状态。而艺术创造可以充分挖掘这些资源，并提升这些资源的视觉吸引强度，从色彩、形状、大小、质量等方面打造体现乡村特性和地域风情的产品、服务和环境①，如建筑、家具、雕刻、青山、溪流、田野，营造具有创造力的乡村

---

① 吕勤智，邱丽珉. 基于视觉动力理论的薛下庄乡村旅游景观设计探究 [J]. 浙江工业大学学报（社会科学版），2018（4）：398-404，443.

氛围，点亮村容村貌。

另一方面，艺术设计有助于快速提升乡村品牌形象。艺术介入乡土的目的除了带动经济发展外，还要重塑美学生活和生态。艺术设计秉承着生态、乡土、自然原则，通过艺术元素、时尚元素、民俗元素嵌入建筑、广场、道路等公共空间，开发乡村原生性文化资源，维护乡村独特性本土意境，打造乡村地域性品质形象，营造乡村美学性文化场景，组织乡村特色性文化活动，从美学视角发力满足新时代审美和需求，促进审美人格和艺术生态相互促进的良性循环①。

(三) 以文化产业赋能乡村振兴，提升乡村内生力

艺术创作与乡村文化振兴和乡村产业振兴之间存在着千丝万缕的内在联系。乡村的运营和发展，离不开设计主体、数字媒体、传播经营的共同发力，将艺术的文化价值转变为经济价值。特别是在全球化背景下，随着新业态、新技术、新模式的涌现，传统艺术文化传播有利于提升我国的文化影响力，对于我们增强文化自信、维系情感认同、提升民族凝聚力意义深远。因此，乡村振兴和艺术的文化属性天然契合，艺术介入乡土有利于解决新时代农民日益增长的多元化需要和乡村发展不充分之间的矛盾②。

一方面，艺术介入乡土有利于提振文化创意产业。艺术可以结合乡村传统工艺、特产、文化，用艺术语言设计出独特视觉形象的特色产品，成为艺术家们创造表达个人艺术价值观的有效路径，为乡村产品开辟发展新赛道和新模式，如地方服饰、标识、陶瓷、竹编、根雕、木雕、藤编等，融合产品的物质属性和文化属性，提升产品的附加值和市场竞争力，提高产品识别度，打造产业新卖点，吸引游客购买和体验，从而带动乡村文化创意产业的发展。

另一方面，艺术介入乡土有利于发展乡村旅游产业。艺术和旅游产业都涉及工艺产品、民俗文化、建筑小品、农副产品等产业，两者的高重合性和高融合性，为推进三产融合高质量发展提供了契机。乡村艺术自带的文化基因和美学元素既承载了地域独特性，又兼具了符号象征性，既能为人们提供审美感知，又能为人们留下感性意蕴，从而实现艺术从文化资源向符号资产的转化，为各要素跨界配置架构桥梁。游客在视觉表征系统的

---

① 杨守森. 审美生态视野中的中国当代乡村建设 [J]. 山东社会科学，2023 (1)：71-81.
② 王晴. 文旅融合赋能乡村振兴的机制与路径研究 [J]. 山东行政学院学报，2022 (4)：61-69.

吸引下不仅能够品尝特色美食、购买美学产品、享受魅力美景，还能够沉浸在艺术氛围中，让乡村在产业有机融合中实现振兴。

## 二、艺术介入乡土的实践探索

明月村位于成都市蒲江县甘溪镇，近些年来，明月村按照成都"西控"部署，依托茶山、竹海、松林等良好的生态环境和 4 口古窑历史文化资源，以设计为媒，以安居、乐业、家园为目标，践行乡村振兴战略。明月村尊重当地地理风物差异、乡风文化差异、产业结构差异，同时遵循"社会治理与社区运营标准化"和"艺术审美与空间设计标准化"为核心的"两个标准"原则，针对空间、交通、环保、服务、景观、生态、人文、旅游、农业、慢生活十大系统进行打造，以"造商"代替"招商"，以孵化式招商模式培养创客人才，以创客人才为起点发展文创产业。按照新老村民共创共享幸福美丽新乡村的定位，明月村引入陶艺、篆刻、草木染等文创项目及艺术家、文化创客，形成以陶艺手工艺为主的文创项目聚落和文化创客集群，真正用艺术点亮了乡村。

（一）坚持少拆多改，保留本真性

明月村坚持做优生态本底，不搞大拆大建、过度开发，不搞千城一面、千村一面，大力在绿色发展上下功夫，尊重自然规律、厉行绿色低碳，实施川西林盘修护项目。一是按照"景观化、可进入、可参与"理念，加速推进茶山、竹海、松林等生态资源保护，推动传统农业转型升级，整田、护林、理水、改院，积极推动绿道、驿站、污水管网、旅游厕所等基础设施建设，实施明月环线大地景观提升及导视牌安装。二是按照"两个标准"建设要求，围绕风貌景观塑造、地域文化挖掘、内部功能完善，将村落公共设施标准向城市看齐，给村落的未来发展留下空间和余地。在空间设计标准化和艺术审美标准化建设上，明月村引入了专业的顶层设计专家顾问团队进行设计和市场化运营管理专业团队进行管理，投入 6 000 万元，建成占地 77 亩的明月新村，保留了原生态川西林盘韵味，体现传统的川西民居风格，实现村容村貌整治、文娱生活内容的功能美和形式美。三是将自然环境、产业特点与人文生态融合在一起，投入近 400 万元完成"谌塝塝"微村落建设，实施文创院落改造和林盘修护项目 28 个。明月村注重保护原有林盘院落资源和地形、水系特征，依托山形地势，通过平整道路、修葺房屋，把"微景观"引入院前屋后，保持原有青瓦、土墙风貌，将拥有优良生态本底的老旧院落打造成能够反映地域特色、时代风貌、错落有致又尊重村民生产生活习惯的美丽新村。四是建成 2 300 余平方米文化广场和旅游接待中心、8.8 千米旅游环线、8 千米绿道、7 个生态停车场、6 个旅游厕所，进一步提升明月村旅游承载能力，同时引入专业公司进行运营管理，通过高素质经营管理专业人才的服务，提高整体运营标准，也在潜移默化中影响村民生活习惯，提高村民管理能力和运营素质，不断创造满足人民群众美好生活需求的消费场景和生活场景。

（二）借力文创产业，彰显独特性

文化最能体现乡村的品质，最具有传承性和永续性。明月村就是用文化延续未来、艺术点亮乡村的样板。明月村坚持文化铸魂，推动乡村特色化差异化发展。一是大力引进和发展文创产业。明月村深挖邛窑历史文化特质，将明月窑陶艺列入非物质文化遗产保护名录，以设计为媒，以文创为特色，在保护传承好明月窑陶艺的基础上，引进技艺和器形各有特点的蜀山窑、清泉烧、火痕柴窑等陶艺品牌；设置明月村"邛窑馆藏陶瓷展"和"明月国际陶艺展"，展陈邛窑陶瓷和韩国、日本、德国等陶瓷制品；与国内外陶艺家开展陶艺文化交流，开阔视野，提升陶文化内涵品质。同时，通过建设用地招拍挂和租赁闲置农房院落等方式引进蓝染、陶艺、篆刻、艺术咖啡、剧场、音乐酒馆、美术馆和主题民宿等文创项目，赋予了明月村深厚的文化内涵和灵活的表现形式，实现了传统农村与现代生活的有机融合。目前，明月村已引入蜀山窑、草木染工坊、明月轩篆刻艺术博物馆、火痕柴窑、呆住堂艺术酒店、有朵云艺术咖啡、搞事情小酒馆等文创项目 45 个，多元化的文创产业集群塑造了明月村文艺乡村新形态，带来了人气和商机。二是实施文艺进乡村行动。明月村常态化开展摄影分享会、民谣音乐会、皮影戏、端午古琴诗会、竖琴田园音乐会等文化活动；打造了《明月甘溪》《茶山情》《看了你一眼》等原创歌舞作品；首部新老村民共同创作的诗集《明月集》出版发行；新村民常态化开放工作室，明月讲堂定期开展特色培训讲座，通过艺术家的眼睛发现了文化遗产的价值，开阔了村民的发展思路，激发村民的文化自信，提升了审美意识。三是健全文化阵地，传承农耕文化。明月村发挥大田景观的作用，建成集农事体验、田园文创、生态观光于一体的田园综合体；发挥林盘的作用，利用闲置农民住房，营造"造商"代替"招商"环境，带动农家旅游发展，形成农事体验、美食品鉴、民俗参与、田园文创、休闲养心、生态观光、运动康养、自驾露营、研学游行、赏花踏青发展格局，充分融入林盘资源、自然村落，打造传统文化、川西林盘与现代建筑、创意产业有机融合的天府新林盘。四是打造明月村文化品牌活动。明月村创新设置"明月书馆""明月画室""陶艺博物馆""书画展览室"等公共文化空间；实施"音乐种子计划"，组建明月村放牛班合唱团；孵化培育明月之花歌舞队、明月古琴社、明月诗社、民谣乐队等特色队伍；成功举办"中韩茶山竹海明月跑""中韩陶艺文化交流会"，连续举办春笋艺术节、"月是故乡明"中秋诗歌音乐会等品牌文化活动。文化艺术的熏陶让村庄焕发新活力，使村民对"明月村"品牌有了更多的认同感、获得感、幸福感，明月村成了名副其实的理想村。

（三）外引内培人才，形成凝聚力

随着文创产业的聚集、新村面貌的提档升级和招才引智政策的出台，明月村不断吸引新村民、留住新乡贤、培育新农民，注入文化发展新活力。一是出台《蒲江县关于进一步加强人才激励若干措施的意见》《蒲江县促进文化创意和旅游产业发展若干意见》《蒲江县文化体育人才激励措施实施细则》等政策，为外引和内培人才提供了强力支撑。二是引进培育新村民 100 余人入村创作、创业和生活，包括国家工美行业艺术大师李清、服装设计师、主持人宁远，水立方中方总设计师赵晓钧，美国注册建筑设计师施国平等，新村民带来资金、理念、品牌、资源、新的生活方式，带动了明月村产业、文化的快速发展。三是组织新老村民参加摩洛哥"感知中国"文化体验活动、韩国首尔文创展、北京 798 跨年文创展、成都创意设计周、农博会、苏州创意周等品牌文化展会活动三十余场。四是搭建明月书馆、明月讲堂、明月夜校等培训载体，邀请新村民及全国具有影响力的学者与实践者来明月村进行产业、技术、文化方面的培训，年培训约 1.5 万人次，吸引众多大学生、村民返乡创业，乡村人才素质和能力不断提升。

（四）完善治理机制，焕发新风尚

明月村以尊重地理风物差异、乡风文化差异、产业结构差异为前提，着力提升党建引领机制。一是成立明月村文化产业示范园区党委，下设 1 个党总支、2 个党支部。以阵地建设、班子提升、党员示范带动为突破，优化园区党组织架构，由甘溪镇党委委员任园区党委书记，同时选配新村民优秀代表为副书记，由乡村旅游合作社职业经理人、明月村新村民、明月村老村民担任园区党委委员。创新"党性教育+文创产业"双培训、"新村民+老村民"双融合、"组织引领+党员带头"双保障的"三双"党建机制。二是积极探索"党建引领、政府搭台、文创撬动、产业支撑、公益助推、旅游合作社联动"发展模式，建立和完善以园区党组织为核心，村民委员会、乡村旅游合作社、雷竹土地股份合作社、"3+2"读书会、社区营造研究机构"夏寂书苑"等社会组织多元参与的党群服务中心治理体系，打造新老村民互助融合、共商共建共治共享的幸福美丽新乡村。三是依托园区党群服务中心，加强与新村民的联系服务指导，全力做好项目策划、要素保障、项目建设、开放运营、品牌推介，开展交心谈心，商讨园区建设和产业发展；开展党性教育、社区营造、公益文化、文创培训等，引导村民开展村容村貌整治、生态林盘院落改造和保护、发展第三产业，配套旅游服务设施，改善人居环境，提升园区承载能力。

### 三、艺术介入乡土的未来展望

当前，艺术介入乡土还存在着资源单薄、挖掘不足、同质化严重等方面的问题，未来可从主体、产品、统筹、管理四个层面切入，真正让艺术点亮乡村，推动城乡融合发展。

#### （一）多元互动，坚持主体性原则

当前，面对艺术介入乡土时的主体缺席问题，必须充分尊重主体意愿，在尊重多主体价值和利益差异性基础上多元互动，既尊重当地居民意愿，又听取专家学者意见，构建"主体间性"的权力架构，形成互相尊重、互相理解、互相依存的乡村建设共同体①。

一方面，积极和当地居民合作沟通。平衡外源性话语权过强和村民主体性偏弱之间的矛盾是构建艺术介入乡土权力架构的基本前提。首先，要持续推进宣传教育和举办文化活动，及时向村民阐明艺术介入乡土的重大意义和取得的重要成效，激活村民对当地艺术文化的自觉认同，提高村民的支持度和参与度。其次，要不断加强和村民的合作，通过开发文旅项目、创意产业，实现共赢共享，重塑村民对家园和传统的归属感。最后，要着重提升相关服务与保障，强化村民相关技能培训与创业扶持，提升村民艺术文化运用、保护、传承能力。

---

① 刘姝曼. 乡村振兴战略下艺术乡建的"多重主体性"：以"青田范式"为例 [J]. 民族艺术，2020（6）：135-143.

另一方面，培训提升专技人员专业素质。艺术介入乡土需要引入艺术家和学者群体与当地村民协同合作，实现多元联动。首先，要引进培养艺术文化产业人才。既可以通过直接引进的方式壮大专业团队，也可以建立培训机构或与高校教育机构合作培养专业人才。其次，要提升专技人员职业道德与艺术素质。在提升职业素养和培育服务意识时，特别要注意避免以自己的价值准则和艺术标准作为审视和发展乡村艺术的唯一标准，简单将乡村艺术创作视为实现和展示自身艺术理想的空间，进而导致村民对当地艺术失去熟悉感与依恋感，甚至对艺术文化产生怀疑。

（二）艺术挖掘，坚持在地化原则

通过乡村艺术文化发掘呈现地域性文化特色及脉络是艺术介入乡土的前提基础。艺术介入通过正确处理艺术实践和特定场地间的辩证关系，以与当地居民生活相互关联的艺术表达形式，恢复乡村建筑原始面貌、挖掘神话传说和历史故事、复兴传统手工技艺、盘活自然风光地理环境、营造质朴的乡村日常体验、促进地方艺术和文化传统的赓续，从而为本地化创作实践提供可能性。

因此，在艺术介入乡村的准备阶段，必须做好充分准备，结合当地的人文资源与自然风光，有效整合乡村文化，发掘其内涵意蕴，体现其特色优势，提炼其艺术价值，再以媒介为载体，以礼仪风俗、节庆活动、特色建筑、行为习惯等符号呈现，让传统艺术通过文化符号广泛传播，进而在更大范围内被更多群众所肯定、欣赏和认同。要实现这一目标，艺术工作者必须深入调研、大量走访，瞄准地方性这一乡村艺术的重要特征，结合现代审美趋势，将传统艺术与现代美学相结合，将古色古香的石材、青瓦、青砖再次应用到民居、宗祠、戏台的修缮中，将艺术和田园、体验、劳动、节庆相结合，唤醒沉睡的艺术文化资源，激活乡村的内生动力，形成地方独特的竞争力。

（三）统筹全局，坚持系统性原则

艺术介入乡土是一项复杂的系统工程，受到不同要素的多重影响。所以，在介入过程中必须树立系统思维统筹全局，对乡村艺术资源充分认知、整合规划，解决乡村振兴进程中与之相关的生态、产业、服务等实际问题，进而提供一种推动乡村健康全面发展的综合性方案。

艺术介入乡土过程中可以在分析乡村的战略地位、空间布局、产业分布、周边环境、景观风格的基础上系统规划，对艺术文化进行特色加工，释放艺术差异性在乡村振兴中的功效，把握艺术和产业的内在同一性，推动产业协作发展。如：文旅融合、特色小镇、非遗工坊等项目，就需要通过沉浸式、体验式等艺术创新手段加工扩展乡村资源，进一步实现产业融合、优化和提升，摸索出一条艺术与资源交互融合的新路[①]。此外，在艺术介入乡土过程中必须建立完善多元化交流合作，这也是遵循系统性原则的集中表现。如，可以推进艺术文化和特色企业、专职院校、非遗代表性传承人、手工艺人间的合作。

## 第三节　红色文化：红色引领绿色

实施乡村振兴战略，促进乡村持续发展，是实现城乡一体化发展的重大决策部署。党历来重视党建引领前进方向、激发奋斗力量、凝聚发展共识，团结带领广大人民群众以红色党建推进意识新觉醒、理论新成果、建设新成就。特别是近些年来，围绕"红色引领"和"绿色发展"这组辩证关系，各地充分发挥基层党组织的凝聚力与战斗力，不断提升农村基层治理成效，让红色引领擎举中国道路，让绿色发展镌刻党建故事，开创了乡村振兴事业的新思路和新局面，真正做到了农村地区党建强、服务强、产业强，为我们从国家层面乃至世界层面破解乡村问题提供了宏观视野。那么，在农村地区如何具体以党建引领绿色发展？围绕这一问题，笔者针对崇州市"红色引领绿色"党建模式展开调研。近年来，崇州市秉承新发展理念，紧扣"红色引领绿色"核心议题和"党建强、服务强、业务强"主题，围绕自身农业功能区定位，将党组织建在合作社上，创新合作社党组织设置模式和运行机制，将党建引领融入传统农业的发展逻辑中，初步形成了"政治引领、政策引领、技术引领、发展引领、文化引领"的有效路径，党组织发挥自身政治功能与服务功能，赋予"红色引领绿色"新的时代内涵。

### 一、"红色引领绿色"的内在逻辑

在生态文明和自我革命的时代语境中，"红色"与"绿色"相辅相成，

---

① 田川流. 乡村振兴中多维度文化的构成及其价值实现 [J]. 民族艺术研究，2020（2）：93-101.

形成多层次立体化的互构关系，既要求我们"用红色精神引领绿色发展"，彰显共产党人的初心和使命，传承发展提升农耕文明，倡导中国特色社会主义的生态文明，又要求我们"用绿色发展弘扬红色精神"，抓住话语构建的历史契机，推动新时代中国特色社会主义事业。

一方面，红色精神是引领绿色发展的强大内驱。办好中国的事情，关键在党①。中华民族从站起来到富起来再到强起来，离不开党的坚强领导；中国人民从温饱走向全面小康，离不开党的坚强领导；中国特色社会主义从无到有，离不开党的坚强领导。新时代，我们坚持和发展中国特色社会主义离不开坚实的物质基础，更需要强有力的领导力量，指引着我们践行全心全意为人民服务的宗旨②。而党的领导体现在了乡村治理的各方面、各领域和各环节，落实在了乡村振兴的全过程。习近平总书记曾反复强调："在国家治理体系的大棋局中，党中央是坐镇中军帐的'帅'，车马炮各展其长，一盘棋大局分明。"③ 党建作为农村地区最大的红色力量，它对乡村振兴的领导不是片面的、抽象的、空洞的，而是全面的、具体的、科学的。首先，党建对绿色发展的引领体现在正确的方针政策路线上。在绿色发展的推进过程中，只有激活党建活力，唤起战无不胜攻无不克的红色力量，激发坚韧强大的内驱动能，才能真正做到巩固拓展脱贫攻坚成果同乡村振兴的有效衔接。其次，党建对绿色发展的引领体现在党强大的政治判断力、政治领悟力、政治执行力上。许多农村地区将党建资源和红色文化作为撬动地方经济发展的支撑点，通过演绎生动精彩的党建故事和展示实实在在的发展成果，更好地弘扬党建文化，激发农民主动担当、积极作为的责任意识与发展动力④。最后，党建对绿色发展的引领体现在党严密的组织体系与强大的组织能力上。"红色引领绿色"发展模式适合在农村地区推广，通过发挥党建的引领力、拉动力、融合力、集成力和催化力，推动"农业+模式"的发展，把乡村旅游与党建特色相融合，发展"红色

---

① 人民日报评论部. 中国为什么能：新中国 70 年巨变的内在逻辑 [M]. 北京：人民出版社，2019：7.

② 孙延文. 坚定理想信念 忠诚履职担当 [N]. 洛阳日报，2019-10-23 (4).

③ 习近平. 习近平著作选读：第一卷 [M]. 北京：人民出版社，2023：192.

④ 龙新民. 发挥党史文化在老区建设与发展中的重要作用 [J]. 中共党史研究，2017 (2)：80-83.

+绿色"特色旅游产业，创新农业发展新模式①。

另一方面，绿色发展是弘扬红色精神的有效路径。"良好生态环境是最公平的公共产品，是最普惠的民生福祉 。"② 党的十九大报告指出："我国社会主要矛盾已经转化为人民日益增长的美好生活需要和不平衡不充分的发展之间的矛盾"③，而绿色发展弘扬红色精神极具中国特色，它立足民生福祉，在制度上健全绿色发展法规建设，在思想上培育绿色责任意识，在督查上提升生态监管效果，在科技上鼓励绿色创新，"让人民群众在绿水青山中共享自然之美、生命之美、生活之美"④。绿色发展回应的是人民群众对美好生活的新期盼，尤其是可持续发展的生态诉求，尊重自然法则，顺应自然规律，在可持续发展征程中保护每一种生物，珍惜每一寸土地，用好每一份资源，营造生态优良、生活和乐的生产空间和生活环境，合乎新发展理念，契合马克思主义生态观，体现了党的性质与宗旨，是红色精神最根本的价值取向与归宿⑤。因此，重塑绿色发展的实践逻辑与价值意蕴，贯彻创新、协调、绿色、开放、共享的新发展理念，践行绿水青山就是金山银山的要求，在人与自然和谐共生中彰显党建特色，这是新时代我们弘扬红色精神的题中之义。

## 二、"红色引领绿色"的崇州模式

农民合作社是农村经济新的发展力量，也是近几年基于地碎、人少、钱散、缺服务等情况而创新发展的农业新型组织模式。党的十八大以来，崇州市农民合作社发展迅速，截至目前，崇州共有各类合作社 1 005 个，广泛分布于种植、养殖、机械、劳务等涉农领域，入社面积和入社人口均超过耕地面积和农户数的 60%，有效促进了农业产业化、现代化，改变了农民生产生活方式，但同时也导致农村基层党组织建设出现新的盲点和空白。为此，崇州市立足成都后花园的优势，自 2015 年开始，以"党建+"为抓手，依托全国第二批农村改革试验区建设契机，积极探索将党组织建

---

① 李志萌，张宜红. 革命老区产业扶贫模式、存在问题及破解路径：以赣南老区为例 [J]. 江西社会科学，2016（7）：61-67.

② 习近平. 习近平著作选读：第一卷 [M]. 北京：人民出版社，2023：113.

③ 习近平. 决胜全面建成小康社会夺取新时代中国特色社会主义伟大胜利：在中国共产党第十九次全国代表大会上的报告 [J]. 共产党员，2017（21）：4-25.

④ 习近平. 在纪念马克思诞辰 200 周年大会上的讲话 [M]. 北京：人民出版社，2018：21.

⑤ 刘贤伍. 把握习近平红色基因科学内涵的五个维度 [J]. 昭通学院学报，2019（1）：1-5.

在合作社上，创新农民合作社党组织的设置模式和运行机制，用党建凝民心聚民力，立足实际，开拓创新，统筹兼顾，率先在白头、杞泉等乡镇进行合作社党组织建设改革试点，涵盖 6 个乡镇、56 个农民合作社，共建立党支部 7 个，党小组 39 个，管理党员 334 名，培养入党积极分子 32 人，通过"红色引领绿色"实现基层党建全域提升。

（一）创新合作社党组织设置模式

在党组织的设置上，崇州市坚持"夯实基础、属地管理"原则，兼顾灵活性、多样性，根据土地股份合作社与专业合作社的不同特点，分别构建了两种设置模式。在土地股份合作社，主要采取两种设置形式：一是对土地经营范围不跨村的，采取成立功能党小组或党支部的形式进行组织和工作覆盖，隶属行政村党组织管理；二是对土地经营范围跨村的较大规模的符合条件的，单独建立党支部，隶属乡（镇）党委管理。在专业合作社，也主要采取两种设置形式：一是党员三人以上单独建立党组织，隶属乡（镇）党委管理；二是党员人数不足 3 人，与其他专业合作社建立联合党组织（若本乡镇无其他符合联建条件的专业合作社，则并入注册地行政村或土地股份合作社党组织）。对于经营面积跨乡（镇）的合作社党组织，隶属注册地乡（镇）党委管理，对于不符合单独建立党组织条件的，乡（镇）党委均派驻党建指导员先期开展党的工作。崇州市通过这些措施和办法，进一步扩大了党在合作社的组织覆盖和工作覆盖。

（二）明确合作社党组织职能定位

合作社党组织的职能定位明确界定为"政治核心"，谋求"党社分开"，保证合作社和社员的利益是合作社党组织建起来、走下去的发展基础，也是党组织政治功能、服务功能合理体现的衡量标准，更是党组织凝心聚力、夯实基础的建设导向。围绕这样的定位，崇州市提出了农民合作社党组织的 8 项基本职责，即执行党的决定、教育管理党员、壮大党的队伍、组织发动群众、参与重大决策、维护社员权益、领导群团组织、培育内部文化。一是以助推发展为要，实现增产增收。在合作社党支部成立之前，崇州市很多种植业主各自为政、一盘散沙。每年农产品成熟，由于大量农产品上市，各业主大打价格战，诸如水稻、葡萄、红提等农产品销售出现恶性竞争的现象，往往是增产不增收。合作社成立后，以支部为核心，搭建起合作社党员、群众之间的沟通桥梁，各成员单位统一销售价格，保障了绝大多数种植业主的利益，带动了崇州群众增收。二是以服务群众为本，助农增收致富。合作社党组织不同于传统村级党组织等地域性党组织，作为农村新型党组织，合作社党支部的党员主动作为、勇于担当：首先，合作社党支部书记鼓励并带领合作社党员和群众到外地学习参观其他地区先进的管理理念和种植方式，找差距、明方向、鼓干劲，通过观摩学习，找到增加农产品产量的方法；其次，许多合作社党支部书记勇于探索先试先行，积极引进农产品新品种，试种成功则让全体社员共享，失败则由合作社党员分担；再次，支部牵头积极向上级部门申请引进农机公司，全程向合作社社员单位提供化肥、农药等农业生产基础资料和种植技术植保技术；最后，合作社发展壮大后，党支部牵头带动周边群众就近就业，有效解决了崇州大量 50 岁到 60 岁中老年人务工问题，帮助他们既能务工增收，又能就近照顾家庭。三是以凝聚人心为基，促进抱团发展。合作社党支部成立后，首先，支部党员业主坚持亮身份、树形象，带头进行诚信、合法等公开承诺，带动群众业主、群众社员形成做绿色食品、卖良心食品的良好氛围；其次，逢年过节，由支部牵头、组织党员业主捐款，看望慰问合作社困难群众，帮助困难群众解决就业问题，增强了活动参与人员的责任感和困难群众的主人翁精神；最后，按照崇州市委"全域旅游、全业旅游"的发展思路，各合作社党支部牵头，组织全体党员、社员集体商议筹备地方特色旅游，有效促进了合作社农村一、三产业互融互动。四是以促进和谐为重，弘扬社会正能量。党支部建立后，必须坚持"红色引领绿色"发展理念，很多合作社党支部将接待用房改造成党员之家，保障了组织活动有阵地；将生产车间改造成农村党员教育培训中心，保证了党员教育、技术培训有场所；将合作社闲置区域改建成红色文化长廊，大力宣扬中国梦、百年党史、革命先烈、现代楷模等党建文化，同时，积极营造社会主义核心价值观氛围，保证群众能够受教育。

（三）创新合作社党组织运行机制

一是紧扣"话语权"，建"书记产生"机制。合作社党组织书记原则上应当由合作社理事会、监事会成员、职业经理人、上规模的社员担任，合作社内部没有合适人选的，由所在行政村"两委"成员担任。通过党组织书记与合作社发展的重要话语权人相结合，让党组织两个功能的发挥得到保障。截至目前，崇州市 56 个试点合作社党支部书记或党小组长，由合作社理事会成员担任的有 12 人，监事会成员担任的有 17 人，农业职业经理人担任的有 23 人，合作社内规模种植养殖业主担任的有 4 人。合作社党组织架构如见图 3-1。

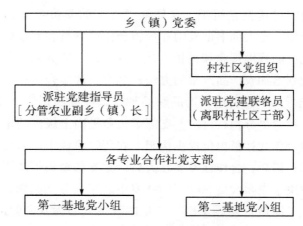

**图 3-1  合作社党组织架构**

二是紧扣"功能型",建"内部作用"机制。崇州市广泛开展"红色引领绿色+"的主题活动,即以"红色引领绿色"为根本理念和方向,依据不同合作社的区域、行业、运行、价值取向等确定具体的党建目标,如:土而奇合作社开展的"红色引领绿色、抱团发展促转型",绿聚源合作社开展的"红色引领绿色、产业带动旅游",杨柳合作社开展的"红色引领绿色、带动社员受益"。崇州市坚持抓制度促规范,针对合作社的特点,先后建立完善合作社党组织建设实施办法、党组织工作职责、联席会议制度、党员教育管理制度等 10 多项制度,形成一套完整的制度链。

三是紧扣"区域化",建"外部共建"机制。按照区域统筹、区域共建的理念,崇州市探索党建组团、指导联络、三向讲评等制度,构筑起以地域型、开放型、多元型、整合型为特征的区域化党建联合体,让合作社党组织获得更为广泛的政治资源和社会资源。

四是紧扣"先进性",建"党员激励"机制。一是"党员双向培养"机制。崇州市对长期固定在合作社就业创业的非党员生产经营骨干和非生产经营骨干党员进行登记建档,有针对性地建立双向培养计划和措施。二是"党员示范引领"机制。崇州市建立了党员示范棚、党员示范区、党员示范基地等党建载体,促进了党员先锋模范作用的发挥。三是"党员融资信贷"机制。崇州市制定党员信用信贷实施办法,协调成都市村镇银行为土尔奇合作社、质权合作社、金手指葡萄庄园三家合作社贷款近 600 万元。四是"党员双向报到"机制。崇州市坚持"不唯组织关系,重在发挥作用"原则，合作社党员组织关系实行"双向报到、双重管理、双向考核"，有效激发了合作社党员参与党组织活动的内生动力。

### 三、崇州"红色引领绿色"取得的具体成效

通过探索创新合作社党组织的功能定位、组织设置和运行机制，崇州市"红色引领绿色"发展成效显著，初步形成了"红色引领、绿色党建强、服务强、产业强"的改革试验成果，保障和改善了民生，推动了地方经济的跨越式发展，振兴了乡村，有效提升了基层党组织的战斗堡垒作用，巩固了党的执政根基。

一是通过抱团发展，促进了农村产业升级。合作社党组织的建立，加上党建组团作用的发挥，促进了合作社之间、业主之间"同业联结、抱团发展"，各类资源得到有效的优化整合。比如土尔奇合作社和绿聚源合作社，充分发挥合作社党组织发展引领作用，促进产业横向推进，尝试上马农业旅游观光项目，以农业为基础逐步向附加值更高的第三产业拓展，取得了不错的收益。同时，崇州市还开展了党员信用贷款，帮助合作社解决发展资金问题，为合作社带来了看得见的实惠，实现了"党建促发展、发展靠党建"的正效应。

二是通过协调矛盾，推进了农村基层治理。崇州市通过合作社建立党组织这一抓手，在一定层面和程度上协调矛盾，推进并完善了农村基层社会治理。一方面调解农户之间的矛盾，比如土尔奇合作社入社社员多达上百户，基地农户间种养出现了个别摩擦，党支部站在中间立场进行调解，最后化解矛盾。另一方面，调节合作社管理层和农户之间的矛盾，比如千丰合作社在育秧田用水时，上游某一未入社的农户将灌溉沟渠拦截，党支部进行多次协调劝导，最终解决矛盾。

三是通过阵地拓展，加强了农村党组织建设。合作社党组织的建立不仅填补了农民合作社党建工作的空白，更是扩大了基层党组织建设的新领域，实现了农民合作社党组织和现有的农村基层党组织补位不越位、补台不拆台的良性互动，夯实了党在农村的基层执政基础，先进经验做法先后受到中组部、中央党校、农业农村部等的充分肯定。

### 四、"红色引领绿色"的优化路径

新时代呼唤新的作为，新征程需要新的担当。随着中国特色社会主义

进入新时代，"红色引领绿色"不再仅仅着眼于过去的红色文化、红色资源和绿色生态的整合，而是将视线投向更加广袤的农村地区，将重心转向如何更好地实现发展上①。业靠人兴，事在人为，崇州市将党建工作和合作社发展结合起来，并不是将两者简单叠加，而是把合作社的功能优势和党组织的政治优势有机融合起来，突出党组织在集体经济发展中的引领作用和党员干部在农村地区的正向激励主基调，党支部打头阵、做先锋，党员同志以"职业经理人"的身份积极发动群众入社，带头认筹资金项目，负责管理合作社日常，为推动村民合作、富民强盟提供了坚强保证。这既兼顾了每家每户和村集体利益，又保证了合作社在党建引领下"姓公不姓私"，还找到了党员干部践行为民使命的价值所在，党组织的凝聚力、向心力和号召力显著提升。

（一）红色引领突出"新"

创新是地区发展进步的不竭动力，而选好干部是发挥创新能力的重要前提。要推动基层党建工作与农村地区绿色发展，党支部书记队伍建设至关重要。崇州市各地党组织以对党忠诚、为党尽职、为党分忧、为民造福的责任担当，全心全意投身崇州合作社事业的开拓创新实践中，将党员和合作社社员纳入统一的治理网络中。在"红色引领绿色"创新治理模式下，针对地方生态治理、特色产业、美丽经济等工作，基层党支部不仅在想办法、理思路方面成为创新解决合作社事务的内核，而且在谋策略、出措施方面成为持续推进合作社基层治理的不竭动力。实践证明，崇州市农村地区的发展离不开党的坚强领导，只有夯实基层党组织在开展农村工作的基石作用，突出基层党组织的政治功能，增强党组织的组织力和服务能力，才能团结带领广大人民群众凝心聚力实现乡村振兴。因此，崇州市要进一步推进"红色引领绿色"理念，必须始终秉承开拓创新理念，选用更多"五个过硬"的党员，对合作社党支部书记进行备案管理，全方位、立体式、多角度考察合作社党员干部，尤其注重优先识别、考察、培养一线的党员干部，鼓励更多能打硬仗、扛重活、任劳任怨的党员参与到合作社发展中，对表现优异的党员每年给予贡献奖励，推动合作社各项工作持续向前推进；对不尽职、不合格、不胜任的党支部书记及时调整，不断创新党建引领模式，夯实农村绿色发展人才干部支撑和基层组织建设，把党组

---

① 阿依古丽·阿布都热西提. 党建引领绿色发展之路的时代转向 [J]. 重庆社会科学，2019（1）：55-62.

织建设成乡村振兴的坚强堡垒。

（二）凝心聚力突出"聚"

2019 年 6 月，中共中央办公厅、国务院办公厅印发的《关于加强和改进乡村治理的指导意见》明确指出："健全党组织领导的自治、法治、德治相结合的乡村治理体系，构建共建共治共享的社会治理格局。"① 村民有效参与是乡村治理的核心②，"火车跑得快，全靠车头带"，引导民众自治是汇聚民智的表现，既能充分发挥党的领导在乡村振兴中的积极作用，又能发挥基层群众自治的独特优势③。崇州市"红色引领绿色"是党建引领汇聚民智的生动体现。合作社党支部本着全心全意为群众服务的理念，深入每家每户做好调查研究，实地丈量社员宅基地和集体闲散地，建立档案评估商议，最终制订出科学方案。随后，合作社党支部书记一家一户走访沟通，发动党员和社员做通入社社员思想工作，将闲散土地收归集体，统一规划，有偿使用，通过汇聚民心民智解决了"红色引领绿色"最基本也是最棘手的问题。因此，崇州市要进一步推进"红色引领绿色"理念，必须进一步把握发挥群众主人翁作用的基层治理逻辑，明晰治理合作社解决的是社员的事，解决的是大家的事。社员组成了合作社，合作社的事不仅是职业经理人的事，更是每位社员的事，只有认识到这一点，红色党建引领作用才能真正发挥。

（三）绿色发展突出"和"

红色党建引领绿色发展，必须聚焦美好生活突出"和"。一要坚持因地制宜。农村情况千差万别，要想实现持续发展，合作社党支部必须多调研、多走访、多座谈，以多种方式实现"红色引领绿色"。如，以"确权确股不确地"的形式明确社员股份，由社员、村集体和农业公司共同组建合作社；鼓励村（社）与村（社）之间相互合作，有资金缺土地的村（社）可以和有土地缺资金的村（社）共同组建合作社，实现互补共赢；也可由村集体党组织统一管理合作社。再比如，湖泊湿地偏多的合作社可以发展荷塘产业，土壤肥沃的合作社可以发展规模化种植业，阳光充沛的

---

① 北京师范大学中国乡村振兴与发展研究院. 全面推进乡村振兴：理论与实践［M］. 北京：人民出版社，2021：286.

② 赵园园. 充分发挥柔性化治理的积极效能［N］. 学习时报，2021-08-04（7）.

③ 刘伟，王柏秀. 村组党建引领乡村治理的进路与逻辑［J］. 广西大学学报（哲学社会科学版），2021（2）：38-45.

合作社可以发展葡萄种植业等。只要在党支部的引领下，保持产权清晰，把社员拧成一股绳的合作方式都应该鼓励支持。二要促进经济发展。要改变过去合作社单一的种植结构，通过循环种植、立体种植、规模种植等模式助推合作社从单一作物转向多种作物，大幅提升合作社收益。在此基础上，合作社党支部应紧跟时代发展趋势，以农业为基础、以旅游业为载体，建设田园体验、种植采摘、村落民宿、教育培训等三产融合发展产业，带领社员走向共同富裕。三要确保监管到位。合作社有了收入，理事会、监事会和社会代表大会将拥有更多权力，如何确保各项事务在制度框架下有效运行，就必须发挥监事会和社员的监管作用，让党员干部有规范、有程序、有约束地行使权利，确保合作社事务落到实处。四要实现绿色生态。绿水青山就是金山银山，践行绿色发展理念、推进生态发展模式，是"红色引领绿色"的题中之义。因此，必须进一步完善以政府为主导、以企业为主体、以合作社和社员共同参与的农村生态治理体系，培育绿色创新主体，推动绿色产业，实现绿色发展。

践行新发展理念，推动红色党建引领绿色发展，关键在党员干部的引领。如今的崇州市将合作社党组织的优势、资源、活力、力量逐步转化为绿色发展的优势、资源、活力、力量，党建活力逐步转化为为民服务的激情和干事创业的动力。广大党员干部将进一步发挥自身力量，争做乡村振兴的忠实践行者与不懈奋斗者，真正做到巩固拓展脱贫攻坚成果同乡村振兴的有效衔接！

## 第四节　治理文化：自治走向善治

在农村地区，存在着大量的农集区，农集区的治理好坏直接关乎整个农村地区的和谐稳定。而农集区的发展模式和路径问题，其核心内容是实现人的身份由"村民"到"居民"的转变。"人与物的发展相融合"与"身与心的发展相融合"是新型农集区发展的两个重要方面。农集区发展必须从外延型发展向内涵式发展转变，从"量"的扩张向"质"的提升转变，以马克思主义人的全面发展为理论基础，更多地从人文关怀的角度探寻新型农集区的实现路径，有序实现意识转变与融合发展，推进农集区移民身份重构。

作为传统的农业县市，崇州市一直在探寻新农村发展路径，在取得一定成绩的同时，许多农集区发展问题的共性也逐渐显现出来。本节从崇州市农集区建设的整体经验教训着手，以农集区建设宗旨为基础，分析农民集中居住区发展的应然状态，从三个方面指出农民集中居住区建设本性及使命，随后从实然状态和应然状态的差距着手，指出农民集中居住区建设三大逻辑导致的三大问题，最后对应农民集中居住区的三大使命，以崇州市典型示范点位白头镇五星村的农民集中居住区为例，分析了三大解决措施，试图探索出一条具有可借鉴性的农民集中居住区发展道路，让农民集中居住区的居民转变过去的小农思想，明白自己的角色转变，并进一步适应新角色，融入居民生活。

**一、农民集中居住区建设本性及使命**

农集区建设的直接目的是推动农村城镇化进程，而农村城镇化的核心和本质是"人"。因此，要实现农集区建设的最终使命，必须坚持以人为主体，以人的全面自由发展为根本价值标准，以资源的高效配置为准则，在保证人的基本生存权利的前提下，通过改善人的生存和发展环境，满足人的物质和精神需求的提升，真正实现人与人、人与自然、人与社会的和谐发展。因此，农集区建设本性及其使命必须厘清以下三个问题。

（一）价值取向——特殊性中体现，普遍性中坚守

农集区建设既要满足群体需要，又要满足社会需要。要实现这两大价值诉求，应该沿着整体的、综合的和内生的发展脉络展开，因此，必须坚持以人为中心、以现代化为重点、以地方文化为特色的发展原则，既体现普遍性价值，又体现特殊性发展路径。

首先，必须确保人的全面自由发展是人的市民化的最基本的价值取向，这是历史的必然趋势，也是时代的迫切要求。通过提高农民的素质，确保农村建设有条不紊地开展，通过资金技术的有效转移，保障农村的现代化，以此推动人的综合发展。以崇州市安阜农集区为例，2015年就已经挂牌社会服务中心，以政府购买服务的形式打造四大空间板块，即老年人空间、妇女空间、青年空间和向日葵空间，为不同年龄段的人群提供个性化服务，帮助他们开展阅读活动、普法活动、技能培训活动等。其次，农

村的现代化必须通过人的活动得以实现①，推进人的综合性发展顺应了社会发展的趋势，是实现人的现代化的重要途径和必然要求。在这里人的发展不是强调人的中心地位，而是强调其发展的依据。也就是说我们不能单单从自然属性的人出发，用人口的迁移数量、空间的转换速度来判断人的发展与否，而是要立足于具有社会属性的人，着眼于人的生存结构和发展状态的质的转变。这就需要我们为其营造一个公平、民主、法治、自由的社会环境，保证农民享有相应权利。最后，注重乡村文化与人的结合，着力打造地方特色，彰显不同村落文化的差异性，从而打造求同存异的现代化农集区面貌，为人的市民化赋予新的时代内涵，打下特殊的文化烙印。

（二）两类整合——可能性中选择，现实性中转化

农集区建设的关键是人的综合发展，因而我们必须做到两类整合，即人与物的发展相结合和身与心的发展相结合，从而在发展的可能性中选择最佳道路，在现实性中转化发展理念，最终谋求物质层面和精神层面的和谐发展。

1. 人与物的发展相结合

新型农集区建设的实质是人的市民化，它实质上是对传统的物的现代化的扬弃。在农集区建设过程中，我们必须坚持人的尺度和生产力尺度相结合的原则，既注重生产力的发展，注重经济效益，又注重人的全面发展，使人成为农村建设的推动者和农村现代化的受益者。这就需要我们在人与物的发展中注意两方面。

一方面，必须打破利益分配的藩篱，顺应经济发展的新形势，满足顶层设计的新要求，以机制改革调整现有的利益格局，促进整个社会利益分配的公平性。另一方面，转变传统的发展模式，实现"从传统乡村文明向现代城市文明的整体转变"②，注重共享模式，强调寻求共同的利益，通过发挥各村落的优势来建立整合机制，在人的居民化进程中彰显新农村建设的创造性，凸显中国特色社会主义以人为本的优越性。

---

① 丰子义. 马克思现代性思想的当代启示 [N]. 光明日报，2010-02-02 (11).
② 迟福林. 改革红利：十八大后转型与改革的五大趋势 [M]. 北京：中国经济出版社，2013：96.

## 2. 身与心的发展相结合

"现代化的历史是乡村城市化，而不像在古代那样，是城市乡村化"①，这说明了农村现代化借鉴了城市发展方式，实现自身的发展。而农集区的建设旨在促进农村经济发展的同时，实现农村质的提升，即以各村落的共同精神为价值取向，以协调村民利益问题为主要脉络，以村民市民化为核心，通过对村民行为和情感的融合，促进村民身与心的协调发展。这就要求我们做到以下两方面。

一方面，核心目标在村民身心的全面发展。新型农集区建设旨在以人的城镇化为目的，故而要以人的生存、发展和需要为根本出发点和落脚点。这里的人是相对于物而言的，是现实的、感性的人，这不仅指人的时间空间的转变，还指人的幸福感和归属感的增强，更是人的社会属性的根本性变化，是转变村民的角色、身份、价值观和思维方式等，让村民由居住民的角色转化为农村主人，逐渐提高村民的自治能力和自我管理意识。另一方面，价值取向在于各村落的共同精神。不同于城市以契约为缔结纽带，农集区以各村落的信任合作为盟约，体现的是农村淳朴的民风。通过融合各村落先进的文化，加强彼此之间的情感沟通和人际交往，可以打破整个社会利益至上的功利主义观念的桎梏，破除各村落各自发展的局面，从而推动绿色农村、智慧农村、人文农村等社会主义新农村的具体形态的建设。

（三）发展轨迹——偶然性中前进，必然性中成型

农集区建设是在现代化进程中逐渐形成的一条新型农村建设道路。它是社会主义新农村建设诸多发展途径中的一条，是根据当地农村发展实际，扬弃了传统农村发展的模式，以人为核心，通过城乡互补，优秀文化传承、农村集中规划等新途径来摸索适合自身发展的道路，故而它是沿着一种偶然性前进，必然性成型的轨迹发展而来的。具体来说，偶然性表现为方式的摸索创新，必然性表现为这是一种理论逻辑、历史逻辑、实践逻辑相统一的运动。因而，必须尊重农村城市化进程中人的价值取向，即人本、和谐、公平。

首先，基于人和社会的关系审视，变"物本""见物"为"人本""见人"。毋庸置疑，作为能动地改造主客观世界的实践主体，人是经济社会

---

① 马克思，恩格斯.马克思恩格斯全集：第46卷 [M]. 中共中央编译局，译. 北京：人民出版社，1979：480.

发展的手段和目的的统一体、集合体。因此，在农集区建设的过程中，人的现代化就必须是尊重人、呵护人、依靠人。其次，基于人和自然的关系审视，变"征服""改造"为"和谐""交融"。传统农村发展模式"求大""求急""求快"，青睐经济、规模、速度，漠视生态、资源、环境的承受力，对自然的强力征服、改造和索取，最终导致生态危机、资源枯竭、环境恶化。"和谐""交融"的农村建设，就是要把生态文明理念、资源合理利用和环境保护原则全面融入现代化的全过程，坚决走新型发展之路，即要绿色、低碳、集约、智能。最后，基于人和人的关系审视，变"效率""博弈"为"公平""共赢"。新型农集区建设不能再片面注重速度、力度，而要更加注重农集区建设的质量、效益，更加重视公平优先原则，实施均等化的基本公共服务供给，充分尊重农民的需求欲和发展权，持续消解城乡差别，努力实现公平正义。

**二、农民集中居住区建设困境及根源**

农集区建设是社会主义新农村建设的重要组成部分，当前我国现代化发展模式是典型的"物的现代化"，以政府为主导，以外延式扩张为主要发展道路①。这种"以物为中心"的发展模式是现阶段"人的现代化"、居民化进程仍然非常缓慢的根本原因。具体来说，农集区建设困境的根源主要表现在以下三个层面。

（一）发展逻辑导致人的全面发展被异化

当前我国一些地区农集区的建设，从根本上奉行的是生产主义。物质生产本应是发展的手段，人的发展本应是发展的目的，但生产主义的发展逻辑却将目的和手段颠倒，把物质生产看作发展的目的，将人的全面发展异化为工具手段。在生产主义的发展逻辑之下，通过建设农集区实现移民只是一个进行土地集中整治的借口。地方实行土地财政，推行"增减挂钩"政策，将土地作为财政收入的重要来源，导致土地资源被粗放利用。这种逻辑本质上是将农民、农业和农村排除在全面发展体系之外，是传统发展模式对农民、农业和农村的再一次利益剥夺。农民可支配资源被削减，与土地分离，既难以继续从事农业生产，又被排斥在工业之外。笔者在四川省农集区建设的访谈调查中发现，政府将农民集中安置后，普遍面

---

① 李玉明，陈建平. 人的城镇化：我国城镇化转型发展的新思路 [J]. 常州大学学报（社会科学版），2014（1）：34-38.

临着劳动力流转与土地流转不协调问题，有近70%的农民在"失地"后由于缺乏种地以外的其他技能而处于失业状态，尤其是妇女和老人，这一比例远远高于农民分散居住区。改变以上这种发展逻辑，必须以人的需求为根本出发点，这是一种思维逻辑的改变，是"物性"逻辑向"人性"逻辑的转变。

（二）官僚主义限制人民群众的广泛参与

作为一种政治病症，官僚主义在我国农村移民进程中时有发生，具体表现为忽视地区差异，无视基层民众的利益诉求，把面子工程和政绩放在最重要的位置，无心维护和保障农民的利益，从而导致农集区建设进程中农民的主体地位被剥夺，缺乏参与意识。农民转移到农集区，认为自身只是被动接受者，不会主动参与到农集区的建设中，使得我国农集区建设缺乏根本推动力。物质要素的作用发挥必须依赖人的发展，科技、管理等在农集区建设中发挥作用都必须依赖人的因素，作为移民主体的农民，不应被单纯地看成是机械地、被动地接受某种指示而重复地进行一项工作的人①。主体地位的破坏使农民权益难以得到有效保障，只有坚定农民的主体意识，才可以改善农民随波逐流的消极现状。从这个层面来说，人的广泛参与是人的主体性和创造力的体现，是农村移民的题中之义。

（三）物理逻辑引发文化服务体系滞后性

满足人的精神文化需求是农集区建设的本质要求，在移民进程中，建立完善的文化服务体系是连接"人的现代化"和"物的现代化"的根本途径，然而目前农集区推进的过程中，缺乏对居民的精神需求的满足，对居民的文化关怀远远不够。从传统生产生活方式到现代生产生活方式的过渡过程中，大量农业转移人口还缺乏对新环境的认同感和归属感。文化服务体系的滞后性，加上农业转移人口本身的文化水平相对较低，成为农集区发展的严重阻碍。职业技能的欠缺，专业知识的匮乏，行为习惯的陈旧，思想观念的落后，导致农业转移人口难以适应新的环境，给"人的市民化"提出更大的挑战。以崇州市某一农集区为例，在搬入农集区前居民的交往比较频繁，搬入农集区后邻居之间比较陌生交往极少，在回收的有效问卷中我们发现，该区农户在回答"住进新村后，感觉生活是变好了还是变坏了"时，仅有15.8%的农户表示生活变好，有近75%的人表示生活变

---

① 许崇正. 人的发展经济学概论 [M]. 北京：人民出版社，2010：429.

差了、没变化或变化不大，这一结果和农集区建设初衷背道而驰。此外，该农民集中居住区人们的归属感日趋淡薄，在问卷问及"愿意选择的寻求帮助对象"时，有58%选择了亲戚朋友，15%选择了同事，20%选择了邻居，仅有7%选择了社区或其他途径。不难发现，贫瘠的文化服务限制了农民对世界的认知，限制了农民的发展机遇，在这样的文化氛围中建设先进的现代文化，就必须为农民提供充裕的文化服务。

### 三、小农思想的终结与居民意识的觉醒——以白头镇五星村为例

农集区的建设是一项复杂的系统工程，它是农民意识转变、融合发展、最终实现移民身份重构的复杂过程，是经济发展水平、产业结构、基础设施、科技文化、生活水平、生活方式、环境质量、社会保障、城镇管理等方面的协调发展[①]。提高农集区建设质量是我国当前城乡共建的重要任务，其核心是以人为本，将人的全面发展作为自身发展质量的最终目标。将农民聚集在一起，以居民身份融入城市文明激流之中，实现新的生活方式、生产方式，形成道德秩序，瓦解传统小农模式中某些习俗观念[②]，要使农集区建设真正促进人的全面发展，就要如崇州市白头镇五星村一般，由物性逻辑向人性逻辑转变，坚持以思想为引领，以素质为标识，以生活为中心，最终实现小农思想的终结与居民意识的觉醒。

（一）以思想为引领，体现本质性

经济是基础，农民是主体，人的全面发展是目标，新型农集区建设必须在物的城镇化过程中实现人的市民化。五星村在新村建设过程中，在制度性维度和意识性维度方面始终坚持以思想为引领，不断体现农集区建设本质。

1. 制度性维度：创设农民受益的制度体系

当前我国的农集区建设普遍存在"物的世界的增值同人的世界的贬值成正比"[③]现象，如何解决这一问题？必须从以人为本的本质出发进行制度性建构，创设农民受益的制度体系，来处理农集区建设中的各种问题，

---

① 孔凡文，许世卫. 中国城镇化发展速度与质量问题研究 [M]. 沈阳：东北大学出版社，2006：80.

② 宁克平. 城市与人：中国城市化进程及其对策 [M]. 北京：人民出版社，2009：116.

③ 马克思，恩格斯. 马克思恩格斯选集：第1卷 [M]. 中共中央编译局，译. 北京：人民出版社，1979：40.

五星村在制度性维度上坚持福利增进，规范农民的居住场所和工资收入，让农集区对农民形成吸引力和向心力，增强农民建设农集区的积极性与主动性。

一方面，推进居住场所的现代化。首先，五星村结合产业布局，按照"小规模、组团式、微田园、生态化"要求，规划 3 个新村建设点位，在广泛征求群众意愿的基础上以常住居民登记为标准，以旅游小村的标准设计房屋，按照 1+28 标准配置基础设施，尽政府所能为居民提供与城市均等化的社会管理和公共服务，如卫生站、学校、停车场、天然气、自来水、雨（污）水管网、光纤、电信、Wi-Fi、智能监控等。其次，五星村充分整合公益性资源和营利性资源，突出公共服务。五星村的 3 个片区都设有包括医疗卫生、老年居家、青少年中心、法律援助、党建活动、红白事场所等服务在内的"一站式"公共服务站，将空间用于人民群众，将便利让给人民群众。最后，五星村聘请了专业的物管公司，建立了专门管理队伍加强新村的公共管理，如治安管理、物业管理等，各个片区均设有警务室，有专人全天候巡防，同时安装了电子监控设施以便及时掌握新村动态。

另一方面，推进工资收入的稳定化。在农民集中居住后，由于技能单一、学历较低等因素，农民的就业成为农集区建设亟待解决的问题，为此五星村坚持产业支撑，合理选择能发挥农民劳动潜能的产业，让农民有事可做。一是土地股份合作社提档升级。引导农户加入合作经济组织，实现产业规模发展，增加农民产业性收入。二是探索农村产权要素流动。开展农民自主开发试点、农村集体建设用地零星宅基地收储试点，积极推进农村集体建设用地抵押融资、股份合作经营、租赁经营等，促进农村资源向资本转变，增加农民财产性收入。三是着力创新集体经济发展方式。将政府投资修建公建设施、服务设施、基础设施，折资量化、股权到人，发展壮大集体经济。四是着力拓宽农民转移就业渠道。引导农民自主创业、居家就业、园区就业、就地就业，实现群众就近就业、自主创业，持续增收致富。经过三年多的努力，五星村从人均 4 000 余元的贫困村发展成为人均 30 000 余元的幸福美丽新村。

2. 文化性维度：小农意识向居民意识转变

发展农集区的最终目的是推动人的全面发展，是让农民"进得来、留得住、活得好"，进而维护农民生存发展权利。为此，五星村制定了"两大工程"来把握农集区建设的本质性。

首先是文化植入工程。五星村坚持将自身的传统文化尤其是乡土文明的精髓融入传统民俗和村规民约,通过发挥基层自治组织的作用,抛弃封建迷信,将优良文化传统融入乡规民约,使风俗习惯所形成的道德约束深入人心。在充分发掘传统乡村治理文化和良俗的基础上,五星村结合社会主义新农村精神文明建设,积极宣传培育社会主义核心价值观,在乡村兴起"新村风、新乡规民约、新家风、新乡贤"等创建活动的浪潮。

其次是素质提升工程。一方面,以创建"依法治镇示范镇"和省级"依法治村示范村"为抓手,通过干部学法用法,五星村进一步规范行政行为,加大法治宣传力度,举办丰富多彩的法治文化宣传活动,抓实法治培训教育,着手打造五星村法治长廊和法治广场。开展依法治村工作,制定完善各村村规民约和居民公约,依法办理各种来信来访,切实做到了"有诉必查,查有回复"。另一方面,五星村积极开展文化惠民活动,广泛发动群众开展丰富多彩的文化体育活动,开展农村全民健身活动,组织符合条件的村民发展民俗演出队、民间才艺团等基层文化组织,丰富广大农民的精神生活,坚定广大村民致富的决心,激发其爱村、护村的责任感和发展农业生产的内生动力。

**(二) 以素质为标识,体现主体性**

农集区的建设是一个性质定型和过程变化的过程,它既是农村从传统向现代的发展历程,也是农民从农户向居民转换的变化过程。在这一过程中以何种方式来"化",怎么"化","化"哪些内容,"化"成怎样的样态和效果? 这需要从物质和精神的双重角度不断提升农民的积极性、主动性和创造性,不断提升农民的综合素质。笔者认为,五星村在主体性维度和发展性维度给我们提供了很好的借鉴。

**1. 主体性维度:彰显农民的主体性地位**

在实施集中管理的同时,五星村积极征求百姓意见,切实保障本村产权人、集体经济组织、投资人的合法权益,本着充分尊重群众意愿,自主自愿、双向选择、有偿使用、充分体现产改成果的民主集中原则,采取科学规划、因地制宜的方法,体现了公开、公平、公正。五星村的民主集中建设主要体现在以下两个层面:

一方面,完善党组建设。为统筹推进新村的管理和服务水平,五星村不断推进党建工作,围绕求真务实、全面实效的工作要求,在新建的农集区设立了由村委党支部领导的村党组织，主要是为了指导社会组织参与，及时调解矛盾、收集民意、宣传政策、服务群众，同时能充分动员一批思想觉悟较高的老党员同志协助开展相关工作。这种以党组织的全覆盖带动基层组织建设的做法，既能积极搭建党组织领导下的农村新型社区管理服务平台，形成民主化、精细化、乡情化的管理服务体系，又能聚人心、促和谐，最终实现环境美、生活美、风尚美的"三美示范村"的建设。

另一方面，组建自治组织。作为农集区的参与者和受益者，农民的广泛参与是建设农集区的必要条件，为此五星村的新村建设由群众推选了35名代表进入新村建设领导小组，共同参与项目综合协调、资格审核、方案制订、公开招标、资金管理、质量安全监督、竣工验收，以走家串户和结对联系的形式来提高群众的参与度和创造性，以村民代表会的形式对民众意见进行收集整理，调动群众的主动性和积极性，最终获得了农民的理解和支持。

2. 发展性维度：促进农民能力持续发展

近些年来，五星村始终坚持把富民增收作为工作的核心任务，以"1248"的方式节约集体建设用地，进行公开流转交易，最终引进社会资金发展乡村旅游业，为农民增加就业岗位，培育农民就业能力，实现农民增收致富。首先，着力推进生产要素自由流动，开展农村集体建设用地农民自主开发试点、农村集体建设用地零星宅地收储试点，积极推进农村集体建设用地抵押融资、股份合作经营、租赁经营等，促进农村资源向资本转变，增加农民财产性收入。其次，着力创新集体经济发展方式，将政府投资修建公建设施、服务设施、基础设施，折资量化、股权到人，发展壮大集体经济。最后，着力拓宽农民转移就业渠道，通过订单、定向、委托、合作培训等方式，提高农民就业技能；引导农民创业自主、居家就业、园区就业、就地就业，新增转移农民就业400余人，增加农民工资性收入。

（三）以生活为中心，体现价值性

五星村农集区建设始终坚持在潜移默化中熏陶农民意识、体现农集区建设的价值性。

1. 价值新维度：帮助农民解除后顾之忧

一方面，五星村以土地股份合作社为实施主体建立专项支付制度，统一支付方式和支付标准，根据城乡居民收入水平、财政预算等建立投入增长机制，解决农户的后顾之忧，农民不仅可以获得股权收入、规模种植补贴、劳务收入等，还能获得养老方面新的保障。另一方面，五星村设立了"问政、问需、问计于民"机制，采取"一对一"结对帮扶方式，量体裁衣制定帮扶措施，通过"走基层、解难题、办实事、惠民生"和"结对心连心、我们在一起"活动的开展，考虑农户心理，以信息化、实地化的手段帮扶群众发展居家就业、就地就业，鼓励农户参与到农集区建设的全过程，引导社会资金参与五星村农业开发。

2. 生态性维度：实现人与生态和谐统一

坚持节能减排，提高土地使用率，推行农村循环生产、清洁生活，这些都是绿色生态型农集区建设的关键。为此，五星村在总结以往工作经验的基础上，结合自身特点，以值周制和专业保洁两种模式抓环境治理。一方面，推行值周制实现林盘治理常态化。林盘村落以村民小组为单位，根据本小组农户数量和公共责任区域大小，每周确定由1~2户农户负责本小组公共区域内的保洁任务，轮流排班，张榜公示，责任到户。按户值班，每周一轮，较好地保证了各小组责任范围内的垃圾得到及时清理，环境卫生保持整洁。全镇推行值周制以来，各村以小组为单元，广泛宣传，充分发挥群众的主体作用，让群众参与到环境卫生的管理、维护和监督之中，议定适合本组的监督考核制度及办法。有的组落实门前五包，细化保洁责任；有的组外出打工人员较多，推行以资代劳，聘请在家农户清扫，形成能共同遵守、长期坚持运行的值周制工作模式。另一方面，专业保洁实现新村治理高标准。五星村将新村保洁、垃圾清运外包给专业保洁公司。按照协议约定，保洁公司一是负责新村卫生清扫保洁，做到随时能接受检查考核；二是负责垃圾清运，做到全村无积存垃圾，日产日清，同时约定相关奖惩事项，确保新村卫生、保洁、管理高标准落实。

# 第四章 土地篇：深化农村土地制度改革，激发乡村振兴的集聚效应

## 第一节 大力推进农村集体经济发展

党的二十大报告指出要"巩固和完善农村基本经营制度，发展新型农村集体经济"①，随后，中共四川省委十二届四次全会重点研究了以县域为切入点扎实稳固推进城乡融合发展的问题，牵住了四川省现代化发展的"牛鼻子"。为此，崇州市贯彻落实习近平总书记关于"三农"工作的重要论述和中共四川省委十二届四次全会精神，不断探索农村集体经济的有效实现形式，在原有发展基础上进行了大刀阔斧的改革，不断创新完善农村集体经济的运行机制，维护农民的集体资产权益，激发农民发展乡村经济新形态和推动乡村振兴的积极性，取得了良好的实践成效。本章采取实地调研、基层走访、典型剖析等方式，对崇州市农村集体资产发展状况进行系统调研，深刻剖析了当前崇州市农村集体经济改革的实践成效与存在的问题，提出有关建议和对策。

### 一、发展农村集体经济是城乡融合发展的战略需要

2023 年 11 月 20 日，中共四川省委十二届四次全会以县域为切入点，研究部署了城乡融合发展工作。中共四川省委十二届二次全会提出"四化同步、城乡融合、五区共兴"战略，中共四川省委十二届三次全会针对

---

① 习近平. 高举中国特色社会主义伟大旗帜为全面建设社会主义现代化国家而团结奋斗：在中国共产党第二十次全国代表大会上的报告 [J]. 共产党员，2022（21）：4-26.

"四化同步"提出要加快推进新型工业化、构建现代化产业体系；随后四川省委聚焦"五区共兴"出台了一系列政策补齐短板、做强支撑。

自党的十八大以来，习近平总书记科学研判了城乡发展的新定位和新特征，提出了城乡融合发展命题，每次来川视察都对四川城乡发展作出重要指示，对四川城乡融合发展推进共同富裕共同繁荣提出殷切期望。2035年之前，是我国完善城乡融合机制、破除城乡二元结构壁垒的窗口期，因此，必须以城乡融合发展作为推进中国式现代化的战略突破口，在理论上进行创新、在制度上进行设计、在实践上进行探索，畅通城乡要素自由流动，逐步缩小城乡之间的发展差距。发展农村集体经济顺应了城乡融合发展要求，新型农村集体经济组织作为产业发展的市场主体、经营主体以及农业基础设施管控主体，各利益方通过合作，以产业的高质量发展为着力点，在农村地区建立起成员界限清晰、产权关系明晰、治理结构合理的利益联结机制，形成民主管理、平等协商、利益共享的新经济形态[1]，构建农民致富重要载体，让农民在乡村经济高质量发展中增加经营性收入。新型农村集体经济组织是城乡产业融合的动力引擎，是推进共同富裕进程中形成的具有中国式现代化特征的经济实践形态[2]。

四川有大城市，也有大农村，全省人口城镇化率比全国低了6.87个百分点，城乡二元结构明显。因此，城乡融合发展是书写中国式现代化四川篇章的题中之义，也是推动四川乡村全面振兴的加速器。在"统分结合的双层经营体制"中，农村集体经济能够充分发挥"统"的作用[3]：一方面，能够充分开发村域范围内的资源要素，立足村民价值认同厚植乡村产业兴旺、治理创新的土壤；另一方面，能够激发自身政治保障和经济发展的双重功效，在县域范围内承载政策资源、城乡资源和工农资源，激发农村活力、提高公共服务水平、保障村级福利，拓展四川城乡要素流动新空间，提升县域辐射带动能力。

---

① 魏建. 新型集体经济促进农村共同富裕的机制与路径研究 [J]. 当代世界社会主义问题，2022（3）：13-22.

② 张弛. 中国特色农村新型集体经济的理论基础、新特征及发展策略 [J]. 经济纵横，2020（12）：44-53.

③ 朱莹莹. "共富联合体"：共同富裕视域下村级集体经济的再建与形塑：基于嘉兴市的实践研究 [J]. 嘉兴学院学报，2023（6）：11-16.

## 二、当前农村集体经济发展面临的问题短板

近些年来，外生性的扶持依赖，导致农村集体经济陷入结构性发展困局。作为区别于其他市场经营主体的村级集体经济，农村集体经济必须正确运用好补助性收入和经营性收入，既应及时把握外生性资源注入所带来的发展机遇，也应积极探索农村集体经济内生动力培育的新途径，摆脱"有增长、无发展"的转移性收入依赖困境①。在先富带动后富的中国式现代化语境下，实现农村集体经济从"单一型"转向"复合型"、从"外源型"转向"内源型"、从"增长型"转向"共富型"。

（一）农村集体经济市场经营主体地位缺失

农村集体经济组织与自治组织往往职能不清，集体经济组织管理人员大部分由村"两委"干部担任，由村民委员会（社区居民委员会）行使管理职能，面临市场主体地位缺失困境。即便对农村集体经营性资产进行股份化改革，也往往流于形式，停留于完成下达任务的层面，没有充分开展经营性活动。以崇州市为例，2018 年以来，全市开展农村集体经营性资产股份化改革，成立了 83 个农村股份经济合作社，但已在工商注册的只有 9个，仅占股份经济合作社总数的 10.8%。

（二）农村集体经济与乡村振兴需求不匹配

从经营形式上看，我国农村集体经济形式经历了"从竞争性、直接经营的产业经济向非竞争性、村社集体不参与直接经营的地租经济的转变"②。由于农村集体经济本身兼具公共建设保障和提高经济效益两大功能，因而农村集体经济往往利用财政资金设立集体经济项目库，这种收入增长普遍是外生性的，本质上依旧是财政资金转化形成的收入，短期内虽可快速增加收入，但并没有从本质上增强农村集体经济的自我活力和生存能力，反而使其陷入收入增速下降、过度依赖补助性收入、经营性收入比重偏低等发展困境。以崇州市为例：首先，从全市农村集体经济组织发展总体水平分析，农村集体经济组织的经营性资产盘活不力，大多数农村集体经济组织虽然有资产，但没有固定的产业收入、经营性收入，组织"空

---

① 张新文，杜永康. 集体经济引领乡村共同富裕的实践样态、经验透视与创新路径：基于江苏"共同富裕 百村实践"的乡村建设经验［J］. 经济学家，2022（6）：88-97.

② 夏柱智. 农村集体经济发展与乡村振兴的重点［J］. 南京农业大学学报（社会科学版），2021（2）：22-30.

壳化"占村（社区）总数的62.3%。其次，从全市农村集体经济组织运行机制分析，全市有收入的86个农村集体经济组织，自主统一经营33个，占总数的38.4%，发包租赁经营43个，占总数的50.0%，参股合资经营10个，占总数的11.6%。由此可见，社会资本吸引力度不足，现代经营制度尚未形成。最后，从全市农村集体经济收入总量分析，农村集体经济经营性纯收入在1万元以下的村（涉农社区）占总数29.1%，经营性纯收入在1万~5万元的村（涉农社区）占总数51.2%，经营性纯收入在5万~10万元的村（涉农社区）占总数9.3%，经营性纯收入在10万~50万元的村（涉农社区）占总数9.3%，经营性纯收入在50万元以上的村（涉农社区）占总数1.1%。农村集体经济经营性纯收入规模小，凝聚带动作用发挥不足。

### （三）基层干部对农村集体经济认识存在偏差

农村基层干部对发展农村集体经济组织的基础认识不到位，对发展壮大农村集体经济实力认识有偏差，认为集体产权制度改革的清产核资、股份量化、管理制度等，会压缩村组干部可支配资金，因而，组织群众和自觉参与改革的主观能动性不强，存在上热下冷的现象。加之社会舆论对农村经济存在偏见，以为农村集体经济是村干部腐败的"温床"，集体穷、村民穷，集体空、民心散等问题凸显，迫切需要加强农村基层党组织建设。

### （四）农村集体经济组织自身运行不够规范

调查显示，崇州市部分农村集体经济组织存在规章制度不完善、组织机构不健全、民主管理不落实、财务管理不规范等短板。农村集体经济组织经营行为不规范，经营决策由少数人制定，组织成员的知情权、参与权和监督权均得不到有效落实。经营管理人员业务水平不足，经营理念相对落后，集体经济组织既缺乏善于管理的经营人才，又缺乏农村经济发展急需的科技人才，更缺乏具有献身精神和开拓精神的致富带头能人。

## 三、崇州利用五大手段破解五大难题的实践路径

近年来，崇州市委、市政府持续创新农村集体经济运行机制，围绕"兴产业、活要素、优服务、强治理"，紧扣"人、地、钱"三大关节点，有效强化崇州市农村集体经济的发展后劲，壮大了农村集体经济组织，农村集体经济发展初见成效，逐步实现了城乡要素融合、产业融合、设施融

合和治理融合。

（一）以吸引农村集体经济发展人才为牵引，破解"人"的难题

马克思、恩格斯曾经指出，任何经济形态的发展，主体始终是人①，因此，崇州市在推进农村集体经济建设的进程中，始终坚持推进人才引进扶植工程，不断引进、培育、打造爱农民、爱农村、懂农业的"三农"人才团队。一方面，崇州市积极鼓励退居二线的老干部和退休人员回乡指导工作，颁发聘书，明确责任，为农村集体经济的发展注入了强大活力。这些人员眼界开阔，经验丰富，具有一定的经营意识和市场意识，对自己的家乡知根知底且具有一定的乡愁情结，通过培训后，能够有效整合农村劳动力资源，为农村未来经济发展注入活力。另一方面，崇州市规定将农村集体经济的发展情况作为乡（镇）班子成员选拔和乡（镇）事业编考录的衡量标准，并将其纳入村级组织和基层政府的考核目标，同时，通过股权激励机制将集体经济负责人的薪酬待遇和农村集体经济发展的具体情况挂钩，不断激发人才的积极性和能动性。

（二）以农村产权的确权流转管理改革为驱动，破解"钱"的难题

（1）稳步推进农村产权确权颁证工作。崇州市积极稳步推进农村集体产权制度改革，在 2010 年全面完成农村集体资产清产核资和股份量化，实现农村产权"老六权"确权颁证。在 2015 年开展农村村级集体资产清产核资和股份量化工作"回头看"的基础上，开展农村产权"多权同确"，实现农村产权"应确尽确、应登全登、应颁尽颁"。

（2）搭建农村产权流转平台。崇州市围绕构建流转顺畅的农村产权交易体系，提升农村产权流转交易服务功能，搭建农村产权流转交易平台，成立市农村产权交易公司、乡（镇）分中心、村服务站，健全"村收集、乡审核、市交易"三级交易服务体系，建立村级"四站合一"服务站 231个。开展农村产权抵押融资，建立农村"农贷通"融资综合服务平台，完善产权交易、融资收储、融资担保、融资风险、融资保险、政策支持"六大体系"，推进农村生产要素和资本市场的无缝对接。

（3）健全农村产权管理制度。一方面，落实农村集体经济组织管理主体责任。崇州市通过召开村民大会和村民代表大会实施民主管理，建立资金、资产、资源等农村集体资产管理制度，农村集体经济组织负责做好清

---

① 马克思，恩格斯. 马克思恩格斯选集：第 2 卷［M］. 中共中央编译局，译. 北京：人民出版社，1995：88.

产核资和产权界定、登记、变动、注销等管理工作，确定资产、资源的经营方式，制定重大投资项目决策，及时收缴各项资产收益，执行财经纪律有关规定，确保农村集体资产的安全、完整、保值、增值。另一方面，建立健全农村集体"三资"管理信息系统，对农村集体经济村级会计委托代理服务系统进行升级改造，建立健全集信息发布、信息查询、管理监督于一体的农村"三资"管理信息系统，并通过网络系统将"三资"管理信息资料向集体经济组织成员公开，接受群众、监管部门的监督和检查，实现管理信息全透明公开。

（三）以激活沉睡资源和唤醒休眠资源为主导，破解"地"的难题

一方面，激活"沉睡资源"。在崇州市的偏远乡镇，还存在着一定的荒沟、荒山等"沉睡"土地，为激活这些资源，崇州市对这些土地进行了价值评估，通过八步流程将这些土地资源量化到户，并在此基础上，由农村集体经济组织来统筹规划开发使用，使"沉睡"的土地资源转变为农村集体经济的开发性资产，拓展了农村集体经济增值空间。

另一方面，唤醒"休眠资源"。受经营不善、人口流动等因素的影响，崇州市的一些被承包的集体土地资源逐渐荒废，农村地区出现了一批"休眠"土地。为唤醒这些资源，崇州市加大了土地流转力度，在"入社自愿、退社自由、利益共享、风险均摊"的原则基础上，以农业共营制的形式大力推进土地股份合作社的发展，由合作社来经营，农业职业经理人来种地，既增加了农民收入，又扩大了农村集体经济发展规模。

（四）以县域统筹引领推进改革试点为抓手，破解"联"的难题

崇州市按照建立班子、制订方案、清产核资、界定成员、股份量化、股权管理、培育主体、建章立制、注册登记、放活经营"十步工作法"，开展了农村集体经营性资产股份化改革试点工作，自2016年以来全市开展农村集体经营性资产股份化改革试点12个村（涉农社区），组建村（涉农社区）股份经济合作社12个，示范带动全市成立村（涉农社区）股份经济合作社83个。

（五）以夯实党委领导责任和政策供给为保证，破解"推"的难题

自2018年以来，崇州市先后印发了《关于加强农村集体资金、资产、资源管理工作的通知》《崇州市农村集体股权证管理办法》《崇州市农村集体经济组织成员确认的试点工作指导意见（试行）》《关于加快发展农村土地承包经营权股份合作社的实施意见》《崇州市农村集体资产股份量化

操作规程（试行）》 《崇州市农村股权登记和交易管理暂行办法（试行）》等 20 余个配套文件，确保农村产权流转交易公开、公平、公正，形成了较为完善的农村产权制度体系和农村集体经济发展要素供给体系。

同时，崇州市始终把党的领导作为推进农业农村改革的政治保证，确保农村集体经济改革工作积极稳妥推进。建立健全"市级部门牵头督促、乡（镇）责任主体、村级组织实施"的工作机制，落实主体责任，层层抓落实。成立由市委分管常委任组长、市政府分管副市长任副组长，市级相关部门负责人等为成员的集体经济发展试点工作领导小组。领导小组办公室设在市农业农村局，负责全市集体经济发展试点工作的组织协调、日常管理、督促检查、考核奖励等工作。建立了联席会议制度，定期研究决策集体经济发展试点中的重大事项，解决遇到的具体问题。

### 四、进一步推动崇州市农村集体经济发展的对策建议

《中共中央 国务院关于稳步推进农村集体产权制度改革的意见》明确指出，要稳步推进农村集体产权制度改革，全面开展清产核资，进行身份确认、股份量化。无论是集体经济组织的内在驱动，还是外部要素的积极嵌入，都必须统筹协调政府机制与市场机制，进而形成"兼容有效的市场机制"[1]。为进一步贯彻落实习近平总书记来川视察重要讲话精神和中共四川省委十二届四次全会精神，未来农村集体经济发展必须坚持深化城乡融合发展方向不动摇，以明确集体产权归属、保障组织成员权益为目的实现群体与个体相统一，以推进经营性资产产权制度改革为重点实现资源要素的优化配置，以发展股份合作等多种形式为路径构建发展与共富的基本格局，以增强农村集体经济实力实现农民共同富裕为目标，探索完善符合地方实际的集体经济发展运行机制，为推动城乡融合发展提供重要支撑和保障。

（一）抓实农村集体资产清产核资，实行成员股权"双固化"

明晰集体产权归属是前提。一是抓实集体资产的清产核资。按照中央、省、成都市的部署，必须按时完成农村集体资产清产核资工作。一方面，盘活闲置用地，以标准化、规模化方式进行空间置换和组织创新，壮

---

① 夏晨. 促进新型农村集体经济在地化发展 [N]. 中国社会科学报，2023-06-14（6）.

大农村集体经济；另一方面，开发农房残值，推动村集体和村民的低效用房转型为农业创业创新发展平台。建立健全农村集体资产的登记、保管、处置、使用制度，采用台账式管理。二是界定集体经济的组织成员身份。按照"民权民定、民事民管"原则，坚持"尊重历史、兼顾现实、程序规范、群众认可"的原则，以土地承包经营权登记颁证时所形成的固化决议为依据，界定农村集体经济组织成员身份，并颁发成员证书予以确认。三是实行成员和股权的"双固化"。按照"集体所有的不动产和动产属于本集体成员集体所有"的法律规定，固化农村集体经济组织成员，固化成员集体资产股权，依法保障组织成员的合法权益。

（二）优化农村集体经济组织治理机制，推动规范健康运行

培育市场经营主体是基础。一是确立市场主体地位。集体经济组织是集体资产管理的主体，新组建的村集体经济组织将由政府主管部门颁发登记证书，并向相关部门申请办理工商登记、银行开户等手续，实行会计独立核算，获得市场主体地位。二是建立法人治理机制。积极构建与股份合作制产权管理相适应的法人主体，制定相应的章程，设立成员代表大会、监事会、理事会，形成多元化参与格局。贯彻落实理事长法人治理机制，确保组织成员的知情权、监督权和决策权，以自上而下和自下而上相结合的方式平衡个人诉求和集体诉求、整合社会资本和人力资本。三是落实政经分离。首先，明确村级股份经济合作社的集体经济性质，实行现代企业制度经营管理。针对经营性资产，要确保集体管理权力和运营权力，从而解决集体经济"统得不够"的问题；针对非经营性资产，可依据其不同资产来源和有关规定实行统一运行管护。其次，按照"有章理事、有钱办事、有人管事"要求，发挥村党组织对农村集体经济组织的领导核心作用，加强以村党组织为领导核心、村民委员会（社区居民委员会）和集体经济组织各司其职的农村基层组织建设，健全村务监督机制。四是强化党建引领。在符合条件的村级集体经济组织中建立党组织，强化集体经济组织党建工作。倡导村"两委"班子主要成员在集体经济组织交叉任职，村"两委"班子主要成员须按章程和相关程序通过选举担任（兼任）村级集体经济组织负责人，对没有村"两委"班子主要成员任职的集体经济组织，由村"两委"派班子主要成员行使农村集体资产监督管理职能。

（三）实施农村集体经营性资产股份改革，完善利益联结机制

保障组织成员权利是目的。一是推进农村集体经营性资产股份量化。

将经营性资产划分为成员股和扶贫股，成员股份量化到组织成员，以家庭为单位为持股成员颁发股权证书，以此作为成员享有集体资产股份、参与集体经济管理决策、分配集体经济发展收益的有效凭证；扶贫股则是动员新乡贤、企业家认购"贫困家庭增收股""帮扶认购股"等，在不动摇股权的前提下，拓宽贫困对象的收入空间和致富渠道。二是实行农村集体经济股权静态管理。完善农村集体资产股份权能，赋予成员不仅对集体资产股份拥有占有权和收益权，同时还拥有有偿退出权（退出不能突破集体经济组织范围，只能在集体内进行转让或由集体自身赎回）、继承权和抵押担保权。成员家庭内新添人口，按章程分配家庭内的集体资产权益进而获得成员身份和资产份额，或在本集体内部通过法定继承、赠与或溢价购买股权等方式取得集体经济组织成员资格。三是完善集体经济的收益分配制度。实行现代企业制度经营管理，明晰收益的分配范围、分配比例、兑现方法和公益金、公积金的提取比例，落实成员对农村集体资产股份的收益权，创新完善"保底+二次分红""股权权重分红"等利益联结分配机制。

（四）创新发展农村集体经济组织，增强集体经济发展活力

发展壮大集体经济实力是重点。一是多元化发展农村集体经济组织。鼓励农民以土地承包经营权、出资方式入股，组建土地股份合作社；土地股份合作社、农民合作社以股份合作方式，组建农民合作联社；土地股份合作社以获得的土地经营权、农民土地承包经营权入股农业产业化经营方式，组建农业股份公司；家庭农场以股份合作方式，组建合作农场或生产性、经营性公司；农民以集体建设用地使用权入股，组建集体建设用地股份合作社；农民以房屋资产、经营性资产、资金众筹方式入股，组建乡村旅游股份合作社。通过充分激发国有企业、社会资本、政府组织、集体组织和农户个人参与热情，发展多元化的新型集体经济组织。二是多样化创新集体产业运营模式。在土地"三权分置"基础上，盘活土地的经营权，以市场化机制提升土地经营利润；农村集体经营性资产可采用租赁、合资、托管、自主经营等多种方式助力资产的增收增值；农村集体非经营性资产可建立规范统一的运营机制，统一为成员提供优质服务。通过创新集体产业运营模式，有效促进城乡土地、人才、资本、科技等要素的流动融合，解决农户人散地碎"办不了"、能力不足"办不好"、缺乏规划"办不远"的问题，以集体经济为载体不断扩大小农户对接大市场空间。三是多途径壮大农村集体经济。盘活农村集体资源资产，引导农村集体经济组

织通过发包、租赁、参股、联营、合资等方式，盘活农村集体所有的各类资产参与经营；利用土地整理、新村建设、村庄整治、河道疏浚等活动获得的资源，引入社会资本参与开发利用村级集体所有的建设用地、废弃道路、沟渠和水面资源，增加村级集体经济收入。拓展农业产业链，引导农村集体经济组织发展粮油规模种植、立体种养、种养循环、产品加工、电商营销、休闲农业、乡村旅游，形成产前、产中、产后的"一站式"经营服务。引导村级集体经济组织发展农村物业服务，借鉴城市社区物业服务模式，组建幸福美丽新村物业服务公司，承接政府在农村的新村物业管理、道路养护、环卫清扫、绿化管护等公共服务，开展保险、金融、通信、广电等代理服务，发展家政、养老等经营服务，增加农村集体经济收入。引导村级集体经济组织按照章程提取集体公益金、公积金，提供集体经济组织自身积累和公益事业发展的制度化保障。

（五）推进财政资金形成资产股份量化，加大政策支持力度

加大政府扶持力度是支撑。一是加大财政投资力度。建立农村集体经济发展项目库，采取自愿申报、竞争立项、业主实施、先建后补方式，扶持农村集体经济发展。制定出台集体经济组织融资政策和担保政策，建立健全风险防范机制和分担机制，针对农村集体经济组织开展市场经营活动进行融资，参照已出台的农村产权抵押贷款担保、贴息政策给予扶持。财税部门要贯彻落实农村集体经济组织依法享受国家规定的优惠政策和扶持政策。二是优先保障建设用地。在新增建设用地指标中，预留一定比例用于支持村集体经济组织发展新业态。土地股份合作社等村集体经济组织所需的生产用地和农业设施用地，依据设施农用地进行管理。三是强化人才扶持支撑。选派机关、事业单位优秀年轻党员干部到农村集体经济组织挂职，指导发展农村集体经济。抓好农村集体经济组织经营管理人员培训，提高农村集体经济组织经营管理水平。

（六）制定防范集体经济经营风险机制，规范管理服务体系

规范管理服务体系是保障。一是完善经营风险防范化解机制。通过制定章程和签订协议等法定方式防范经营风险，随时监控农村集体经济组织经营性债务规模。农村集体经济组织的经营性资产参股经营，原则上不得超过本集体经济组织的经营性资产总量的60%，资源性资产和非经营性资产的所有权不得用于入股、抵押、担保。二是健全完善规范建设制度。健全完善村级集体经济组织财务预算、开支审批、民主理财、现金管理、财

务公开等制度，杜绝不良债务。严格贯彻审计监督制度，对集体经济组织的负责人进行定期经济责任审计和惠农项目资金审计[①]。健全完善登记备案制度，建立农村集体经济组织名录库，推进农村集体经济组织规范健康发展。三是完善农村产权流转服务平台。推进农村集体资金资产资源监管平台建设，制定农村产权流转交易管理办法，规范农村集体资产处置程序，引导农村集体资产及股权进入农村产权交易市场公开、公平、公正、规范交易。

## 第二节　集体经营性建设用地入市

发展农村集体经济是完善农村基础设施的有力保障，是助推农民增收的重要途径。党的十九大报告明确提出，深化农村集体产权制度改革，保障农民财产权益，壮大集体经济。纵观全国百强村基本情况，一个共同的特征就是它们的集体经济都相当发达。可见村庄的贫富差异一定程度上取决于农村集体经济的发展水平，而农村集体经济的发展离不开集体经营性建设用地入市。要解决城乡的二元分化问题，推动城乡一体化，必须将农民、农业和农村重新组织起来，即习近平总书记指出的"农村要发展、农民要致富，关键靠支部"[②]，通过党建引领发展壮大农村集体经济。但长期以来，各地的农村集体经济发展普遍存在六大主要矛盾，即模仿与创新之间的矛盾：产业趋同倾向严重；运行与规范之间的矛盾：操作流程存在偏差；公平与效率之间的矛盾：利益联结机制匮乏；短期与长期之间的矛盾：风险抵抗机制不足；先发与后劲之间的矛盾：科学技术投入短缺；发展与生态之间的矛盾：资源环境保护有限。如何发挥农村集体经济在城乡融合中的重要作用成为当前亟须破解的难题。

### 一、农村集体经营性建设用地入市在城乡融合中的作用

党的十九大报告明确指出：当前我国社会的主要矛盾是人民日益增长的美好生活需要和不平衡不充分的发展之间的矛盾。目前，城乡发展的不

---

① 罗永，杨坤，聂有亮，等.都市型现代农业视角下农村集体经济发展研究：以成都市为例[J].中国集体经济，2020（11）：4-5.

② 习近平.论"三农"工作[M].北京：中央文献出版社，2022：26.

平衡是我国最大的发展不平衡，农村发展不充分是我国最大的发展不充分。"十四五"时期，我们能否在城乡一体化上取得突破，对于巩固拓展脱贫攻坚成果、形成广大的国内市场具有重要意义。在《政治经济学批判》序言中，马克思指出：当物质生产进步到一定阶段，与现存的生产关系产生矛盾后，原本的生产关系就从生产力的发展形式转变为生产力的桎梏，革命的时代也就到来了①。过去，我国采用的土地家庭承包制，农民享有生产自主权、农作物销售权、收入支配权，有效发挥了农民的生产积极性与创造性，解放了生产力，提高了劳动生产率，1978—1988年，我国生产率增长幅度远远超过了前30年②。但是农村地区近些年的改革经验证明，一家一户的细碎化、分散式、原子化经营模式在国家经济发展至一定阶段后，因增值空间降低、产业链不完善、资源配置不合理、抗市场风险与自然风险能力低等原因与规模化市场化的现代农业格格不入③，亟须探寻组织化、规模化、集约化的发展路径。2018年的中央一号文件指出，我们不仅要"通过保底分红、股份合作、利润返还等多种形式，让农民合理分享全产业链增值收益"，而且要"培育具有国际竞争力的大粮商与农业企业集团"，即鼓励多种形式的集体资产经营模式。作为农村重要的经济发展模式，农村集体经济的发展将直接影响农民增收、农业增效与农村繁荣。只有做强做大农村集体经济，才能真正实现农村地区发展从"输血"向"造血""换血"的转变。

（一）发挥党组织组织力的有力保障

要解决农村地区贫困的整体性问题，就要以基层党组织为依托，将农民主体和农村资源组织起来，"就是以基层农村组织为依托，帮助农民解决一家一户解决不了的问题"④。

第一，农村集体经济组织是发挥农村党组织领导力的重要抓手。要实现农村地区的致富，有赖于"党支部+合作社+农户"的经济发展模式实现共建共享⑤。其中，以合作社为代表的农村集体经济是经济发展的重要形

① 马克思，恩格斯. 马克思恩格斯选集：第2卷 [M]. 中共中央编译局，译. 北京：人民出版社，1995：32-33.

② 国家统计局. 奋进的四十年 [M]. 北京：中国统计出版社，1989：24

③ 毛铖. 依靠内生动力发展农村集体经济 [N]. 湖北日报，2011-11-04 (2).

④ 习近平. 摆脱贫困 [M]. 福州：福建人民出版社，2014：182.

⑤ 郑有贵. 由脱贫向振兴转变的实现路径及制度选择 [J]. 宁夏社会科学，2018 (1)：87-91.

式，也是实现乡村振兴的重要力量①；而以基层党组织为代表领导力量则是带领农民致富的主心骨。改革开放四十多年来，农村集体经济的发展壮大为党治理农村奠定了良好的经济基础。但随着利己主义和拜金主义思想的盛行，一些农村基层党组织的服务意识开始弱化，严重影响了党在农民群体中的向心力与凝聚力。而农村集体经济作为汇聚民心的重要抓手，能够充分发挥农村基层党组织的领导力，为农村发展提供重要保障。

第二，农村集体经济组织是发挥农村党组织组织力的有效载体。在《摆脱贫困》一书中，习近平总书记着重强调："摆正'统'与'分'的关系"②。针对服务工作薄弱环节，必须加强农村基层党组织"统"的作用，对分散的农民加强统一服务，以进一步解放和发展生产力。改善农村基础设施、生活环境、生存状态，仅仅依靠政府的"输血"是不可持续也不现实的。只有通过壮大农村集体经济组织，不断推进土地使用制度改革创新，组织粮食生产，保障农产品产业链，才能持续推动农村集体经济收入提升，以此为基础进一步提升基础设施投入建设的后劲，统筹推进党的建设与社会建设、政治建设、经济建设、文化建设、生态文明建设，也就是说，发展壮大农村集体经济事关整个农村改革发展大局。

第三，集体经济和农村社会发展相辅相成，相互促进。如果农村集体经济匮乏落后，村财政就会高度依赖村集体土地和房屋的出租承包，租金低且租期长，容易导致外来人口挤占林、地、草等资源。此外，集体经济发展不起来，就无法为村容整治、社会保障、乡风文明提供有效保障，导致"产业空""组织空""村庄空""文化空"等一系列问题③。

（二）落实产业扶持项目的有效路径

产业扶持项目的落实需要相应载体进行承接引导，而农村集体经济的发展壮大为产业的落地生根提供了新的实施路径。只有发展壮大集体经济，才能够确保扶持的产业项目的发展资金充足，才能够充分带领农民创业就业。但从当前产业发展实际来看，因为农村集体经济组织作用发挥不足，导致资金投入小而散，项目很难做大做强，产业助推乡村振兴效果不

---

①　刘宗梅.落实十九大精神，助力边疆地区乡村振兴发展：以鸡西市农民专业合作社为例[J].黑龙江工业学院学报，2018（2）：1-3.

②　习近平.摆脱贫困[M].福州：福建人民出版社，2014：182.

③　魏建翔.以集体经济促进乡村人与自然"两种解放"：贵州经验的启示[J].毛泽东邓小平理论研究，2019（10）：72-77，109.

明显。而通过发展农村集体经济，通过规模化、产业化、现代化的发展模式，依据地方发展实际因人因户搭建起连接产业发展与农民对象之间的桥梁，如土地折资入股、股份二次入股、金融融资贷款、房屋集中整合、提供就业岗位等，让农民参与产业运行和新村建设过程，从"旁观者"转化为"参与者"，构建起"党支部+企业+农户"的新型模式，凝聚全村力量、汇聚各方资源政策优势，通过发展壮大农村集体经济，让农民真正受益，让集体经济组织同乡村振兴战略有效结合。

（三）助推农民增收致富的重要途径

优化整合农村的各项资源、激发农民主体的内生动力是巩固拓展脱贫攻坚成果的有力支撑，要实现农村地区的致富，必须构建起发展成果由农民群众共享的制度①。通过深化集体产权制度改革，完善产前、产中、产后全产业链，推动农商文旅体融合发展，有利于协调国家、集体、个人利益，缩小地区差异和城乡差距，因此，发展集体经济是解决我国"三农"问题的必由之路，也是为新型城镇化提供物质基础的必由之路。

从解放生产力来看，农村集体经济的发展有利于抵御自然风险②。在《摆脱贫困》一书中，习近平总书记指出，"小农经济是富不起来的"③，农民致富必须"走一条发展大农业的路子"④。通过"念海经""唱山歌"等方式，鼓励支持镇、村两级集体利用自然禀赋兴办集体经济，在基层党组织的领导下，组织广大农民进行合作经营，改善农业的生产条件，调整农业的生产结构，推动农业生产的纵深发展，提升农业抵御风险的能力。

从提高竞争力来看，农村集体经济的发展有利于应对市场竞争。当前，农村的许多人口或丧失了劳动能力或自身能力不足，而发展集体经济有效解决了这一问题。面对农产品市场竞争的日益激烈，"壮大了的集体经济，能够为分户经营提供有效的产前、产中、产后服务，承担起引导农村进行开发性生产，开展农业科技示范，以及组织、协调千家万户家庭经营的职责，还能够通过不断增加对农业生产的投入，为农村商品经济的发展创造更好的条件。"⑤

---

① 袁安. 中国农村扶贫产业精准选择机制研究 [D]. 武汉：武汉大学，2019.
② 刘迎秋. 中国非国有经济发展道路 [M]. 北京：经济管理出版社，2013：1.
③ 习近平. 摆脱贫困 [M]. 福州：福建人民出版社，2014：6.
④ 习近平. 摆脱贫困 [M]. 福州：福建人民出版社，2014：178.
⑤ 习近平. 摆脱贫困 [M]. 福州：福建人民出版社，2014：194.

## 二、农村集体经营性建设用地入市实践存在的六大主要矛盾

新时代，推动城乡融合发展既应提升政府的主导性和引领性，也应重视农村开发主体和方式的多元性与组织性。近年来，随着党中央对乡村振兴扶持力度的不断加大，农村集体的资产、资金和资源不断壮大，推动农村集体经济发展取得了一定成果。数据显示，当前我国农村地区设立集体经济组织的村社只占总数的40.7%，多数农村的集体经济单一薄弱后劲不足，缺少集体组织的规划统筹，劳动力或流向城市，或低水平地分散劳作，农村隐性失业严重，据统计，农村集体收入总数不足国企的百分之一，总体情况不容乐观①。毫不夸张地讲，农村经营体制的"统""分"关系出现失衡，以家庭为经营单位的"分"发挥得淋漓尽致，但以农村集体经济组织为依托的"统"有待进一步发挥②。面对新时代乡村振兴的新要求，农村集体经济生产经营者必须重新审视模仿与创新、行为与规范、公平与效率、短期与长期、先发与后劲、发展与生态六大矛盾，以应对政治、经济、文化、社会、生态关系的失衡，摆脱"脱不了贫困，守不住绿水青山，留不住乡愁"困境。

（一）模仿与创新之间的矛盾：产业趋同倾向严重

在农村集体经济发展过程中，局部性、区域性的产业趋同倾向严重，给乡村振兴和当地发展带来了巨大阻力。笔者认为产业趋同现象产生的原因可以从生产和销售两个角度进行分析。

从生产角度来看，农村不同地区的不同条件禀赋决定了适合的道路有所不同，一方面，一些地方政府未经实地调研盲目拍板决策，未充分尊重市场规律，未精准协调不同区域间的实际情况配合区域产业协同发展，"拍脑袋"制定农村集体经济发展规划。虽然同一区域可以选择的产业非常多元，但在短期内，盈利性高的产业往往集中于政府优先发展的"风口"，导致集体经济产业选择盲目跟风，爆发式、密集化、趋同化的恶性竞争现象严重。另一方面，不同地方政府之间因为存在着一定的竞争关系，因而在集体经济项目的选择上有意无意地忽略了产业发展的协调性，

---

① 彤新春. 发展农村集体经济要有创新思维［J］. 世界社会主义研究，2018（8）：22-28，94-95.

② 李霞. 农村改革总的方向是发展集体经济：以承包地"三权分置"为例［J］. 世界社会主义研究，2018（8）：29-34，95.

发展规划的制定偏离可行性、客观性。如 2015 年，某贫困县的乡镇在成立农业合作社发展集体经济的过程中，决策者网上看到临县许多地方种植黄瓜发家致富，于是在技术不成熟、销路没打通的情况下指令全乡统一种植黄瓜，结果导致黄瓜供大于求严重饱和滞销，黄瓜价格一路暴跌，合作社的农户血本无归。究其原因，是当地相关部门没有经过前期实地调研协调区域产业，"拍脑瓜执政"偏离了市场规律，没有把住生产端口。

从销售角度来看，农村集体经济的生产规划不仅要考虑我有什么、我能生产什么的问题，还必须考虑我该如何销售的问题。在生产活动开始前，就要将准备生产的产品和服务对接到相应的市场和群体中，充分考虑销售的风险性和可能性，实现产品服务销售的精准化，推进产销一体化，通过精准对接，规避产品服务滞留风险，减少产品存储宣传成本，从而实现产销良性循环。但在一些地区、一些部门，一些群众看到某些产业有利可图，便在没有考虑销路的前提下盲目种植、盲目建设，结果产品、服务缺乏销售渠道，中间等待环节时间过长，导致农户成为直接的受害者。

（二）运行与规范之间的矛盾：操作流程存在偏差

根据实地调研，一些村级集体经营性资产存在收益不清、归属不明、分配不公开透明等问题。村级集体经济组织普遍存在制度不完善、组织机构不健全、民主管理不落实、财务管理不规范的问题。经营行为不规范，经营决策由少数人决定，组织成员的知情权、参与权和监督权就无法得到落实①。管理人员业务水平偏低，经营管理观念滞后，既缺少具有现代化经营理念的管理人才，又缺少产业发展所需的科技人才，更缺少具有开拓精神和奉献精神、办事公平公正的意见领袖。农村基层干部对发展村级集体经济组织的基础认识不到位，对发展壮大农村集体经济实力认识有偏差，认为集体产权制度改革的清产核资、股份量化、健全管理制度等措施，直接导致村组干部可支配的资金在缩小，其参与改革和组织群众的自觉能动性不高。加之社会舆论对集体经济存在偏见，认为农村集体经济是村干部的"腐败温床"，村级党组织建设成为限制大多数农村集体经济组织发展的"瓶颈"，集体富、村民富，集体穷、村民穷，集体空、民心散等问题凸显，农村基层党组织建设迫切需要加强。

---

① 罗永，杨坤，聂有亮，等. 都市型现代农业视角下农村集体经济发展研究：以成都市为例 [J]. 中国集体经济，2020（11）：4-5.

（三）公平与效率之间的矛盾：利益联结机制匮乏

农村集体经济和相对贫困群体的结合主要体现为两点：一要将相对贫困群众纳入农村集体经济产业链。根据贫困人口的不同特征将其安排到集体经济产业链的不同环节，如有一定知识文化水平的可以从事职业经理人工作、口才较好的可以从事市场销售工作、体力较好的可以从事具体生产工作，通过创造不同的就业岗位帮助贫困群众获得收入。二要构建集体经济和贫困群体共赢的利益连接机制。集体经济的发展必须以人民利益为中心，让贫困群体共享发展成果。贫困群体积极参与农村集体经济建设，助推集体经济增收。但在农村集体经济的发展过程中，一些地区因为利益联结纽带相对薄弱导致贫困群体获益较少。

"世界并非单一利益的世界，而是许多种利益的世界"①，"人们为之奋斗的一切，都同他们的利益有关"②。在发展农村集体经济的过程中，受市场经济影响，一切资源要素均可成为商品。受益情况成为衡量集体经济的重要指标，也成为每个主体衡量自身得失的价值尺度。随着经济体制改革的不断推进，农村集体经济的利益主体开始多元化、利益差别开始扩大化。当前农村集体经济的重要载体——合作社可以分为两种：一种是由政治精英组成，为完成行政任务而主动兜底的合作社；一种是由经济精英主导以盈利为目标的合作社③。这两种形式都容易拉大农村内部的贫富差距，造成精英得利，绝大多数利润被政府、大户、资本、龙头企业占有，困难群体与合作社利益联结不紧密，利益分享极少，公平与效率矛盾突出。据统计，农村地区收入最高的20%家庭在2017年就已经是收入最低的20%家庭的十余倍，占农村总收入的60%以上，并且这种差距还在不断拉大，应当引起各地政府的高度重视。产生这种现象的主要原因是农村经济与政府、大户、资本、龙头企业的关系千丝万缕，以"农户+企业+基地+合作社"为主要模式的农村集体经济发展模式中，最大的变量就是农户这一主体的参与分享机制，但在具体的操作过程中，企业通常以利益最大化作为自身的行动指南，贫困农户比较弱势，没有相应的能力和资源与之抗衡，

---

① 马克思，恩格斯. 马克思恩格斯全集：第1卷 [M]. 中共中央编译局，译. 北京：人民出版社，1995：272.

② 马克思，恩格斯. 马克思恩格斯全集：第1卷 [M]. 中共中央编译局，译. 北京：人民出版社，1995：187.

③ 刘成良，孙新华. 精英谋利、村社托底与地方政府行为：土地股份合作社发展的双重逻辑 [J]. 中国农业大学学报（社会科学版），2016（3）：33-41.

其利益更容易受损。因此,部分农户认为集体经济是村干部"贪污腐败"的一条新手段,与自己利益无关,对发展集体经济抱有抵触情绪①。而部分村干部因为担心群众存在这样的误解,积极性也不高,为了躲避麻烦,对集体经济的发展也是听之任之②。

（四）短期与长期之间的矛盾：风险抵抗机制不足

基于市场经济发展过程中遵循的"理性人"逻辑,许多企业很容易丧失对风险机制的关注。面对自然风险、市场风险和技术风险,虽然政府、大户的抗风险能力较强,但对普通农户而言却是生死攸关的事。

首先是自然风险。具有地理位置和交通区位优势的农村地区,集体经济发展相对偏僻地区更为顺利。在偏远的农村地区,交通不畅,信息闭塞,思想落后,资源禀赋有限,收入来源短缺,再加上自然灾害频发,"农户+企业+合作社"的集体经济发展模式很难保障农民群体的利益,当发生了自然灾害,缺乏相应的政策条例来明确损失是由农户承担还是由企业或政府承担。其次是市场风险。部分政府没有考虑市场风险问题,自然也不会制定相应的补偿措施来确保产品滞销或价格低迷时,政府能以一个高于市场的常规价格收购产品。最后是技术风险。农村集体经济的发展不是规模上来了效益也就上来了,还有赖产品和服务不断与时俱进,开拓创新,这种创新不是依靠政府、村干部就能完成的,而要依靠全体农户素质的提升。但是笔者在访谈过程中发现,当前对农户的技能培训还远远不够,导致新技术和新产品无法及时得到推广、应用,直接影响整个农村集体经济的发展。

（五）先发与后劲之间的矛盾：科学技术投入短缺

当前我国正处于产业结构的转型期,新型科技层出不穷,对农村集体经济发展后劲产生了重大影响,这种先发与后劲之间的矛盾主要表现为三点:一是专技人员紧缺化。在实地走访中笔者发现,在集体经济发展中,农户的专业技能培训投入力度和普及率尚无法满足当地需求,需要加大对贫困地区的技术培训力度,加大对专业农技人员的培养力度。一般集体经济效益较好的村社都有职业经理人或新乡贤一呼百应带头创业,对集体经

---

① 龙岩市经管站. 龙岩市：农村集体经济发展的探索 [J]. 中国农村科技, 2015 (1)：56-59.

② 张晓红, 刘力凌. 发展壮大村集体经济推进新农村和谐发展 [J]. 中共伊犁州委党校学报, 2011 (2)：58-60.

济发展做出重大贡献；一般没有集体经济或集体经济效益较低的村社，几乎没有职业经理人或新乡贤带领村社发展集体经济①。以四川某县为例，全县人口约 9 万人，扣除合作社成员，农业专技人员只有 200 余人。一方面，当前农户的农业专业技能培训未实现全面覆盖；另一方面，培训方式不接地气，更多的培训课程偏理论，具体的手把手、面对面的农技指导较少，无法真正实现农户素质的提升。二是产业不够高端化。农村集体经济发展离不开高端农业科技投入来延长产业链，通过精加工来提升其附加值。但在很多贫困地区，集体经济缺乏特色，大多生产的是初级产品，缺乏精加工链条，处于产业链的最低端。而生产的农副产品，特别是水果蔬菜季节性较强，极易腐烂，缺乏后续加工就无法长时间存储，应对市场风险能力较差。三是前沿科技运用不足。随着网络时代的到来，"互联网+"、云数据等现代信息技术和集体经济的发展结合愈加紧密，以现代农业为例，产前可以通过云数据了解土地各类有机质含量，通过自动化流水线实现育秧育苗，产中可以通过机械化自动完成耕土、播种、盖土、施肥、收割、烘干、存储，产后可以通过成品加工仓对原材料进行加工、包装，通过互联网平台以 O2O 的模式实现上线下互动销售。但在具体调研中，这些先进技术在贫困地区的推广率很低，在集体经济产业中的运用尚处于萌芽阶段。

（六）发展与生态之间的矛盾：资源环境保护有限

绿色可持续发展是当今经济社会发展的必然趋势。产业的良性发展依赖良好的生态环境，自然生态破坏严重的地区，产业必将受到影响。因此，要推动农村集体经济的可持续发展，必须以新发展理念为统领，把经济发展与生态绿色结合起来。但在部分农村地区，经济的发展往往是以破坏生态绿色为代价的，生态欠账行为严重制约了集体经济的可持续发展，如粗放经营、低附加值、无序竞争……生态环境成为牟利的"水龙头"与"排污池"。发展与生态之间的矛盾主要体现为三点：一是农村地区经济发展"散、乱、污"。在种植业发展上，一些地区大量使用化肥、农药，拒绝回收利用秸秆、农膜等可循环使用的生产资料。二是环境污染型产业或资源密集型产业向农村转移。如部分地方政府在发展集体经济的过程中，为了谋求短期利益，未顾及当地的生态资源，胡乱发展污染性产业或不合

---

　①　韩金平. 大安市村级集体经济发展的调查报告［J］. 吉林农业，2014（17）：8.

地方实际的产业，造成部分外来资本污染土壤、侵蚀农地、破坏水源，触及生态红线，不仅无法取得预期收益，还浪费了资金和资源，破坏了当地的生态禀赋。三是未充分发掘可利用的优越自然条件。部分地区因为集体经济的发展片面化、碎片化、盲目化、功利化，导致林田山水湖草沙陷入"沉睡"状态，治理不成体系，生态产业、绿色农业发展不成熟不完善，绿水青山无法转化为金山银山，生态旅游等新兴产业模式在农村集体经济中所占份额较少。

### 三、党建引领下的农村集体经营性建设用地入市的实践探索——以郫都区为例

农村集体经营性建设用地入市收益指的是流转集体建设用地的使用权得到的收益总和，包括租金、出让金、转让金、股利等收入。初次流转收益包括租金、股利和出让金，再次流转收益包括租金、股利、转让金等。流转收益的分配是当前集体经营性建设用地入市必须高度重视的关键问题，其中涉及政府、集体、农民、土地使用者等多方主体，唯有建立合法合理的利益分配制度，平衡不同主体间的利益，才能确保改革的稳步推进。2025 年是改革向纵深推进，形成制度总结成果的关键阶段。郫都区农村集体经营性建设用地计划入市共 31 个项目，预计吸收投资 50 亿元，并将按入市途径分为就地入市、调整入市、城中村整治入市等。在农村集体经营性建设用地入市方面，郫都区的主要做法包括以下几条。

（一）制定方案积极实地摸底

自 2015 年起，郫都区根据近些年来统筹城乡协调发展的具体实际，依据国家政策和相关规定，制定了《成都市郫都区农村集体经营性建设用地入市制度改革试点实施方案》和《郫都区农村集体经营性建设用地入市收益分配指导意见》，从而为全区的改革试点工作的开展指明了方向。

此外，郫都区还积极组织人员对全区的建设用地存量进行了摸底调查，明确了"权属合法、面积准确、界址清楚、材料齐全、没有争议"的农村集体经营性建设用地的所有权和使用权规范；明晰了乡（镇）、村、小组和农民 4 类主体的相关产权界限，并依据土地使用现状数据库里的集体建设用地的数据和图形，计算出适应土地规划与城乡规划的建设用地存量总面积，合计 11.3 万亩，并以此为基数，分析了宗地的可拆迁性和土地的入市意愿，形成了产权明晰、权益保障、权能明确、流转顺畅和分配合

理的集体土地产权制度，共确定了 4 932 亩可入市的农村集体经营性建设用地。

（二）创立规则强化政策支撑

一方面，完善了相关政策体系。为规范集体经营性建设用地入市的流程，郫都区委根据《成都市集体建设用地使用权流转管理暂行办法》，因地制宜制定出《关于进一步加强集体建设用地项目管理的实施意见（试行）》和《关于郫都区集体建设用地使用权初次流转收取基础设施和公益设施配套费的意见（试行）》等配套的政策，从而为集体经营性建设用地的顺利入市夯实了扎实的政策基础。

另一方面，建立了入市价格体系。完善的价格机制既是推动交易公平和税收合理的基础，也是集体经营性建设用地入市价格的宏观指导。而合理的流转价格的形成离不开规范健全的市场运行和监管机制，也离不开标准化的农村土地分级制度和完善的价值估价体系。因此，为保障土地入市的规范运行和农民的基本权益，2008 年 10 月以来，郫都区就在全省范围内以邀标的形式，通过房地产土地评估公司评估了全县的农村集体经营性建设用地。通过大量的评估论证和市场调研，郫都区人民政府于 2013 年 11 月 13 日审批通过了农村集体经营性建设用地使用权的流转指导价成果①。在此基础上，2015 年起，郫都区遵循和国有建设用地同一标准定价体系原则，对全区农村集体经营性建设用地重新进行了评估优化，实现了当地农村集体经营性建设用地和国有建设用地的同价。

（三）遵循管制、自愿、管控原则

为进一步推动农村集体用地使用权、流转权、收益分配权在可控的范围内有效推进，郫都区在农村集体经营性建设中始终坚持三大原则。一是用途管制原则。郫都区人民政府根据集体经营性建设用地流转使用的规章制度，对流转的经营性建设用地用途进行了合规有效的管制，并在不违背规划保留的集体经营性建设用地的性质的基础上，同意投资的相关企业在确定集体经营性建设用地的范围内，就地根据集体经营性建设用地流转使用权规定来利用这些土地，从而有效预防了其他土地性质的土地钻空子，有效监控了经营性建设用地的总量。二是群众自愿原则。郫都区的集体经营性建设用地的流转和收益分配秉持群众参与自愿、退出自由原则，由群

---

① 邱铁鑫. 基于四川省郫县农村集体经营性建设用地入市的调查与思考 [J]. 陕西农业科学，2017（1）：91-94.

众自己决定是否参与、怎样参与、如何分配等事项。这不仅体现了党的群众路线，同时也反映了基层政府治理能力的有效提升①②。三是规划管控原则。集体经营性建设用地的流转使用，应符合当地政府的土地使用总体规划、产业发展规划和城乡发展规划，这是流转集体经营性建设用地的基本前提条件。为此，郫都区人民政府依据规划，积极发挥规划体系对土地入市流转的规范、监管和调控等作用，遵循了耕地红线不突破、土地公有性质不改变、农民利益不受损的底线思维。

（四）建立农民收益长效机制

根据《郫都区农村集体经营性建设用地入市收益分配指导意见》，郫都区在三道堰镇陈家村设立试点，农村集体经营性建设用地入市收益以"二八开"为分配的基准原则，其中，20%的收益按照股东具体人数按年分配，剩下的80%纳入陈家村集体公益金和公积金。纳入村集体收益金和公积金的80%收益中，30%纳入村集体公益金，主要用于村里的公共福利，如提供养老补助金、购买新农社、整治卫生环境、维护基础设施等，50%纳入集体资产管理公司的公积金，主要用于公共资源的优化配套和村级资产的再投资，同时在公司股权中做成股份量化到股东③。

此外，为避免出现"一卖了之"现象，郫都区还探索出了农民土地收益的持续发展机制。在实施土地整理项目后，将预留5%的整理结余面积，用作村集体发展产业的预留地，如通过作价出资、租赁出让等形式入市交易，持续产生收益。此外，在实施土地整理项目过程中，村集体对自愿参与土地整理项目的村民，提供每人35平方米的安置房和3万元的人均补偿费，此外，3万平方米的经营性用房在统一经营管理产生收益后，也可持续增加村民的财产性收入。

因为项目用地所在区域会打造相配套的设施，会直接影响入市的土地价格。所以，郫都区以商业工业地提留的基金比例作为参考标准，依据"分区位、有极差"的思路，修订完善了《入市土地增值收益调节金征收管理办法》，并按此办法推进入市交易。

---

① 郑风田，焦万慧. 农村经营性建设用地入市障碍在哪？[J]. 当代县域经济，2015（1）：10-13.

② 邱铁鑫. 基于四川省郫县农村集体经营性建设用地入市的调查与思考 [J]. 陕西农业科学，2017（1）：91-94.

③ 赵若言. 7 宗地落槌 3 大探索"成交"[N]. 四川日报，2016-03-15（03）.

依据入市土地的基准地价，以及区域级别差、范围极差、用途规划和入市方式的区别，郫都区按 13%～40% 的不同比例设置了集体经营性建设用地土地增值收益的调节金，如：政府按照 178.98 万元的价格来征收入市土地增值收入的调节金、规定第一宗的征收对象为村集体经营性建设用地使用权的出让者、根据区域级别差将第三宗入市土地增值收益缴纳金上调 30%。这种出让集体经营性建设用地的行为，有利于进一步完善土地增值收益调节金的征收办法。

此外，村（社区）还积极引导当地农民就近务工，增加群众的工资性收入，并在整理集体经营性建设用地指标的过程中，扣除安置房建设用地的结余指标后，保留 5% 归村集体组织所有，剩余部分用于投资参股或开发建设，在保障村集体经济组织收益可持续的同时，实现农民按股分红，保证农民离地不离乡①。

### 四、进一步引领农村集体经营性建设用地入市的优化策略

习近平总书记指出："要稳步推进农村集体产权制度改革，全面开展清产核资，进行身份确认、股份量化，推动资源变资产、资金变股金、农民变股东"②，建立符合市场要求的农村集体经济运行机制，以确保农民受益，确保集体资产保值增值，不断增强集体经济的发展活力，增强基层党组织的凝聚力与战斗力。

成都市坚持深化农业农村改革主攻方向不动摇，以维护集体经济组织成员的权利、明晰集体产权的归属为目的，以保护农村集体经济组织成员权利为核心，以推动集体经营性资产产权制度改革为主要任务，以发展多种形式的合作经济为路径，以增强农村集体经济实力实现农民共同富裕为目标，探索构建符合当前实际的农村集体经济发展的有效运行机制，为推动乡村振兴提供重要支撑和保障。

#### （一）坚持蜀风雅韵百村百态，推动均衡发展

在农村集体经济的发展过程中，必须精准协调好地区与地区之间、传统业态与新型业态之间、贫困地区与非贫困地区之间、引进来与走出去之间的关系，推动各地集体经济发展百村百态、全面均衡。

首先，因地制宜推动百村百态。不同村落应依据市场需求，立足自身

---

① 赵若言. 7 宗地落槌 3 大探索"成交"[N]. 四川日报，2016-03-15（03）.
② 习近平. 论"三农"工作 [M]. 北京：中央文献出版社，2022：246.

实际，做大做强体现自身优势、发展潜力巨大、适合农民从事的高附加值集体经济产业，避免地区之间、村落之间相同或类似产业过于集中，供大于求而降低收益，如根据自身的资源禀赋发展乡村旅游业，山区大力发展特色林业种植，平原地区积极推进特色农副产品种植加工，沿海地区鼓励发展海产品养殖和精深加工产业。同时，要不断调整同一地区内部间的产业结构与产业分布，避免恶性竞争破坏共赢格局。

其次，与时俱进探索新型业态。当前，一些农村地区的集体经济依旧以初级的种养为主，产业单一、效益不高、技术含量低、增收致富难，亟须三产融合发展，突破单一产业限制，推动电商、服务、旅游、康养产业嵌入集体经济，探索集体经济新业态，通过整合各类发展资金，盘活土地、文化、劳力、森林各类资源，采取股份量化、土地入股、增量配股等形式创新集体经济有效实现形式，提高资源利用率，拓宽收入来源。同时要注意延伸完善产业链，拓展深化产业利益，扩大产业效益范围，提升贫困村抵御风险的能力。

再次，统筹兼顾以点带面。农村集体经济发展规划应结合发展周期自上而下分时段精准、细致、合理地制订产业发展规划，以农村为发展重点，助推农户迅速致富，配套对周边农村进行产业规划，统筹协调整合各方资源，从而实现以点带面，辐射带动周边农村集体经济的发展，推动产业集中连片发展①，促进共同富裕。在具体执行过程中，要保证资金扶持的统筹兼顾，不能只抓一头②。

最后，多方合作打通内外通道。在农村集体经济的发展过程中，要注意优化内部和外部间的关系，既要引进来，又要走出去。在引进来方面，可以以合作社为中介，建立完善集体土地的入股、租赁机制，吸引工商资本、龙头企业、电商、超市、院校的入驻，形成合力，助推资源转化为资金。在走出去方面，可以借助集体经济组织对接市场，开拓销路，打造品牌，提升影响力，避免外资对农户利益的侵蚀。

（二）集体经济组织规范运行，契合管理理念

一方面，抓实农村集体资产清产核资，实行成员和股权"双固化"。

① 张清严，黄尤文，覃先皓. 对天峨县贫困村集体经济运行状况的思考［J］. 中国农业文摘-农业工程，2017（5）：44-46.

② 雷蕾，陈菲烟，刘思哲，等."三统筹五捆绑"发展村级集体经济［J］. 当代贵州，2016（31）：42-43.

一是抓实集体资产清产核资。按照中央、省、成都市的部署，各村落在2018年底已完成农村集体资产清产核资工作，建立健全集体资产的登记、保管、处置和使用制度，实施台账管理。二是界定集体经济组织成员。按照"民权民定、民事民管"的原则，坚持"尊重历史、兼顾现实、程序规范、群众认可"的原则，以农村土地承包经营权登记颁证时形成的固化决议为基础，不做变动，界定农村集体经济组织的成员身份，颁发农村集体经济组织成员证书。三是实行成员和股权"双固化"。按照"农村集体所有的动产与不动产，属于集体成员集体所有"的相关规定①，固化农村集体经济组织成员，固化农村集体经济组织成员集体资产股权，依法保障农村集体经济组织成员的合法权益。

另一方面，构建农村集体经济组织治理机制，推进规范健康发展。一是落实市场主体地位。农村集体经济组织可以组建股份经济合作社，由成都市农业农村局颁发集体经济组织登记证书，农村集体经济组织可以据此向相关部门申请办理工商登记、银行开户等手续，推进经营管理活动，实行会计独立核算，获得市场主体地位。二是落实法人治理机制。农村集体经济组织应制定和股份合作制产权管理相适应的法人治理机制，完善相应规章制度，建立理事会、监事会和成员（代表）大会等治理结构，保障组织成员的监督权、参与权和决策权②。三是落实政经分离。各村落应明确村级股份经济合作社的集体经济性质，推进现代企业经营管理模式。针对集体经营性资产，要发挥集体的运营、管理、维护权利；针对非经营性资产，应根据不同资产的来源与相关规定进行统一运营管护。按照"有章理事、有钱办事、有人管事"要求，发挥村党组织对农村集体经济组织的领导核心作用，加强以村党组织为领导核心、村民委员会（社区居民委员会）和集体经济组织各司其职的农村基层组织建设，健全村务监督机制。实行政经分开，在符合条件的农村集体经济组织中建立党组织，强化集体经济组织党建工作。倡导村"两委"班子主要成员在集体经济组织交叉任职，村"两委"班子主要成员须按相关程序通过选举担任（兼任）农村集体经济组织的负责人，对没有村"两委"班子主要成员任职的集体经济组织，由村"两委"派班子主要成员行使农村集体资产监督管理职能，防止

---

① 黄延信. 破解农村宅基地制度改革难题之道 [J]. 农业经济问题，2021（8）：83-89.
② 罗永，杨坤，聂有亮，等. 成都市农村集体经济发展研究 [J]. 农村经济与科技，2020（12）：30-32.

内部少数人控制和外部资本侵占集体资产。

（三）建立多方利益捆绑机制，共建共享共赢

从集体经济的价值属性来看，集体经济有利于实现村民共同富裕，构建人与人之间的良性关系。而其价值的发挥得益于集体经济组织的本质属性，集体经济组织作为一个"真实而非虚妄的共同体"，个体利益与集体利益相得益彰。面对不平衡、不充分的农村发展困局，集体经济以实现共同富裕为价值取向，将农户与集体经济发展精准捆绑，推动发展成果共享，消除两极分化，体现社会主义制度的优越性。这种多方利益捆绑机制的构建需要我们正确处理劳动和资本、先富和后富、干部与群众之间的关系，调动政府、企业、资本、干部、农民的积极性和主动性，形成多方共赢的良好局面。

首先，重构劳动和资本的关系。在农村集体经济发展过程中，既应重视资本力量，更应重视劳动力量。倘若一味拔高资本在集体经济中的地位，农户的正当利益就无法得到保障，必将严重挫伤劳动者的积极性，正如邓小平同志所说"不讲多劳多得，不重视物质利益……一段时间可以，长期不行。"[①] 为确保农村集体经济发展成果惠及全体村民，一要推进农村集体经营性资产股份量化。依据《中共中央 国务院关于稳步推进农村集体产权制度改革的意见》，政府应该给予合作企业和合作社一定的政策优惠，比如财政补贴、减税补偿等，鼓励"资源变资产，资金变股金，农民变股民"[②] 的产权制度改革，根据农村实际建立股份合作社，保障农民土地产权的担保、转让与继承，引导资源从闲散走向集聚，让农民既是生产劳动者，又是资产所有者。将农村集体经营性资产折股量化到本集体经济组织成员，以户为单位向持股成员颁发农村集体资产股权证书，作为占有农村集体资产股份、享受收益分配和参与决策管理的凭证。二要实行农村集体经济股权静态管理。农村集体经济设置股权原则上只设成员股，设置集体股则由集体经济组织全体成员民主讨论共同决定。完善农村集体资产股份权能，赋予成员对集体资产股份的占有和收益权利，以及有偿抵押、担保、退出和继承等权利。完善资产的股权登记制度，详细记录集体经济组织成员所持有的股份信息，并出具股权证书予以确认。目前农民所持有

---

① 邓小平. 邓小平文选：第二卷 [M]. 北京：人民出版社，1994：146.
② 农业农村部政策与改革司. 农村集体产权制度改革典型村级案例 [M]. 北京：人民出版社，2022：180.

的农村集体资产股份的有偿退出是不能突破集体经济组织范围的，只能在本集体的内部进行转让或由集体全部赎回①。针对农村集体经济成员家庭新增的人口，探索集体资产权益家庭内成员共享的办法，严格按章程确定集体成员身份和集体资产份额，或在本集体内部通过法定继承、赠与或溢价购买股权等方式取得集体经济组织成员资格。三要完善农村集体经济组织收益分配制度。各村落应建立健全农村集体经济组织收益分配制度，实行现代企业制度经营管理，明确收益分配范围、分配比例、兑现方法和公积金、公益金提取比例，落实成员对农村集体资产股份的收益权，创新完善"保底+二次分红""按股权权重分红"利益联结分配机制，摒弃过去低收益的"异化"劳动，扬弃一家一户经营的风险性与盲目性，重构劳动和资本的关系，让劳动者共享资本发展成果。

其次，协调先富和后富的关系。在劳动方面，要实现农民共享集体经济发展成果，必须充分发挥农民的主体作用，特别是后富农民的主动性。习近平总书记指出："扶贫要同扶智、扶志结合起来。"② 在扶志方面，政府可以运用不同的宣传方式进行宣传教育，在农村营造参与集体经济的环境与氛围，推动形成人人参与、人人支持的抱团式发展局面。在扶智方面，越是贫困的群体往往文化水平和技术水平越落后，要改变这一现状，必须对农户进行有针对性的教育培训，以适应集体经济的发展需要，"后富"追赶"先富"，缩小贫富差距。在收入方面，可通过村民代表大会协商制定收入分配方案，如：采用"保底收益+分红""土地流转+雇佣""订单+分红""基本工资+超奖短赔"等方式确定集体经济收益在村（社）、农户、资本、合作企业间的分配比例，协调各方的利益诉求，不过度拔高资本在利润分配的上限，防止少数人控制集体经济资产，同时，确保农民劳动在利润分配中的合理性，防止两极分化，实现"先富"带动"后富"。

最后，改善干部与群众的关系。一些地区在农村集体经济发展的过程中，因缺乏相应的奖惩机制，再加上群众的不理解不支持，集体经济发展的好坏与干部的待遇无关，严重挫伤了干部的发展积极性，因此，要改变这一现状，必须重建群众对干部的信任，完善保护支持机制和容错机制，破除干部不敢发展、求稳怕乱的思想包袱；重建干部对群众的信心，帮助

---

① 王苏玮. 乡村振兴战略下财政支农成效考察 [J]. 合作经济与科技，2021（3）：169-173.
② 习近平. 习近平谈治国理政：第二卷 [M]. 北京：外文出版社，2017：90.

群众克服"等、靠、要"的消极思想，鼓励他们主动作为敢于担当。要做好干部与当地农户特别是贫困户的对接，负责包干到户、到人。根据集体经济发展的情况进行绩效考核，考核成绩与待遇挂钩，对发展壮大村集体经济的村干部给予一定的物质奖励；同时，考核成绩与晋升荣誉挂钩，在班子年度考核、干部年度考核、提拔任用、选优评先时优先推荐农村集体经济组织干部。

（四）重视上下联动风险防控，壮大集体力量

当前，我国农村地区经济风险防控能力不足，在发展集体经济过程中，分散的一家一户经营比合作社更脆弱，抵抗自然风险、市场风险和技术风险能力明显不足。因此，应该重视上下联动风险防控，通过政策支持、扶持合作社、政企合作等方式壮大集体力量，提升风险防控能力。

首先，推进财政资金形成资产股份量化，加大政策支持力度。一是对财政补助资金进行股份量化。对财补资金所形成的经营性资产进行股份量化，集体拥有这部分资产的持股权，社员享有这部分资产的收益权，形成资产合作社所有、合作社管理、社员受益的局面。二是加大财政扶持力度。对农户而言，加入有资金保障的合作社有利于降低风险，所以政府可以从政策和资金两个层面加大对合作社的建设和投资，特别是那些吸纳贫困农户比例较高的合作社。建立农村集体经济发展项目库，采取自愿申报、竞争立项、业主实施、先建后补方式，扶持农村集体经济发展。制定出台集体经济组织的融资、担保等政策，健全风险防范分担机制，对农村集体经济组织开展市场经营活动融资的，参照已出台的农村产权抵押贷款担保、贴息政策给予扶持。财税部门要积极落实国家支持农村集体产权制度改革的税费减免政策，落实农村集体经济组织依法享受国家规定的关于农业生产、加工、流通、服务和其他涉农经济活动相应的税收优惠扶持政策。政府应该制定相关财政政策，给予农村集体经济更多的财政支持，以激发农村集体经济的发展潜力。地方财政部门可追加农村集体经济发展资金，以入股、奖励、补助等形式对农村集体经济项目进行拨款，鼓励社会资本参与其中。政府还可以依托涉农金融机构与部门支持鼓励农村集体经济发展，如适度提升农信贷贷款额度，设立农村集体经济组织创业贷款资金，在担保审核、贷款审核等环节适度放宽限制，降低门槛。此外，地方政府还应进一步加强自身的转移支付力度，将农村集体经济的管理发展纳

入其中①。三是优先保障农村集体经济建设用地。在每年的新增建设用地的指标中，可按照一定的比例规划单列一些指标来推进农村集体经济组织依据全区发展规划发展新业态。可以通过整理闲置的宅基地或综合整治分散的土地来增加建设用地与耕地，统一交给集体经济组织规划、使用和管理。在此基础上，农村集体经济组织可以进一步成立土地股份合作社、家庭农场及其所需的生产用地和设施用地，严格按照农用地的要求进行管理。

其次，创新发展农村集体经济组织，增强农村集体经济发展活力。一是多元化发展农村集体经济组织。在农村土地、林地确权和"三权分置"基础上，鼓励农民以土地承包经营权入股，组建土地股份合作社；土地股份合作社、农民合作社以股份合作方式，组建农民合作联社；土地股份合作社以获得的土地经营权、农民土地承包经营权入股农业产业化经营方式，组建农业股份公司；家庭农场以股份合作方式，组建合作农场或生产性、经营性公司；农民以集体建设用地使用权方式入股，组建集体建设用地股份合作社；农民以房屋资产、经营性资产、资金众筹方式入股，组建乡村旅游股份合作社，发展多元化的新型集体经济组织。二是创新农村集体的多种经营模式。充分发挥市场在资源配置中的决定性作用，依据"依法、自愿、有偿和规范"的基本要求，推动农村土地的"三权分置"，放活农村土地的经营权，推动农村土地适度规模经营，提升土地经营利润；鼓励农村集体经营性资产进行自主经营、托管经营、租赁经营和合资合作经营，盘活土地资源，促进经营性资产增收增值；严格农村集体非经营性资产的登记管理制度，建立统一规范的运营机制，为集体经济成员提供优质的公益服务；经营农村的闲置农民住房和经营性服务设施，增加农民收入。三是多路径发展壮大农村集体经济。盘活农村集体资源资产，引导农村集体经济组织通过发包、租赁、参股、联营、合资等方式，盘活农村集体所有的各类资产，参与经营各类资产；利用土地综合整理、新村建设、村庄整治、河道疏浚等村级集体经济组织获得的资源，引入金融和社会资金参与开发利用农村集体所有的建设用地、废弃道路、沟渠和水面资源，增加农村集体经济收入。拓展农业产业链，引导农村集体经济组织发展粮油规模种植、立体种养、种养循环、产品加工、电商营销、休闲农业、乡

---

① 艾孜买提·沙吾尔. 尉犁县村级集体经济发展的现状与对策研究 [D]. 乌鲁木齐：新疆农业大学，2013.

村旅游，形成发展"产加销服一条龙、农工贸旅一体化"的经营经济实体、延伸产业链、提升价值链，增加农村集体经济收入。引导农村集体经济组织发展农村物业服务，借鉴城市社区物业服务模式，组建幸福美丽新村物业服务公司，承接政府在农村的新村物业管理、环卫清扫、道路养护、绿化管护等公共服务，开展金融、保险、广电、通信等代理服务，发展家政、养老等服务，增加农村集体经济收入。引导农村集体经济组织按照规章制度提取集体公益金、公积金，实现集体经济组织自身积累和公益事业发展的制度化保障。

最后，防范农村集体经济经营风险，规范管理服务体系。一是构建风险防范防控机制。引导农村集体经济组织依法签订协议或制定章程以防控或规避经营性风险，避免参股经营可能导致的连带责任，进一步加强对农村集体经济组织的规模与债务的常态监控。农村集体经济组织的经营性资产参股经营，原则上不得超过自身经营性资产总量的60%，资源性资产和非经营性资产的所有权不得用于入股、抵押、担保。二是健全完善规范建设制度。健全完善农村集体经济组织财务收入预算、开支审批、现金管理、民主理财、财务公开等制度，建立农村集体经济组织资产台账，杜绝不良债务，严防非生产性开支。推进审计监督制度，定期开展惠农项目资金审计和经济责任审计，实现财务管理的公开化、透明化、制度化和规范化。完善村级集体经济"三资"的民主监督、民主决策和民主管理，从过去的自上而下的单向管理，转向自上而下和自下而上相结合的双向管理模式，确保集体经济组织成员的知情权、参与权、监督权。健全完善登记备案制度，实行农村集体经济组织登记备案制度，建立农村集体经济组织名录库，推进农村集体经济组织规范健康发展。三是搭建农村产权流转交易服务平台。推进农村集体资金资产资源监管平台建设，制定农村产权流转交易管理办法，规范农村集体资产处置程序，引导农村集体资产及股权进入农村产权交易市场公开、公平、公正规范交易，构建权能完整、归属清晰、流转顺畅和保护严格的集体产权制度。

（五）结合科技人才政策优势，助力农村致富

作为推动经济社会发展的关键要素，科学技术为农村致富提供了技术支撑和新的理念。大数据时代的到来更是为驱动数字经济发展，助力农村致富提供了契机。为此，应当积极结合科技人才政策优势，助推农村致富的精准化、高效化、信息化。

首先，要抓住产业转型升级的新机遇，选拔强有力的领导班子，大力引进并培养专技人员，为农村集体经济发展夯实坚实的人力基础。一方面，要积极引进技术型人才，可以和周边知名高校合作，诚邀专业教授担任农业智库专家，并采用"订单式"招聘引进优质大学生。切实在实践中培养新型职业农民，加强农民就业培训，充分用好"三农"人才。另一方面，加强对管理人员的选拔和培养。既要选拔高素质、责任心强的村党支部书记，挖掘任用优秀的村干部，又要强化相关管理人员的教育培训，提高其市场的敏锐性、管理的科学性和知识的全面性，真正在实践中带领民众实现增收，为农村集体经济的发展提供坚强后盾。

其次，积极搭建互"联网+"致富平台，打造特色集体经济。一方面，依靠互联网建立致富数据库，打破各地区、各部门之间存在的"信息孤岛"现象，有效整合碎片化的信息，精准识别贫困对象需求，及时掌握致富进展，确保贫困退出机制的高效性。通过搭建致富互联网平台，利用项目自助对接、一对一网上专项帮扶，有效打造"互联网+"模式下"政府+村集体经济+项目+民众参与"的致富范式。另一方面，利用大数据完善电商致富路径，借助互联网准确预估市场需求，及时开展精准营销，既能扩大农村集体经济的增收渠道，又能降低市场的风险性。

最后，积极运用前沿科技，在推进机械化发展的同时，确保产业链的延长，提升产品的附加值。具体表现为利用农村供销社壮大集体经济，通过构建服务配套、功能完善的农村经营服务综合体，有效实现"智慧农资"的全覆盖。同时，大力发展电商，推进物联网等助农增收项目。构建区—镇—村电商三级服务体系，拓宽并深化商贸物流、电商物流、市场经营等领域的发展，"三位一体"壮大农村集体经济新体系。

（六）实施生态经济双轨考核，践行"两山"理论

"环境库兹涅茨曲线理论"指出：在经济发展到达某个拐点时，伴随人均收入的提高，环境污染会逐渐降低，环境会得到保护和改善。这就要求我们强化乡村发展的内生动力，紧扣生态文明发展步伐，将市场机制作为生态保护的核心，围绕生态经济、生态文化、生态制度、生态环境四个领域，各村落要基于自身实际，自觉形成特有的发展动力，协调保护和发展的关系，构建一个可持续发展的生态经济考核机制，真正实现生态文明建设从源头、过程、结果的全覆盖。

首先，以集体为主体，落实新型环境准入机制。通过"两评结合"和

"三位一体"，有效整合环境准入项目、空间、总量以及公众评价反馈，从源头上保护生态，促使经济发展与环境可承载力相匹配。

其次，以集体为依托，加强生态治理力度，为农村集体经济的可持续发展创造良好的生态环境。既要构建精准的生态补偿机制，不断提高补偿力度、扩大补偿范围，提高补偿资金使用效率，还要整合生态补偿项目，聚焦补偿工作的落实。同时，又要将环境攻坚战在实践中细化，以集体经济的可持续发展为垃圾治理、厕所革命和农房整治等项目的落实提供强大的智力和财力支撑。此外，还要建立生态权益保护机制，切实保证集体经济组织享受到碳汇交易、排污权交易、生态补偿等改革红利，激发村民入股的积极性。

最后，以集体为龙头，打通"两山通道"，为集体经济发展注入新的活力。这就要求各村结合自身特有的生态资源，合理配置要素，有效利用资源，以农村集体经济为核心，把各村的生态优势转为经济增值的资本。一方面，可以结合农业和旅游业，融合健康、文化、养老等相关产业，积极培育以绿色农业为核心的新业态，深入挖掘休闲观光、产品采摘、健康养老、文化体验等价值，切实将沉睡资源激活演变为经济效益，真正实现产、村、人、文协同发展。另一方面，综合利用废弃物，充分挖掘秸秆、禽畜排泄物等废弃资源，深化农业、畜牧业的产业升级，打造特色的生态循环农业和畜牧业。

## 第三节　土地产权抵押担保权能探索

当前，城乡之间资本、土地、劳动力等传统要素市场发展滞后，而大数据、核心技术等新型要素市场刚刚起步，市场配置的要素机制尚不完善，成为制约城乡融合发展的巨大障碍。在新型城乡关系发展背景下，要发挥市场的决定性作用，必须完善要素市场的配置机制，推动城乡之间要素的持续顺畅流动。具体来说，应重点瞄准产权抵押担保等城乡融合的弱项和短板，精准发力，确保给予同类型要素的市场地位、收益保障与市场权益的一致性，提高城乡要素流动的活力。长期以来，党中央把完善土地制度作为推动农村改革发展的突破口，自20世纪50年代起，国家实施城乡有别的户籍制度与土地政策以来，城乡之间生产要素流动非常缓慢，生产要素的自由流动受到限制。而农村土地制度改革为社会资本下乡提供了契机，也为发展农村经济带来许多帮助。

要加强农村土地资源的开发和利用，首先要解决农村产权制度问题。家庭联产承包责任制曾在 20 世纪末激活了农民群众的生产积极性，这是我国政府在当时根据我国社会发展实际做出的与时俱进的决策。新时代，乡村振兴的有效推进离不开土地资源的进一步开发和利用，离不开农村土地制度的进一步改革。因此，加快土地关系调整对于农村来讲，是农村各项工作的基础。2025 年的中央一号文件指出，"稳定和完善农村土地承包关系。坚持'大稳定、小调整'，有序推进第二轮土地承包到期后再延长三十年试点，扩大整省试点范围，妥善化解延包中的矛盾纠纷，确保绝大多数农户承包地总体顺延，保持稳定。"

## 一、农村土地制度改革、农村产权制度改革与土地确权的逻辑关系

在现代市场经济体制当中，产权的重要作用表现在四个方面：一是强化财产的约束，便于资产增值；二是维护正当的经营权利，以防控外部的侵权行为；三是推进资源的优化配置；四是规范市场的交易行为，以确保市场机制作用的正常发挥①。马克思主义经典著作里所论述的物的所有权，表明了物的最终归属，明确了主体对所有物的垄断与独占权利，是该物独立存在的一种财产权利。这种权利赋予所有者享有该物实际的占有、收益、使用和处分的权利。但马克思并未将所有权视为单一权利，在《资本论》中，马克思指出随着自然经济逐步过渡到商品经济，所有权的各类权能也会发生相应的变化和分离。马克思所提到的所有制指的是在生产过程中，人们构建起的整个生产资料的关系体系，如对生产资料的使用、占有、收益和处分等关系。可以说，产权与所有制、所有权既相互区别，又相互联系②。"经济制度指的是社会发展到一定阶段所形成的生产关系总和。"③ 土地制度就是构成经济制度的重要部分，是依托土地而产生的生产关系，既需要法律确认，又需要法律保护。所以"土地制度就是在国家权力的控制监督下，针对人与人之间占有、使用和分配土地而形成的权利关系"。

① 白俊超. 我国农村土地制度改革研究 [D]. 杨凌：西北农林科技大学，2007.
② 白俊超. 我国农村土地制度改革研究 [D]. 杨凌：西北农林科技大学，2007.
③ 许涤新. 政治经济学大辞典 [M]. 北京：人民出版社，1980：21.

　　而农村土地制度改革、农村产权制度改革与土地确权之间存在着不可分割的逻辑关系。农村土地制度改革是从宏观的角度看待问题的，结合土地制度的一般理论与土地产权的一般理论，将农村土地制度集中于社会经济制度层面，离不开国家的文化制度和政治制度。从时间脉络的角度梳理农村土地制度是非常清晰的，包含了土地的所有制性质与地租等内容，还涵盖了农民房屋的产权。土地产权既是研究土地相关理论的重要抓手，以推动农村产权制度改革，也是充分发挥土地功能的基本前提。

### 二、农村产权制度改革的意义

　　从农村产权改革的意义来讲，农村资源问题制约的不仅仅是农村的发展、农业的进步和农民的富裕，还涉及农村基本经济体制完善的问题。特别是农村土地制度改革，既能够促进农村生产要素的重新调整，又能改善农村整体的发展环境，还能够促进乡村治理。

　　（一）农村产权制度改革是对生产要素的新调整

　　这种全新调整主要体现在两个层面：一是土地要素，二是劳动力要素，两者同时也是导致我国城乡二元结构的原因之一。在土地要素层面，城市建用地主要用在了房地产项目、工业用地、商业建设用地等领域，导致土地随着城市繁荣而日渐紧俏，城市用地价格不断上涨。在劳动力要素层面，而农村地区的土地大多用于农业生产，农业产出不高、见效缓慢、盈利较低，没有人争先炒作，土地价格自然就上不去。而农村产权制度改革，通过综合整理土地项目，推动农村土地的规模化流转，有利于推动农村土地价格上涨。农村产权制度改革对劳动力要素流动的调整作用表现为两点，一是劳动力从农村转移至城市。随着土地的确权流转，大批的剩余劳动力将涌入城市，从而冲击城市的人力资源市场，导致就业压力增加。二是对劳动力质量要求更高。土地流转后，规模化、机械化、产业化生产取代了传统的种植模式，对农民的接受能力和知识水平提出了更高要求，亟须开展农民的专业技术培训和社会服务培训，以不断适应农村新的生产模式。

　　（二）农村产权制度改革是优化乡村治理的新契机

　　农村产权制度改革是关系民生的大事。随着国家治理体系和治理能力现代化的不断推进，传统自上而下的单项治理模式转变为自上而下和自而上的双向治理模式，对农民的自治能力提出了更高要求。而产权制度改革为提升农民的自主意识和自治能力提供了契机。长期存在的土地情结，让农民更加熟悉土地，他们有能力也有意愿解决好农村产权问题。有了农民的积极参与，农村产权制度改革才能更加细致、更加具体、更加公平。

（三）农村产权制度改革是农民收入结构的新转变

首先，承包地的确权到户，摸清了农村土地的实际拥有量，既有利于政府统一调整规划沟、渠、堰等资源，改善农田灌溉；又有利于集中农村分散土地，实现资源优化配置，从而保证土地政策的稳定性与持续性，为进一步推进农地股份制改革奠定良好基础。而将承包地流转出去的农民可以进城务工，在获得土地分红的同时，获得务工收入。

**三、农村产权抵押担保权能实践探索——以崇州市为例**

崇州市抓住全国农村金融服务综合改革试验区、全国农村"两权"抵押贷款试点机遇，结合自身实际，制定印发了《关于进一步深化农村产权抵押融资试点的实施意见》，扎实推进各类农村产权抵押融资，逐步建立健全农村各类产权抵押融资配套管理办法、评审管理办法、风险管理办法，实现了农村各类产权抵押融资制度化、规范化、常态化，促进了农村经济社会快速发展。

（一）农村产权抵押融资试点情况

崇州市以应确尽确、还权赋能；尊重历史、兼顾公平；权属唯一、长久不变；规范有序、促进流转为确权原则，进一步深化和发展农村产权改革制度。

（1）农村土地经营权抵押融资。2015 年，崇州市以被全国人大常委会确定为全国农村土地经营权抵押融资试点县为契机，制定出台了《崇州市开展农村承包地的经营权抵押贷款试点实施方案》《崇州市农村土地经营权流转管理实施办法》《崇州市农村土地经营权证管理办法》《崇州市农村土地经营权抵押融资管理办法》等 8 个配套文件，对土地经营权的确权颁证、价值认定、风险防控、政策扶持等进行明确规定，为加快推进土地经营权抵押融资打下坚实基础。在前期完成农村承包土地确权颁证的基础上，推进农村承包土地"三权分置"，对依法通过流转方式取得的农村土地的经营权，通过农村产权交易公司交易鉴证，颁发成都市农村土地经营权证，依法享有其流转取得的农村土地经营权的处置、使用、占有和收益的权利，经营业主运用取得的农村土地经营权证进行抵押贷款，成功发放全省首宗农村土地经营权抵押贷款。

（2）集体经营性建设用地抵押融资。崇州市鼓励和支持各类新型农业经营主体利用合法流转取得的集体建设用地使用权作为抵押担保，向金融机构申请贷款或向融资担保机构申请担保贷款，发展新产业新业态。支持集体经济组织利用现有建设用地开展抵押融资，发展农产品加工、民宿、旅游经济。依托城乡建设用地的增减挂钩，利用集体建设用地抵押融资，有效解决新农村建设资金不足问题。如：白头镇五星村新村建设，就是以731户农户的464亩集体建设用地入股组建星达土地股份合作社，按照"1248"模式，以星达土地股份合作社为实施主体，向成都农商银行崇州支行申请了5 500万元贷款，建立起五星大美新村；崇州10万亩粮食高产稳产高效综合示范基地项目，利用节约的集体建设用地指标1 634.78亩，向中国农业发展银行总行抵押贷款8.8亿元，建成"七网"配套高标准农田15万亩。2019年，崇州市又率先开展农村宅基地"三权分置"改革试点，将宅基地所有权、使用权、资格权进行分离，对依法通过流转方式取得的宅基地使用权，通过农村产权交易公司交易鉴证，颁发宅基地使用权证书，培育新经济新业态，推动农商文旅体融合发展。崇州市正在研究制定宅基地（房屋）租赁使用权抵押融资管理办法，进一步盘活农村闲置资源。

（3）农村房屋所有权抵押融资。崇州市出台《崇州市集体土地上房屋产权流转管理办法》，允许和鼓励借款人或抵押人在房屋依法抵押偿债后仍有居住场所的前提下，在征得所在集体经济组织的同意后，将农村房屋所有权进行抵押担保，向融资担保公司或金融机构申请担保贷款或贷款，市场价值经评估后，签署抵押合同与贷款合同，在市住建局完成抵押登记手续，由金融机构发放贷款。

（4）集体林权抵押融资。崇州市以全国集体林业综合改革试验示范区为契机，出台《关于深化集体林权制度改革推进现代林业发展的意见》《崇州市开展林权抵押贷款改革试点实施方案》《崇州市林地经营权登记管理办法（试行）》《崇州市林木（竹、果）权登记管理办法（试行）》等配套文件，推进林地所有权、经营权、承包权、林木所有权和使用权"五权分置"，对依法通过流转方式取得的林地经营权和种植的经济林木（竹、果），通过农村产权交易公司交易鉴证，向符合条件的农户、农民林业合作社、专业大户、家庭林场、涉林企业等林权持有者颁发林地经营权证、林木（竹、果）权证，向金融机构申请贷款或向融资担保公司申请担保贷款，发展现代林业产业。目前，崇州市已成功发放全省首宗林木（竹、果）权抵押贷款，成功承办了全国林改现场会，"林业共营制"经验做法被国家林业和草原局发文在全国推广。

（5）其他农村产权抵押融资。在完成多权同确，建立"权属清晰、保护严格、权责明确和流转顺畅"的农村产权制度基础上，崇州市开展农业生产设施所有权、农村养殖水面经营权、小型水利工程所有权等其他农村产权登记颁证，制定出台《崇州市农业生产设施所有权登记管理工作实施方案》《崇州市农村养殖水面经营权登记管理工作实施方案》等文件，鼓励运用其他农村产权向金融机构申请贷款或向融资担保公司申请担保贷款，发展粮油种植、特色水果、特色养殖和农产品加工等产业。崇州市已成功发放成都市首宗农村养殖水面经营权、小型水利工程使用权抵押贷款。

（二）产权抵押的具体操作流程

崇州市农村产权抵押试点工作在实践中探索，在探索中实践，逐步创建了一套规范的操作流程——九步工作法。

（1）制定政策。由农业农村局、税务局等相关部门共同制定20余份涉及农村产权制度改革和促进城乡要素自由流动的文件。为了确保改革试点工作保质保量、按期完成，崇州市在改革试点中建立了四项工作机制。一是每日工作报告例会制。每天早上9点召开领导小组工作会，分析总结前日工作、部署当日工作。二是"四方"协调会商机制。相关单位根据需要及时召开"四方"协调会，研究讨论解决试点工作中出现的相关问题。三是试点工作绩效考核机制。各试点单独制定该项工作的考核意见，对镇、村参与此项工作人员的工作绩效、出勤等情况进行专项考核。四是试点工作经费保障机制。试点工作所需经费由镇财政优先保障。

（2）宣传动员。通过在全市各乡（镇）召开动员大会、召开村（社）群代会和议事会、开展工作人员培训会，崇州市持续深入宣传深化农村产权制度改革的目的、背景、要求与具体措施，让广大党员干部和人民群众做政策的明白人。

（3）摸底调查。摸底调查的主要任务有三点：其一，摸清村（社区）土地的总面积和确权情况，调研农村集体经济组织成员的基本情况，发现问题、梳理问题、找到解决方案；其二，调查目前集体存在的未利用地、自留地、未确权建设用地、集体企业占地与公益设施占地；其三，清查核对农村集体资产及其债权债务情况。

（4）制订方案。方案制订是在摸底调查的基础上，召开村委会和议事会征求讨论村民意见和建议，形成初步方案后，再继续召开村民代表大会进一步讨论，反复磋商，反复修正，将成稿交到村民代表大会由全体成员表决通过执行。

（5）测绘地籍。根据制订出的方案，在自然资源局的组织指导下，安排了解土地变迁或工作经验丰富的人员确认并测绘集体未利用地、自留地、未确权建设用地、集体企业占地与公益设施占地，并进一步将土地使用权股份量化到社员。

（6）公示公告。作为改革的固定程序法定程序，公告公示是让村民了解自身权益与改革内容的必经阶段。公示公告的内容涵盖集体建设用地的确权方案和分配方案，集体经济组织成员的确认方案和成员一览表，集体土地股权的分配台账和个人应得股权台账等农民应知的所有内容。

（7）颁发股权证。在公示一周村民无异议后，相关管理部门依据权属向集体经济组织成员发放成员证、发股权和产权证，向农户发放集体土地的使用权证。

（8）完善新型农村集体经济组织。相关管理部门依据新的权属关系进行清产核资，改造集体经济组织，并组建新型农村集体经济组织或公司。

（9）促进流转。崇州市不断完善农村产权流转平台与交易市场，培育新型市场主体，强化交易监管，加强交易服务，推动集体建设用地和承包地的流转承包，实现城乡要素的自由流动，统筹推进城乡发展。

（三）产权改革突破和特色亮点

在调研过程中，"农（林）业共营制"模式、"农贷通"农村金融服务平台、农村产权交易、农村金融产品创新等成为颇具崇州特色的改革经验和亮点。

（1）深化"农（林）业共营制"改革，培育新型经营主体，解决"谁来贷"难题。推进农村金融综合服务改革创新，前提是要有成熟的适度规模经营模式，培育一大批新型农（林）业经营主体，才能激活农村金融需求，推动农村金融发展。崇州市针对小农经济实际，探索形成了"土（林）地股份合作社+职业经理人+农（林）业综合服务体系"农（林）业共营制经营模式，着力破解农（林）业生产经营中"谁来经营""谁来种地（管理）""谁来服务"三大难题。农商文旅跨界融合、线上线下互动融合的农村新业态不断涌现，催生了对农村金融发展和创新的迫切需求。崇州市成功承办了全国转变农业发展方式现场会，"农业共营制"模式得到了国家领导人的肯定，"培育农业职业经理人"被写进了中央一号文件。

（2）创新"农贷通"平台，整合多方资源，解决"信息不对称"难题。崇州市针对各方在农村金融活动中信息不畅的难题，运用互联网、大数据技术，整合"银政保担企"五大资源，搭建"农贷通"融资综合服务平台，搭建起"农贷通+农村电商+农村产权交易"的共享平台体系，创新农村金融服务。其一，促政策公开。建立"农贷通"网站，宣传农村金融政策，发布农村金融产品，主动把金融知识、金融信息交给群众。其二，促信息共享。建立新型经营主体信息数据库，将银政保担企相关信息植入"农贷通"平台，共享信息资源。其三，促利民便捷。实行"互联网+金融"，推动资金供需、农业保险、融资担保网上对接和办理，让信息多跑路、让群众少跑腿。17家金融机构在平台上推出涉农金融产品81个，"农贷通"已成为农村金融活动的重要平台，一般信用贷款审批时间从5天缩短到3天，抵押贷款时间缩短了三分之一。

（3）推进"三站合一"，实现多功能衔接，解决农村金融服务"最后一公里"难题。崇州市依托成都"农贷通"平台，把"农贷通"与农村产权交易平台、农村电商服务平台有机衔接，建立崇州市"农贷通"融资综合服务中心。其一，依托农村产权交易平台，收集、审核、发布、上传农村产权的流转信息，扩大农村产权的流转范围，为农村的金融服务提供抵押物。其二，依托农村电商服务平台，同时承担农产品的线上线下展示、宣传和销售等工作，生成海量的经济活动数据，建立新型经营主体的信用体系，为农村金融服务提供信用等级。其三，依托农村金融服务平台，宣传农村金融政策、信贷产品等金融知识，以农村金融服务促进农村产权交易和农村电商服务健康发展。目前，崇州市农村金融服务站挂牌231个，标准化服务站达100个，聘请农村金融服务片区联络员10个，农村金融信息员100个。

（4）规范农村产权流转交易，明晰农村产权权属，解决"抵押权"的问题。崇州市针对农村产权流转权属不明晰、交易不规范等问题，依托成都农交所，注册成立产权交易有限公司，规范产权流转交易。搭建县、乡、村三级服务平台，形成"村收集、镇审核和市交易"的农村产权流转管理体系和服务体系①。规范农村产权入场交易，制定《崇州市农村产权流转交易鉴证办法》《崇州市农村产权入场流转交易实施办法》等配套文件，推进农村产权流转交易鉴证，颁发交易鉴证书。

（5）发挥财政金融互动作用，坚持"去担保"改革走向，解决"融资贵"难题。崇州市针对商业银行融资成本高、农业经营主体贷款成本高（评估费 0.5%、担保费 2%）的问题，采取"降去补"综合措施降低贷款成本。其一，降利率。人民银行运用支农再贷款 3.08 亿元，撬动金融机构发放贷款 4.92 亿元，贷款利率不超过支农再贷款利率 3 个百分点；政府建立粮食适度规模经营担保贷款基金 2 800 余万元，撬动银行按基准利率上浮不超过 30%，投放贷款 1.4 亿元。其二，去担保。探索推进农村产权直接抵押，减少担保费用。目前，崇州市已实现农村产权直接抵押贷款品种全覆盖，农商银行农村产权直接抵押贷款占比达 90% 以上。其三，给补贴。建立"农贷通"项目库，健全农村产权抵押融资贷款贴息、担保费补贴、评估费补贴等支持政策，已累计发放各类补贴 500 余万元。其四，去评估。建立行业主管部门、业主代表和金融机构三方共同参与的产权指导价值评审机制，定期发布多种农村产权评估基准价格；引导金融机构与贷款主体参照基准价格，协商确定贷款额度，减去评估支出。

（6）健全农村金融风险防范机制，多渠道分担融资风险，解决"融资难"难题。针对农村产权抵押物收储难、处置难，银行放贷积极性不高的问题，崇州市综合采取风险分担、政策性保险、担保收储等措施，打消银行放贷顾虑。其一，建立风险分担机制。财政设立 3 600 万元农村产权抵押融资风险基金，并健全持续补充机制，对农村产权抵押不良贷款按本金 8：2（风险基金：银行承担）分担风险。其二，创新政策性农业保险。开展经营主体意外伤害保险、土地流转履约保险等，完善银保合作分担融资风险机制。其三，建立担保收储机制。市财政注资 1 亿元，成立国有农村产权担保收储公司，探索构建"平台公司+互助合作社+企业"三位一体的产权抵押融资担保体系。四是探索抵押物处置机制。以托管、再入股、再流转、第三方托底回购等方式，降低抵押物的违约风险。五是信用评价机制。已评定信用新型农业经营主体 62 个、信用职业经理人 138 人；建立农村信用激励机制，把诚实守信作为政策扶持的前提条件。

---

① 刘同山，郭铖. 农业共营制：把小农户生产引入现代农业轨道的崇州试验 [J]. 中国合作经济评论，2018（6）：158-175.

（四）产权改革中的难点及突破

（1）集体经济组织成员的确定。农村集体经济组织成员，经过历史变迁、经济发展和自然生长规律不断变化，出现了非常复杂的情况。而这次深化农村产权改革，促进城乡生产要素自由流动，要求对前期暂缓确权、未确权部分应确尽确，这就涉及集体经济组织成员之间利益权重问题，必须从理论和实践层面区分清楚集体经济组织成员中普通成员和特殊成员的性质。

（2）明确土地性质和权属认定。依据我国耕地保护政策，只要自留地属于耕地性质就可以确认为耕地，属于谁就确认给谁。为了进一步保护农民利益，崇州市依据国土部门的调查数据，早期自留地已转化为林盘地的，将其确认成集体建设用地，按照集体建设用地标准来确权。如此，不仅不触及国家耕地的红线，而且尽可能地保障了农民权益。例如，群安村第六合作社依据崇州市国土局土地调查成果，确认集体土地面积302.23亩，其中：农用地250.8亩（承包地212.86亩，自留地10.34亩，农业配套设施用地27.6亩）；集体建设用地51.04亩（宅基地20.99亩，未确权集体建设用地30.05亩）；未利用地0.30亩。其中农用地中的承包地212.86亩已确权到户，集体建设用地中的宅基地20.99亩已确权到户。剩余的自留地10.34亩，是耕地的就确认为耕地，已经变为林盘地的就确认为集体建设用地。未确权集体建设用地30.05亩、农业配套设施用地27.6亩和未利用地0.39亩统一确定为集体建设用地。

（3）权益分配的公平公正问题。将土地性质确认之后，又面临了一些新问题，如耕地与集体建设用地存在价值差异问题；宅基地和自留地的占有不均问题；有的农户既有自留地，也有林地和宅基地，但该农户家却没有一位满足组织成员资格的问题，等等。面对这些问题，崇州市的农村产权改革小组，在广泛调研和充分征求群众意见的基础上，形成了不同的权益分配方案。其一，集体建设用地。将认定为集体建设用地的宅基地和自留地等测量面积确认到户，颁发等额的股权证；在集体征占这部分土地时，农民只享有和农用地相同的征占补偿。集体经济组织所共同拥有的建设用地，在扣除确权的隶属个人面积和宅基地面积后，集体经济组织对剩余的建设用地股份量化给组织中的普通成员。其二，农用地及未利用地。农用地在确权到户后，由农户依据程序办理使用权证。沟渠、道路等配套设施用地和未利用的土地则由集体组织办理土地使用权证，并进一步股份量化给组织中的普通成员。其三，集体的资产性财产。集体的资产性财产指的是通过清产核资统计出的合作社的集体债权债务、固定资产、房屋和机具。不属于集体固定资产且无法增值的财产仅供全体成员使用，不再确权。

（4）认定并测绘地籍边界。因为人员变更、土地性质变化或历史变迁影响，一些地区的土地归属与边界相对模糊，再基于时间、成本、进度、测绘人员数量和素质考量，对林盘地、农业公用设施土地、未确权的集体建设用地丈量和测绘都比较困难，难以做到准确无误，在这种情况下又必须保证权益定性与分配的公平公正。因此，崇州市的土地管理部门会同乡镇和村社一起丈量测绘了地籍边界，并进行了最终认定。此外，针对无法确认地界归属的土地则按照合作社总面积扣除已确定面积，剩余部分确权到集体经济组织，再股份量化给组织中的普通成员。

（5）促进城乡生产要素自由流动。在土地资产完成确权颁证过后，崇州市按照"产城一体"的思路，充分利用农村产权制度改革成果，引导村民将集体建设用地折资入股，由合作社作为实施主体，通过市场谈判将农村资源转化为发展资本，同时吸引民间的资金，参与土地综合整理。

**四、进一步推进农村产权抵押担保的思考**

（一）如何促进城乡生产要素自由流动

农村产权制度改革，确权是基础，流转是关键。崇州市梧泉镇群安村的改革试点，只是万里长征走完第一步，未来要用市场的办法进一步盘活农村土地存量，引导闲置土地合理规范流转，确保农户通过土地产权抵押转让获得一些财产性收益。一方面，应建立起满足城乡要素自由流动的机制；另一方面，应进一步加强对生产要素流动的监督和管理。

（二）如何扮演好集体经济组织的角色

充分发挥集体经济组织在生产要素城乡自由流动过程中的作用，从而为集体成员谋求更大利益，是集体经济组织的主要任务与职责。因此，必须积极改造集体经济组织，与时俱进，从过去主要从事公共服务与行政事务转化为推动经济发展，为实现城乡一体发展做出巨大贡献。

（三）如何更好保护农民的利益权利

农村集体建设用地流转后的收益分配问题，主要集中在保护农民利益上。交易流转的问题解决了，还需要解决交易流转后的收益合理分配问题。关于这一点我们需要思考的问题有很多，如：土地资源属于集体所有，那么在流转交易中，政府是否有权力按照一定比例收取统筹城乡配套建设的资金？收取的这笔资金，是集体经济组织的自愿让渡行为，还是国家的征收行为？这笔资金该如何监督和使用？如何保证村集体权益不因此而被侵犯？资金的使用如何能够真正落到实处？围绕农村集体建设用地的交易流转，我们至少需要考虑和把握以下三个原则：一是严格的耕地保护政策，不能触及耕地的底线；二是严格执行城乡规划法，确保土地流转符合城乡规划发展的需要；三是确保土地所有者的相关权利不受侵害。基于上述三个原则，在推进集体建设用地流转后取得的收益，政府可收取相关费用，但不能与民争利，收益主要应用于补偿土地的所有权，以进一步解决人们的生存发展问题。特别是要对现行做法中不适当的寻租行为进行有效规制。尤其是在城市房地产市场节节攀升、国有房地产开发用地拍卖价格居高不下的大背景下，改革一旦不能有效控制寻租，将导致大量利用农村土地变向搞房地产开发的现象出现，如此一来，将不可避免地导致我国耕地面积的减少和土地资源的过度开发。在巨大的利益面前，谁来确保农民不被蒙蔽，利益不受侵犯就将转化成为一个社会问题。因此，必须强化土地监察的力度，在未经批准的情况下，土地使用人不得擅自改变土地性质。

# 第五章 产业篇：产业多元融合，
打造乡村振兴的新型业态

## 第一节 第一产业：现代农业提档升级

在产业、组织、人才、文化、生态"五大振兴"板块中，产业振兴位于乡村振兴的首要位置，是乡村振兴战略中最基础、最重要、最根本的工作。可以说，农业发展是实施乡村振兴战略的重中之重，事关全面建成小康社会的进程。伴随着经济社会呈现出方式转变、结构转型、动力转换的新态势，中国农业发展环境发生了翻天覆地的变化①。在资源紧张的背景下，粗放式的农业生产方式逐渐不适应社会发展需求，传统农业转向现代农业已刻不容缓②。绿色兴农、质量兴农成为农业供给侧结构性改革的题中之义，提升农业要素生产效率、转变农业发展方式成为乡村振兴、城乡融合、绿色发展和共同富裕的必经之路③。而农业转型是一个多层次、多方位转型的过程，是一个涵盖结构转型、产能转型、技术转型和产值转型的有机系统④。为此，本书依据基础性功能、生态性功能、社会性功能和经济性功能的理论逻辑，以现代农业作用分析作为课题的逻辑起点，从农业多功能理论出发解读当前现代农业的重大作用，多次和各机关单位相关

---

① 苏毅清，游玉婷，王志刚. 农村一二三产业融合发展：理论探讨、现状分析与对策建议 [J]. 中国软科学，2016（8）：17-28.

② 闫虹霞. 我国传统农业向现代农业转变的模式研究 [D]. 太原：太原理工大学，2005.

③ 万宝瑞. 实现"双目标"是落实农业供给侧结构性改革的根本任务 [J]. 农业经济问题，2018（1）：4-7.

④ 姚秦. 中国证券业市场结构与绩效研究：一个产业组织学的角度 [D]. 成都：西南财经大学，2003.

部门的工作人员座谈交流学习，通过实地调研掌握了大量成都市现代农业工作的基础调研资料，在完成相关资料、数据的收集、梳理等前期工作的基础上，分析了制约现代农业发展和作用发挥的问题短板，通过对崇州、都江堰、邛崃、蒲江、温江等地的经验进行实证分析，在概述成都市典型的农业现代化改革经验的基础上，提出相应反思，探索现代农业在乡村振兴中的作用。

## 一、从农业多功能理论剖析现代农业对乡村振兴的重大意义

农业发展是国家发展的根基，作为新阶段国家发展的重要组成部分，现代农业以高要求、高标准的新形式发挥着自身无可替代的作用。纵观农业发展历程，可以发现在传统农业转向现代农业的过程中，农业所承担的经济功能逐渐增多，而农业多功能性的发展既是农业转型的必然趋势，也是乡村振兴的必然结果。正如习近平总书记所言："要把发展现代农业作为实施乡村振兴战略的重中之重，把生活富裕作为实施乡村振兴战略的中心任务，扎扎实实把乡村振兴战略实施好。"基于此，从农业多功能理论出发，深入剖析现代农业对乡村振兴的重大意义不仅有助于实现我国农业从思想观念——发展方式——动能转化的变革，还有助于夯实乡村振兴的发展基石，点燃共同富裕的引擎。

（一）保障"粮食安全"的基础性功能

从政治上看，"粮食安全是国家安全的重要基础。"① 党的十八大以来，以习近平同志为核心的党中央基于新形势新挑战，明确提出了新粮食安全观。习近平总书记多次强调："中国人的饭碗任何时候都要牢牢端在自己手里，我们的饭碗应该主要装中国粮。"这凸显出农业的基础性功能——保障粮食安全，进一步稳固了粮食安全的理论和实践创新。首先，现代农业的基础性功能是安村之基。作为农村的主要产业，现代农业不仅是农村生产、发展的主要方式，还是农民主要的收入来源。因此，粮食安全是确保乡村稳步发展的根基。其次，现代农业的基础性功能是应急之器。特别是现代农业所具备的生产的机械化、科学化的特征，在保障较高自给率的同时，提高了粮食生产能力，确保需要时能产得出、供得上。最后，现代农业的基础性功能是战略指引。从政策来看，围绕粮食安全的问题，2022

---

① 中共中央党史和文献研究院. 习近平关于国家粮食安全论述摘编 [M]. 北京：中央文献出版社，2023：10.

年中央一号文件明确了相关的原则和规范。从实践来看，现代农业以提高优质农产品的供给实现了藏粮于民、藏粮于库向藏粮于地、藏粮于技的转变，这种发展模式的转变为乡村的发展提供了前进方向，构筑了发展蓝图。

（二）践行"两山"理念的生态性功能

农业的生态性功能主要指农业的生产活动能与自然形成和谐共生关系。2005 年，习近平总书记在安吉考察时，明确提出"绿水青山就是金山银山"① 的理念，"两山"理念贯穿社会发展的各个方面，尤其是农业的绿色发展。首先，明确生态战略定位。中央全面深化改革领导小组第三十七次会议明确强调："推进农业绿色发展是农业发展观的一场深刻革命，也是农业供给侧结构性改革的主攻方向。"这明确了农业发展的战略前提，即农业生产只有与环境承载力相匹配，才能实现可持续发展。而现代农业所提倡的良好的农业生产模式替换了过去掠夺式的农业生产模式，将"两山"理念贯穿农业发展全过程，以农业生产与生态的协调发展助推乡村生态振兴。其次，满足绿色转型需求。习近平总书记提出的"两山"理念，不仅着重凸显了包括农业在内的产业的生态化回归，同时还深刻揭示了农业和其他产业的交叉发展关系，这既符合我国生态发展的战略定位，成为全党和全社会的共识，还拓宽了农业的生态功能，将其与社会、文化等功能互补，以"农业+"的新业态助推农业的生态功能实现价值转化。最后，落实面源污染防治。我们要以系统观的方式对这一生态系统进行统一保护和修复。而在市场逻辑的主导下，农业始终以增产为主要导向，这就容易出现因农药、化肥的低效或过度使用诱发农业的面源污染，威胁到生命共同体。对此，现代农业以践行"两山"理念的生态性功能来助推生态循环农业的发展，确保农业生态价值和经济价值的统一。

（三）延续"农耕文化"的社会性功能

农业在社会发展中释放出延续"农耕文化"的社会性功能，推动着我们实现乡风文明的目标。要想深入了解这一功能，必须进一步剖析该功能的具体内涵、实践原则和时代价值。首先，农业的社会性功能的具体内涵依托其他功能的发挥。具体而言，农业延续"农耕文化"的社会性功能得益于基础性功能与生态性功能。一方面，农业所展现的农耕文化体现了人

---

① 习近平. 习近平谈治国理政：第三卷［M］. 北京：外文出版社，2020：361.

民在满足基本的温饱后对精神文化的追求。正如古语所云："仓廪实而知礼节，衣食足而知荣辱。"另一方面，农业的生态功能保障了生态的多样性，生态的多样性则孕育了多元的农耕文化，传承千年的农耕文化所主张的是人和自然的和谐共生而非对抗对立，这也恰恰印证了农业的社会功能与生态功能的耦合。其次，农业的社会性功能的实践原则体现农业生产的规律。农业不仅满足了民众的衣食住行，还决定了中华民族的生存方式。数千年的农耕实践反映了农业生产的规律，包括农时观、地力观、物性观等，这些客观规律涉及时间、土地、技术等要素，并在新时代依然指引着现代农业生产力与生产方式的统一发展。最后，农业的社会性功能的重大价值丰富乡村振兴的内涵。我国乡村开展的各项文化活动大都与农业延续"农耕文化"的社会性功能息息相关。我国农耕文化历史悠久，家庭为本、邻里和谐、勤俭持家等，这些观念是根深蒂固的。这展现出农耕文化丰富的人文精神、文化传统、道德规范等理念，这些理念深深扎根农村。此外，由农业的社会性功能所孕育出的理念还丰富了乡村管理制度，并内化为乡村治理的规范，成为乡村善治的依据，为乡村振兴营造良好的治理环境。

## （四）改革"农业结构"的经济性功能

农业的经济性功能主要聚焦农业结构的不断优化。现代农业就是建立在农业结构不断调整改革的基础之上，并在现实生产生活中不断服务乡村振兴战略，推进乡村实现产业兴旺。首先，得益于其他功能的回归。农业结构作为一个系统工程，其改革就是为了吸纳优质资源，实现资源适应性、社会发展性、生态持续性和经济有效性的有机统一，即实现农业多种功能的统一。农业的经济功能不仅依赖气候、土壤、水源等自然资源，还有依赖政策、资本、劳动力、市场变化、民众"乡愁"心理等发展要素，正是在这些要素的相互作用下，农业结构实现了实事求是的科学施策。其次，立足于中国特色的实践。解决"三农"问题，"根本在于深化改革、走中国特色新型农业现代化道路。"[①] 新中国成立七十多年以来，纵观我国农业结构改革过程，可以发现我国的农业改革有别于其他农业大国，走出了一条独具中国特色的道路，即我国农业结构调整是在坚持我国人多地少资源不足、严格落实耕地保护制度、国家粮食安全独立等基本国情、基本

---

① 慎海雄，蒋斌，王珺. 习近平改革开放思想研究 [M]. 北京：人民出版社，2018：144.

农情不会变更的前提下，确保农业经济功能的稳定性和合理性。最后，着眼于战略转型的趋势。面对广大人民群众对美好生活的需求，以及我国发展成为世界第二大经济体的客观实际，农业供给侧结构性改革必须与时俱进，逐步实现从供给导向到需求导向、从吃得饱到吃得好、从集约化到绿色化的方向转变。尤其是现代农业以技术科学化、生产机械化的方式极大提高了农业发展的产量与质量，这种规模化、标准化的农业生产模式不仅延伸了农业的产业链，提高了农产品的附加值，彰显出农业的经济功能，同时还倒逼现代农业体系的建立，为农业综合效益的提升添砖加瓦。

**二、制约现代农业发展和作用发挥的问题短板**

"实现农业农村现代化是全面建设社会主义现代化国家的重大任务，是解决发展不平衡不充分问题的必然要求。要坚持把解决好'三农'问题作为全党工作重中之重，全面实施乡村振兴战略。"[①] 虽然我国农业发展取得了举世瞩目的成就，极大地满足了民众对农产品的基本需求。但是进入新时代后，依据乡村振兴的基本要求、对比国民经济可持续的增速，可以发现，现代农业发展仍存在问题与短板，具体体现在数量和质量、成本和效益、总量和结构、当下和长期、生产和环境之间的矛盾，导致现代农业呈现多而不精、大而不强、快而不好的状态。因此，本书从现代农业与乡村振兴的联动机理出发，立足中国现代农业发展实情，深挖制约其功能价值发挥的关键要素，以便紧扣农业现代化的发展契机，助推乡村振兴战略持续推进。

（一）"四化"水平发展程度不高

我国社会主义现代化进程采取的是一种"并联式"叠加的发展模式，在这种模式影响下，农业的现代化是伴随工业化、信息化的发展而逐步推进的。但是就国内形势而言，我国的农业生产率对比工业和其他产业的发展仍然处于较低水平。就国际形势而言，我国农业发展对比国外农业强国仍然存在明显差距，整体呈现大而不强特征，规模化、信息化、机械化、产业化"四化"水平程度不高。究其根源，在于乡村土地分散，无法进行规模生产，造成农业作业成本增加。虽然农村土地流转在一定程度上缓解了乡村土地分散经营的局面，但是一方面，农村老龄化现象严重，导致零

---

① 习近平. 论"三农"工作 [M]. 北京：中央文献出版社，2022：301.

散的土地仍由留守于农村的老弱妇孺承包，土地无法集中流转，更不用说具备农业机械化生产的条件。另一方面，部分农民更倾向于土地短期流转，排斥土地长期流转，导致土地承包人员的生产计划不可持续，严重制约着现代农业的规模化和机械化发展。

（二）综合服务体系不够健全

目前，我国现代农业发展仍沿袭着传统与现代生产杂糅的方式。受惯性思维的影响，农民习惯于采用传统的种植模式，虽然出现了新型的农业经营主体，但是农业仍维持着分散经营的格局，配套的综合服务体系滞后，导致农业生产暴露出产前规划不足、产中服务缺失、产后扶持无力的问题。虽然农村合作社的发展如火如荼，但是农户的覆盖率并不高，且较多合作社以中小企业为主，并非真正意义上的合作社，从而制约了现代农业的快速发展。一是在农业生产前，种子作为最基础的生产资料，其自身品质决定了农业的盈利弹性，但是当前我国育种产业滞后，相关部门缺乏对新品种的培育，在源头就限制了现代农业的后续发展。二是在农业发展中，相关部门服务意识淡薄。一方面，受制于农技干部自身素质的局限，其技术指导无法适应现代农业的快速发展，在服务农业发展的过程中，往往又缺乏创新意识，无力开展新技术引进等助力农业高质量发展的活动。另一方面，受制于农业干部服务意识的欠缺，"多做多错、少做少错"的错误价值导向阻碍了许多干部的生产积极性。三是农业善后环节，缺乏兜底政策。一方面，农业生产受制于自然环境，干旱、洪涝等灾害均会影响农业生产，因而降低农业生产风险就极具必要性。但是目前我国农业保险仍存在覆盖面小、认定流程不规范、赔付金额低等问题。另一方面，农业发展还取决于市场需求，市场需求的不稳定性极大增加了农业生产的风险。而目前我国农产品收购体系仍不健全，政策性收购的有限性无法囊括农产品的全部产量，不达标的农产品又没有合理的处置方案，容易造成农产品积压，极大地削弱了农民生产的积极性。

（三）农业种植结构不够合理

从农业种植结构来看，我国现代农业正努力实现从数量追赶、规模扩张向质量追赶、结构升级的转型。尽管近些年的农业供给侧结构性改革极大地调整了农业结构，但是仍然存在粮食作物与经济作物规划布局不科学、比例分配不合理的问题。农业发展模式相对单一，缺乏多样性，既不能最大限度凸显供给侧结构性改革的成效，又无法满足农产品高质量发展的现实需求。一是基于我国农业发展现状，各地仍是以粮食作物生产为主，辅之以经济作物。从地理环境来看，很多地区不适合经济作物的生长，加之我国历来重视粮食安全，因此会限制经济作物等农产品的规模。二是农户作为农业生产的主体，应有能力根据市场需求主动匹配生产要素、调整农业种植结构，实现专业化的农业生产。但是，随着农业劳动力的非农转移扩大化，农村优质的青壮年劳动力大多选择外出务工，致使农业生产的重担压在老人与妇女身上。而这一群体总体呈现文化程度低、接受培训少、学习能力弱等特征，这些实然特征与农户调整农业结构所具备的应然素质大相径庭，这会进一步制约现代农业的发展速度。

（四）四产融合机制滞后

近年来，我国出台了一系列惠农政策，在农业"接二连三"的理念主导下，我国农业发展取得了极大的进步。但是在实际调研中，我们也发现一二三四产业融合的程度仍然非常有限，农业生产要素并未与其他产业实现有效配置，农业产业链延展度并不高，具体体现在以下三个层面。一是思想落后，农业发展呈现"低、散、小、弱"现象，农产品品质不高、管理水平低、加工层次低、辐射效力弱。二是农业的组织化程度与新型经济业态的发展难以匹配。由于农业组织化程度低，在农业物资购买、农技服务购买等方面支出较高，难以满足新型经济业态的发展需求，造成产品附加值不高，农业效益低下。三是运行机制滞后，并未形成完整的产供销一体化体系，致使农产品无法有效与二、三、四产业有效衔接。究其根本在于信息技术的快速发展以及激烈的市场竞争给农业生产带来了巨大的挑战，农业的发展要适应经济社会的发展就必须在生产、储运、加工、销售等环节加大投入力度。而受思想观念、经费、人力等因素的局限，农产品从种植到消费的链条较短，因此如何平衡小生产和大市场之间的矛盾，转变传统的生产理念成为亟待解决的问题。

**三、立足地方实际坚定不移地走地方特色现代农业发展之路**

现代农业是一种四产融合的多功能形态，在为人们提供基本农产品的同时，还能够为人们提供旅游体验和娱乐休闲服务，更是拥有着强大的维持能力和自净能力，从而为城市构建起天然氧吧和生态屏障，成为发达国家发展的新趋势。而成都作为国家现代农业发展示范区，拥有着天府粮仓的美誉，自然条件优越、发展基础良好、市场需求庞大。党的十八大以来，成都市始终坚定地走高起点、高标准、高水平的高端发展之路，经济效益突出，社会效益良好。通过总结分析，目前，成都市主要从以下四个现代化层面入手探索，走出了一条有地方特色的现代农业发展之路。

（一）理念现代化

凝聚共识以形成发展合力是成都市发展现代农业的一大特点。随着城镇化进程的持续推进，土地撂荒和劳动力严重流失，农业经营格局面临巨大转变，地碎、钱散、人少、缺服务等问题愈发突出。面对现代农业发展的严峻挑战，成都市人民政府通过制度机制创新，以政府为引导，建立多元化的投入机制，撬动社会资本投入，以现代化理念为农业发展营造良好的制度环境。以崇州"林业共营制"为例，2015年以来，崇州市从农村的基本经营制度出发，抓住全国集体林业改革试验示范区建设和全省林权抵押贷款改革试点契机，在"农业共营制"成功基础上，稳定集体所有权、落实农户承包权、盘活土地经营权，探索构建了"林业经营主体+林业职业经理人+林业综合服务"三位一体的"林业共营制"新型经营体系，深化集体经营制度改革，促进了林业发展方式转变，加快了现代林业发展步伐，从而实现了经营主体的"共建共营"、经营收益的"共营共享"以及经营目标的"共营多赢"。

1. 发展林地股份合作社，推动林业规模化经营

一是组建林地股份合作社。引导林农以林木所有权和林地经营权折资折股，经工商注册成立林地股份合作社，截至目前，已组建林地股份合作社共计53个，入社林地超6.2万亩。二是创新股权量化方式。针对林地经营权、林木所有权"两权"并责特点，根据入社林地的位置、栽植林木和栽植时间的不同，确定林木、林地入社折资折股的基准价，确定入社的原始股份作为分红依据。对新增加入社的林木和林地，从该地有收入起进行分红，形成"收益股+预期股""原始股+新增股"的股权权重机制。三是完善经营管理机制。公开聘请林业职业经理人生产管理，理事会的全体成员举手表决种什么，林业职业经理人负责怎么种和怎么管，监事会负责监督理事会与林业职业经理人的经营生产过程，形成"理事会+职业经理人+监事会"的经营机制。四是强化利益分配联结，分配方式多样，兼顾各方权益，确保林农有钱可赚。一般采取"佣金+超奖短赔""保底二次分红"和"纯收入按比例分红"等分配方式，保证各方利益。如宏益林地合作社采取合作社公积金，职业经理人与社员分红按纯收益1∶1∶8的比例分红；

季崧林地合作社采取先对入社社员按 100 元每亩每年保底，剩余利润再按照 1：2：7（合作社公积金：社员：职业经理人）的分配方式。

2. 培育新型职业林农，推动林业专业化经营

一是加大产业扶持力度。对林业职业经理人领办或新办林地股份合作社、家庭林场，发展林业适度规模经营的，优先推荐享受相关专项资金扶持。二是加大科技扶持力度。建立林业职业经理人初级、中级、高级三级贯通的评定制度，开展生产经营、金融服务、电商营销等培训，形成"林业职业经理人+新型职业林农"的经营管理服务团队，打造多元化林业职业经理人队伍，培育认定林业职业经理人 108 人，职业林农 623 人，其中初级林业职业经理人 87 人，中级 21 人。三是加大社保扶持力度。对购买城镇职工养老保险的上岗林业职业经理人，经审核符合条件的缴费部分由财政补贴 60%。四是加大金融扶持力度。涉农金融机构对评定为初级、中级、高级职业经理人的人员分别给予 10 万元、20 万元、30 万元信用贷款支持，本级财政按林业同期贷款基准利率的 50% 给予贴息。五是加大创业扶持力度。毕业 5 年内的高校毕业生取得林业职业经理人证书，且受聘领办新型林业经营主体的给予一次性奖励 1 万元。

3. 构建林业服务体系，推动林业全产业链发展。

一是组建林业科技服务平台。崇州市与四川农业大学、四川省林业科学研究院、成都市农林科学院等合作，组建综合性林业专家大院，聘用林业专家 56 人，采取"专家大院+技术人员+林业经营主体"的科技服务模式，促进林业科技产学研用融合，建立试验基地 1.2 万余亩。二是组建林业综合服务平台。探索公益性服务与经营性服务相结合，专项服务与综合服务相协调的新型林业社会化服务体系，引进四川空中农人农业科技有限公司，整合 20 多家林业社会化服务主体，搭建 O2O 全产业链服务平台，提供集林业生产、产前、产中、产后于一体的一条龙服务。三是组建林业品牌电商服务平台。推动"互联网+林业"发展农商电子商务，通过培育"崇耕"公共品牌+企业自主品牌，搭建"土而奇"公共电商+垂直电商平台，开展林产品线上线下销售，促进林业产业链延伸和价值链延伸。四是组建林权流转交易服务平台。建立县、乡、村三级林权流转交易管理和服务网络平台，提供林权流转和交易见证等服务，已开展林地经营权流转登记颁证 79 宗，4.12 万亩，经济林木权登记颁证 57 宗 1.49 万亩。五是搭建农村金融服务平台。建立林权抵押贷款 6 大体系，依托农贷通平台，推

行"互联网+农村金融"服务，开展林地经营权证、林农权证抵押贷款，探索"政府+合作社+企业"三位一体的林权担保收储体系，确保资金放得出去、收得回来、发挥效益。截至目前，已累计开展林地经营权流转证抵押贷款53宗，1.12亿元，经济林木权抵押贷款23宗，7 781万元。

（二）体系现代化

推动现代农业高速发展的模式有两种，一种是内涵扩大再生产，另一种是外延扩大再生产。相较之外延扩大再生产，内涵扩大再生产周期短且投资小，对于节约农业自然资源、推动农业集约生产、提升农村整体建设意义重大，用现代产业体系来提升农业发展就是一种重要的内涵扩大再生产模式。从系统论层面来看，农业和不同产业相融合而形成的新型产业能够实现功能优势互补，因而，产业融合是构建现代农业产业体系的重要路径①。以邛崃市现代农业体系为例，近年来，邛崃市夹关镇通过农村资源综合治理，重点发展以黑茶为主的茶产业，通过规模化整治持续提高观光农业品质。随着环境的美化、绿地湿地的建设、城郊林带的增加、乡土文化的挖掘、精品线路的打造，邛崃市逐步形成特色小镇，农商文旅综合发展，实现田野乡村变田园都市，现代化农业体系取得创新突破。

1. 空间规划成体系

邛崃市夹关镇坚持规划引领，推进全域新村建设和田园绿道打造，重塑乡村大美形态。按照不规划不设计、不设计不施工原则，高标准完善镇乡规划，精准对接成都市总体规划和特色镇规划，确立建设茶旅融合特色小镇总体目标，对全镇生态保护、空间形态、基础设施、产业布局、公共服务等进行系统设计和全面规划，构建"特色镇+新型社区"两级乡镇体系。秉持绿水青山就是金山银山的理念，以田园绿道为串联骨架体系，推动农村道路和茶园道路绿化改造，将茶园产业和旅游产业有机结合，提升游客的体验感和参与性，重现"万担茶香"风采，建成"一环两沿"场镇骨架道路和10千米茶园观光骑行环线，修建"茶马古道"3.7千米，连接全域茶林大地景观和"两山一水三文脉"资源，构建"山水相融、园林交错、城园一体"城乡格局。

2. 产业规划成体系

邛崃市夹关镇立足中国黑茶之源的茶资源、茶文化丰富特点，推进

---

① 解安. 三产融合：构建中国现代农业经济体系的有效路径 [J]. 河北学刊，2018（38）：124-128.

"农业+文创""农业+旅游"等产业行动，积极培育系列化的产业业态。一是做强茶叶产业，打响区域知名度。立足2000多年的茶叶历史，依托区域内茶产业和生态优势，坚持茶旅融合发展，做足产业特色，厚植生态优势，以发展邛崃黑茶为主，开展"邛茶"标准化生产和品牌化建造，建成标准化茶叶基地1.7万亩，千亩标准化茶叶示范园4个，京东邛崃特色农产品线上销售馆一个。近年来，夹关镇先后被评为川茶名镇、名乡60强和四川省十大最美茶乡，邛崃黑茶成功创建为国家地理标志保护产品，并被列入四川省优质农产品区域公用品牌。二是实施"农业+旅游"行动，促进农旅融合。依托全域旅游示范区建设，推进农商文旅跨界融合，整合天台山、平乐古镇、高河红军小镇的旅游资源，建设打造集文化旅游、体验茶叶观光、休闲康养度假于一体的茶旅融合特色小镇。成立文化旅游专业合作社，实现夹关文化旅游资源规范化管理和可持续发展。每年定期举办中国成都采茶节和夹关春茶民俗文化旅游节等系列活动，全镇年接待游客近10万人次。三是实施"农业+文化"行动，推动农商文旅融合。按照创新性发展、创造性转化要求，实施场镇桥牌、古碉楼等文化遗产保护挖掘，建设民俗赶集一条街、夹关历史馆、夹关讲堂等公共服务区域，植入高跷、马马灯、茶歌等传统民俗文化节项目，强化与邛窑文博创意园互动融合，在邛窑临邛市集以表演的形式展现乡村旅游传统文化，传承发扬千年乡贤文化和茶文化，通过同心桑梓、成都市爱国统一战线创新实践基地建设，引入茶艺大师、漆艺大师等卓越人才，注重将藏绣、羌绣、茶艺等本土文化与外来文化相融合，让优秀文化在乡村生根发芽。

3. 组织规划成体系

邛崃市夹关镇创新产业发展经营机制和乡村酒店联盟模式，通过组织带动周边农民就近就业，提升农民收入水平、共享产业发展利益。一是以产业协会助推标准生产，引导文君、花秋、碧涛、金川等6家茶叶龙头企业成功组建邛茶产业协会，促进各方信息和资源共享，形成合力推进以邛茶、邛崃黑茶为主的邛茶产业发展。同时依托邛茶协会组织行业专家制定6个邛崃黑茶生产技术规程和质量标准，实现邛崃黑茶标准化生产，提升邛崃黑茶品质，实现产业增效，茶农增收。二是以产业化联合体带动产业发展。创新"产业协会+农业合作社+农户"的农业产业化联合体经营模式，以家庭承包为基础，农户主体为核心，以文君、花秋等龙头企业和邛茶产业协会为引领，统一规范生产运营管理和品牌营销。通过经营主体抱团发展，各方分工负责，密切合作推进茶叶精深加工，提升茶叶附加值，构建利益联结机制，实现互利共赢。三是以酒店联盟带动农民增收。依托建成的沫江山区新村，引进专业酒店，通过企业租赁建设、农户加盟自建、股份合作共建形式，按照统一设施标准、统一服务标准、统一客户管理、统一价格标准、统一后勤保障"五统一"标准服务体系，大力发展旅游。

（三）品质现代化

现代农业发展应该明确产业化、规模化、品牌化、标准化、生态化的目标追求和高端定位，以农业农村的可持续发展为重点，综合利用农业资源转化利用技术、生物技术、物理技术，推进农业绿色循环生产体系，以高质量服务、高质量设施、高品质产品和高水平生态提升现代农业的产量、品质和品牌。以蒲江县有机农业为例，近些年来，蒲江县人民政府在推进都市现代农业的发展过程中，始终强调绿色发展生态立县，在产业发展的同时保持环境优美，以现代农业促进生态发展，以良好环境保障农业优质，最终实现了自然环境涵养和农产品优质有机的和谐共生，打造了产品安全、产业高效、资源节约、环境友好的"国际化、世界级绿色有机水果产业新高地"。

1. 以规划明确有机农业的发展目标

规划先行。蒲江县根据《蒲江县有机事业发展规划2013-2022》，以发达国家农业为标杆，倾力打造和国际接轨的有机农业发展基地，争创全国现代农业典范。并以宣传手段扩大蒲江县有机农业的知名度和美誉度，在全县乃至全市范围内积极宣传，让企业、专业组织和广大农户充分了解、广泛参与。同时，创新建设管理体制，提高园区运营水平，建立"管委会+投资公司"管理运营模式，建立园区管理委员会，为县委、县政府正局级派出机构，并组建国有龙头公司，实现园区规划建设统筹、环境营造统筹、产业布局统筹，规划建设"一园一城一环二基地"，实现园区功能板块合理布局。目前，蒲江县水果精深加工物流园已建成投用，建成阳光味道水果产业新城，晚熟柑橘标准化种植基地和猕猴桃标准化种植基地总面积达18万亩，全面形成农商文旅融合发展环线。

2. 以科技促进产业能级的提升突破

强化科技创新驱动。蒲江县与中国科学院、武汉植物园、中国科学院柑橘研究所等重点科研单位共同搭建产学研一体化平台，建成四川省猕猴桃工程技术中心，新建柑橘工程技术中心、四川农大科研试验示范基地，开展优质水果种植控制、水果后熟技术、配套应用、精深加工等技术研究，与新西兰、日本等国家建立科研交流合作关系，近三年累计实现科技成果转化13项。同时，健全综合服务体系。蒲江县以公共服务机构为依托、社会力量为骨干，发展多种形式农业社会化服务。依托北京嘉博文生物科技公司，构建耕地质量提升"5+1"综合服务体系，系统推进养土肥田、生物防控、高效农机、有机制循环养地利用、土壤环境大数据平台五大服务，依托成都新朝阳作物科学有限公司，构建健康植保服务体系，全面建设土壤健康全程管理、作物营养全程管理、质量安全追溯与农业信息化物联网服务等八大系统。

3. 以标准促进有机农业的规范发展

蒲江县制定了规范严格、简明易懂、容易操作的管理规划、技术标准和工艺流程，推动农业标准化发展。强化标准指引，制定猕猴桃标准化生产技术规程、猕猴桃冷藏技术规程、丑柑生产技术规范、丑柑栽培技术规范等地方标准18个，鼓励监测管理、规程执行、技术培训各方形成合力，强化安全生产，按照统一标准、统一管理、统一检测、统一培训"四统一"要求发展标准化生产，形成质量管理、质量标准、综合巡查、综合服务、案件查处"五位一体"的农产品质量安监体系，推动产业园种植标准化覆盖率达98%，建设标准化农业核心示范区50个，园区"三品"及GAP认证产品累计达到75个，生猪、茶叶两种产品优质率分别达90%和99%。先后获得蒲江杂柑、蒲江猕猴桃和蒲江雀舌三件地理标志保护产品，跻身我国农产品品牌价值百强，随后成功获得全国优质杂柑之乡、国家级茶叶猕猴桃标准化示范区等称号，成功走出一条品质保障品种优良的现代农业之路。此外，蒲江县还积极促进农业绿色化转型。加快实施水土共治、面源污染治理、绿色有机生产三大工程，全面启动有机肥替代化肥试点，完成节水灌溉3万亩，完成耕地质量提升25万亩，推广绿色防控10万亩，化肥农药使用量年均降低10%。实施畜禽粪污还田沃土13万立方米，开展农药包装物回收处理试点，秸秆、果袋等废弃物资源化利用率达98%。制定绿色有机生产技术导则，绿色有机认证面积达3.72万亩，建成出口备案基地2.6万亩。

（四）服务现代化

传统农业以个体家庭为工作单位，导致农产品采购销售流程复杂、缺乏统一包装、外形品质差异大。为了解决这些问题，郫都区立足作为首批全国双创示范基地的优势，坚持"政府搭台、市场主体、科技引领、集成示范、全域推进"的原则，搭建以现代农业双创空间为核心、现代农业产业园区多点布局的"一核多点"农业双创平台，创新探索孵化链、人才链、资金链、产业链、政策链"五链相融"的农业双创工作服务机制，尤其是"农业互联网+"模式，按照一网多用、城乡互动、双向流动、平级共用、融合一体的原则，推动供销、流通、电商服务企业整合资源，为新型农业经营主体提供网点开设、网络代购、农产品营销、农业生产咨询、商品配送等"互联网+"服务，创新了经营方式，拓宽了增收路径，激发了创新潜能和创业活力，构建了农业双创生动格局。

1. 构建三级农村电商平台，完善电商服务体系

郫都区积极推进农村电子商务服务平台建设工程，构建"区级公共平台+垂直平台+本土平台"的三级农村电商服务平台体系，通过三级平台将全区优势资源进行整合与推广，提高郫都区特色农产品产业化水平。首先，搭建区级的农村电商公共服务平台，通过该平台促进城市社区和农产品供应商的供销对接，带动农产品的批量预定式销售，提高农村网商的经营能力，吸引消费者的集聚。其次，培育蜀锦绿色农产品电子商务系统，打造农村电商垂直平台，深化与京东、苏宁易购、淘宝等龙头电商合作，整合邮政网点资源，打造农村生产生活一站式服务平台。垂直平台拥有精准的差异化定位和独特的品牌附加值，能够提供更加符合特定人群的消费产品，更容易取得用户信任，助推产品的传播，形成独特的品牌和价值。同时积极创新发展社区智能一站店和线上"3+6生鲜商城"一体化"双店"经营、"前店后村"等模式，提升本地农产品的生产经营管理和服务水平，打通农产品进城新通道。加强本土农村电商平台与国内知名电子商务企业合作，形成线下融合的农产品进城与农资、消费品下乡双向流动新格局，破解农产品"起初一公里"和农资消费品"最后一公里"难题。通过电商三级平台的搭建，完善了农村信息服务体系，促进了互联网与农业农村相融合，形成了农村新产业新业态，促进了信息惠民服务，使广大农民群众享受到了"互联网+"带来的便捷和实惠，让郫都区农产品可以出四川、销全国。

2. 培育农村电商经营主体，发展本土电商企业

为了解决农产品品牌知名度低、农产品质量控制难等问题，郫都区以

培育本土农村电商品牌为重点、以提升发展特色农产品为导向，通过农村电商经营主体培育工程，推动"互联网+农业""互联网+休闲""农业+乡村旅游"创新发展。一是大力支持家庭农场、专业大户、土地股份合作社、龙头企业和休闲农庄发展农村电商，建立集信息发布、产品交易、产品溯源于一体的农村垂直电商平台。同时，支持大中专毕业生、返乡农民工、农村青年、贫困家庭人员和残疾人等开办农产品电子商务网店。二是运用农村电商平台，借助特色农产品基地、休闲农业基地、乡村旅游景点、民宿客栈、森林人家，推进农业全产业链和"农业互联网+"的深度融合发展，并借助"互联网+"延伸农业的产业链和提升农产品的价值链，创新探索了"农村电商+农产品基地""农村电商+经营主体"模式，构建起区、乡（镇）、村、基地四级农村示范和应用体系。得益于跨领域线上经营的优势，尤其是特色农产品的推广，郫都区已形成了初具规模的特色农产品体系，形成了亮点产品电商，延伸了农业产业链，深入推动全产业链发展和跨产业融合，推进产供加销互促，实现一二三产业融合发展。截至目前，郫都区已经引进多利农庄等20个重大农业产业化项目，建成6个农业示范园区，12个示范基地，全区农创孵化园区实现经营性收入123.84亿元，带动3万人就业，实现工资性收入22.55亿元。

3. 制定产品统一标准，完善电商产品配套服务体系

郫都区大力支持合作社、专业大户、家庭农场、农业企业创建标准化的农产品基地，打造完整的农产品产业链，解决农产品生产标准、品牌、物流配送和售后服务等制约农产品电商的关键问题。坚持"有标依标、无标制标、缺标补标"的原则，对所售农产品统一品牌、统一标准、统一包装、统一编制农产品信息二维码，建立农户电子网络身份证，确保农产品源头可追溯、质量可监控。分产业抓好基地建设、生产规程、技术规程、产品分级、冷藏运输、包装销售和产品质量等标准制定，建立健全与电商农产品相适应的质量标准体系、可溯源体系，提升农产品质量和附加值。

4. 完善物流支撑体系，健全农村电商配送服务设施

物流配送环节一直是限制农村电子商务发展的困境之一。农村地区居民分散，交通不便，农民网购频次低，在农村地区开展物流配送的专业物流公司很少，导致农村地区物流配送成本高、耗时长。为了解决这一难题，郫都区大力引进现代物流配送企业，完善农村电商农产品配送设施，建成区级农村电商综合服务中心。郫都区规划建设了一个集功能园区化、

产业链条化、规模集群化为一体的电商农产品配送总部基地，支持区级农村电商综合服务中心、农产品集中配送中心、农村电商服务站和新型农业经营主体联合合作，形成"电商服务中心+集中配送中心+新型农业经营主体"的模式，优化流程机制和过程，优化配置资源，降低流通成本，提高生产经营效益，打破传统流通渠道和区域限制，保障农产品流通的及时性和快速性。郫都区还支持电商经营主体建立城市社区生鲜农产品电子菜箱、智能售菜机等配送终端设施，推送农产品进城。此外，农产品配送中还有一个难题，就是生鲜农产品对物流和存储的要求很高，缺乏冷链物流的生鲜农产品容易腐败变质，不仅危及消费者的身体健康，同时还将损害本土电商的信誉。为此，郫都区鼓励电商经营主体开展农产品全程冷链配送，发展农村电商终端物流配送网点，建设一个从田园到餐桌的一体化冷链物流体系。

### 四、进一步发展现代农业助力乡村全面振兴的对策建议

乡村要实现全面振兴，必须要实现现代农业的发展，在农业强的基础上实现农民富和农村美的目标。因此，我们必须把握现代农业发展的逻辑规律，凭借农业政策的经济化、生态化、社会化、文态化的升级，衍生出高效农业、生态农业、社会农业、文化工业等新业态，加速农业经济、生态、社会、文化"四位"功能的联动与回归，重塑乡村的乡土价值，有效构建现代农业与乡村振兴协同发展的机制，在"农业现代化理论的解读—现代农业模式的实践—农业多功能的回归—乡村多元文化的重塑"路径探索中，助推乡村全面振兴。

（一）贯彻落实农业优先发展的理念

《中共中央 国务院关于坚持农业农村优先发展做好"三农"工作的若干意见》强调，农业农村要优先发展，特别是在资金投入、人员配备、公共服务、要素配置四方面落实优先理念。一是理念优先。作为国计民生的基础，农业优先发展应是全党全国及农业从业者必须牢固树立的理念，我们必须在遵循农业优先发展的逻辑思路下，认清农业在生产生活中的重要地位，突破对农业发展的传统认知，构建现代农业的知识架构，包括农业的多功能性、农村的多重价值、农民的多重属性等要点。同时，我们必须转变领导干部的政绩观，既要确保农业在三产中的地位，又要推动城乡协同发展。二是制度优先。要确保理念能在实践中落地生根就需要制度的有

效保障，我们要通过完善涵盖资本制度、土地制度、公共服务制度以及劳动力制度等各方面的制度，破除农村资源涌向城市的现象，充分激发市场机制在资源配置中的决定作用。同时，我们还要完善城乡融合发展机制，促进城乡之间土地、资本、劳动力等要素的双向自由流动。三是行动优先。我们要强化党对农业发展的领导作用，确保农业优先理念贯彻于政策创新、制度设计及各项惠农举措中，在联动各级党委、政府及各个部门的过程中，最大限度地汇集乡村全面振兴的工作合力。

（二）坚持现代农业的多元融合发展

现代农业的发展不仅关系着全面建成小康社会的进程，还关系着我国农业在国际农业竞争中的地位，是我国建设农业强国的重要基础。在乡村全面振兴的进程中，我们必须认清不同地区资源禀赋、经济发展水平参差不齐的多元化现状，走出一条独具中国特色的体现地方特点的多元化的现代农业发展之路。一是资源禀赋多元。由于我国各地资源禀赋、农业生产条件不尽相同，因此要实事求是充分发挥不同地域的比较优势，因地制宜地明确农业发展方向。如东北地广人稀，需采取规模化的农业种植；西北水源匮乏，适宜旱作农业的生产；中部资源丰富，尤其是具备技术、劳动力的优势，适宜都市农业的生产；西南地少水丰、地形复杂，适宜特色农业的生产。二是产业类型多元。农业资源的多元禀赋决定了农业产业类型的多元。作为全球工业产品和农业产品最齐全的国家，我国具有发展多元产业类型的优势，无论是传统产业还是新兴产业，我国都具有绝对的竞争优势。因此加快一二三四产的融合，拓宽农业发展的边界对现代农业的发展、农民的富裕、乡村的发展极为重要。三是经营主体多元。面对资源禀赋的差异和产品类型的多元，我国要引进适合的经营主体，充分挖掘普通农户、农民专业合作社、家庭农场等主体的功能，有效优化资源配置，寻求利益的最大化。四是贸易往来多元。伴随改革开放力度的加大，面对国内国际两大市场，我国既要确保本国粮食安全，也要提高农产品"走出去"的能力。这就要求统筹国内国际市场资源，既要完善国内农业经济结构，又要加强国际农业合作，在打造农业强国的同时，构建国际农业发展共同体。

（三）深化农村改革与现代农业匹配

在供给侧结构性改革的浪潮中，农村改革也要与现代农业的发展相匹配，通过一系列农村改革措施推动现代农业的提档升级。一是深化土地制度改革。我们要根据《中共中央 国务院关于构建更加完善的要素配置体制机制的意见》，加快制定出农村集体经营性建设用地入市的政策细则，农村集体经营性建设用地入市后，土地所有权可以对外拍卖，但所有权仍属于村集体，与之前的农村集体经营性建设用地被征收为国有土地的一次性征地补偿政策相比，村集体和农民的收入更高，更有利于激发农民的生产积极性。二是加强农村闲置土地的流转。我们要盘活农村闲置的土地，包括耕地和宅基地，由村集体统筹兼顾，统一打包对外承包，确保农民享有土地股权与经营权，通过出台相关制度明确农民在集体经济中的合法地位，依法依规享受土地资产带来的效益。同时，要加强农村宅基地的流转利用，借鉴其他地区的经验，将宅基地统一流转，对外招商，打造特色民宿，促进农旅融合，增加农村的人气，吸引外地游客到农村消费，增加农民的收入。三是加强农村的数字化改革。我们要加大与数字化创业平台的合作，借助外部力量，帮助农业企业改造转型，通过大数据、智慧化技术应用改造生产流程，助推农业的机械化、数字化、智能化，促进农业的现代化生产。

（四）完善发挥现代农业功能的政策

历史的经验和实践的成效证明：作为顶层设计，政策对一个产业的发展具有深远的意义。加强政策的扶持力度，实现农业与乡村振兴的耦合联动是我国实现社会主义现代化的重要途径。一是制定和完善农业的经济功能政策。乡村要振兴、农业必振兴，农业振兴是乡村振兴的关键，我们要构建现代的农业产业体系，促进农业与第二、第三、第四产业的融合发展。制定政策引进各类人才，特别是农业致富带头人，通过传帮带的作用，在村"两委"干部中或赋闲在家的大学生中培养深耕本地的农业人才，通过人才加速现代农业的转型发展。二是制定和完善农业的生态功能政策。生态环境好是乡村宜居的前提，也是吸引外地游客过来旅游参观的关键。我们要积极贯彻落实"绿水青山就是金山银山"的理念，结合本地农业的特点，发展适合本地气候的生态观光农业，发挥生态的经济价值，实现生态经济化。三是制定和完善农业的文化功能政策。文化振兴是乡村振兴的重要保障，乡村振兴不但要塑形，更重要的铸魂。农耕文化蕴含很多优秀的思想、观念和精神，它的教化功能能够有效促进乡村治理，推动乡风文明。因此，在现代农业的推进过程中，应加快以农村文化礼堂为核心的文化服务体系建设，挖掘本地的文化特色和历史，通过文化礼堂这个载体进行展示，为农民群众提供接地气的文艺作品和文化活动，提供群众喜闻乐见的精神食粮，丰富农民的业余生活，为年轻人了解农村和农业提供支撑。

## 第二节　第三产业：农商文旅深度融合

经济形态指的是经济的社会形态，是将经济作为一个社会整体进行研究。在《资本论》中，马克思将经济形态视为"商品经济形态社会"便是典型。在我国，乡村经济形态大致经历了三个发展阶段：首先是新中国成立至改革开放前的劳动力经济形态阶段。这一时期我国农村人口多、产业落后、经济基础薄弱，受生产环境、市场条件、经济体制等因素的影响，我国的经济利润主要来自传统农业生产，劳动力成为经济的核心要素。其次是改革开放至"十一五"时期。改革开放以来，随着市场经济体制的确立，农村市场不断与市场经济对接，日趋活跃。农村劳动力开始向城市蔓延，个体经营数量显著增加，特别是"十一五"规划针对农村经济的改革措施，解放和发展了农村生产力，农村经济呈现出全新形态。最后是"十二五"至今。市场经济体制的进一步完善和新兴互联网经济的崛起，催生了以互联网为媒介和特征的全新综合经济形式——"互联网经济"，在互联网经济的影响下，电子商务在农村市场不断普及，O2O模式替代了传统市场成为农村产品交易的主要形式，传统的经济渠道开始瓦解，在这一背景下乡村经济新形态开始萌生①。

乡村经济新形态建设不仅要创新丰富农村经济形式，还要进一步刺激农村的经济市场。但是，长期以来，我国的城乡二元体制造成的经济与人文环境、生态环境的分裂，导致乡村经济新形态"戴着镣铐"发展。因此，"公园城市乡村表达"理念被崇州市进一步践行，以践行"绿水青山就是金山银山"的理念。崇州市通过立足地方实际，创新公园形态和乡村空间融合路径，发掘并利用乡村的多元价值，打造出诸如严家弯湾的乡村经济新形态发展样板区，实现了村民的共建、共享、共富和共乐，实现了乡村经济新形态外在形式和内在要求的辩证统一，让经济新形态新在乡村的事物、环境、现象、行为、意识之中，新在物质，新在精神，新在历史

---

① 汪欢欢. 城乡融合视阈下我国农村经济发展的战略走向及其实现 [J]. 农业经济，2019（12）：6-8.

传承，新在未来愿景。

## 一、乡村经济新形态在乡村振兴中的干预作用

乡村经济新形态是对应乡村经济旧形态的相对性变量措辞。受特定时期特定政策环境影响，该时期的经济形态会体现出突出的时代特征，并在一段时期内保持相对稳定，直至新的时期受新的政策环境影响干预而被改变[①]。因此，乡村经济新形态本身是一个不断变化的过程，是一个由"新"替"旧"的进步过程。在乡村振兴背景下，乡村经济新形态突出表现为资源经济形态特征。具体而言，就是丰富的乡村资源成为社会需求的重要补充，政府通过干预资源经济形态，进一步推动乡村振兴的实现。乡村经济新形态在乡村振兴中发挥着重要作用，它以新发展理念为指导，针对发展不充分问题进行生活干预，让农村地区人民享受幸福生活；针对发展不平衡问题进行生产干预，推进农村地区经济的转型升级；针对发展不持续问题进行生态干预，把绿水青山转化为金山银山[②]。

（一）针对发展不充分的生活干预作用

当前我国农村经济存在的最大问题就是资源的丰富与使用的匮乏之间的矛盾。资源丰富指的是农业基础资源（自然性要素）比城市丰富；使用匮乏指的是资源加工整合能力比城市短缺，农业生产成熟性不足。进入新时代，乡村经济新形态的建设就是要针对发展不充分积极发挥生活干预作用，这种干预作用主要体现在对主体要素作用充分发挥的基础上。

根据马克思主义的观点，社会构建形态决定了社会行动意识，而社会行动意识又反作用于社会构建形态。从该角度出发，乡村经济新形态针对发展不充分的干预作用不应仅仅停留于农业生产方面，还应牢固树立改善经营模式和缩小经济走势差距的理念，不断提升对经济新形态的理解程度，以经济新形态理念顺应自然生态、改善人居环境、统筹兼顾、因地制宜，加强宣传力度，重视主体因素对乡村经济新形态的作用力，避免传统经济发展不充分干扰主体思想，缩小规划与预算之间的矛盾，探寻更多利益增长点。

---

① 李虎. 美丽乡村建设中的农村经济 "新形态" 研究 [J]. 经济与管理，2016 （14）：68-70.

② 张红妍. 美丽乡村建设中的农村经济 "新形态" 研究 [J]. 生产力研究，2018 （9）：72-75.

（二）针对发展不平衡的生产干预作用

乡村经济新形态的建成以各类经济因素的不断完善为前提，离不开农民主体、政府部门和社会机构的共同参与。在建设乡村经济新形态的过程中，必须直面的首要难题就是经济发展的不平衡，这对不同地区的配套基础设施提出了不同的要求，发展成效也呈现出差异性：起点低的地区投入小，见效快，发展空间大，而起点高的地区投入大，见效慢，发展空间有限。此时，就体现出经济新形态对发展不平衡所产生的生产干预作用。

一方面，在贫穷落后的偏远农村，条件恶劣、发展缓慢，农民参与积极性不高、各扫门前雪的观念根深蒂固，合作意识不强，习惯靠天吃饭，而农村地区长期存在的经济组织结构涣散、竞争能力不强等问题和基础设施建设滞后存在巨大关系。因此，对他们的生产干预更多体现在改善生产环境、投资环境上，体现在对组织结构的凝聚优化上。经济新形态的建设必须遵循马克思普遍性与特殊性规律，加强农村基础设施建设，着重对医疗教育、民居改造、环境治理等基础生存条件进行干预。另一方面，在基础设施完善、经济条件尚可的农村地区，农村经济发展过程中呈现的具体问题和主要矛盾往往是项目建设资金缺乏、个体投入风险大收益少等。如针对传统农业生产与农业现代化、服务现代化、管理现代化、营销现代化的不相适应矛盾，必须加强乡村经济新形态潜移默化的渗透能力，如优化产业结构、拓宽收入渠道、提升农业生产的成熟性。

（三）针对发展不持续的生态干预作用

生态文明作为贯穿政治、经济、文化、社会建设的系统性内容，其本身的进步性主要体现在纠正人类社会经济发展轨道的偏离，深化人类对生态重要性的认知，丰富人类社会文明。而随着绿色、环保、生态等概念的普及与探索，人民对生产与生态的辩证认知进入了一个新的阶段，乡村经济发展也进入了新常态。在乡村经济新形态的发展过程中，人民群众以和谐共处为准绳独立于生态环境之外，通过实践行动和意识形态的正向引导实施生态干预，影响整个农村经济的发展规划、未来走势和可持续发展[①]。

和过去相比，我国的农村生态环境发生了翻天覆地的变化。过去在农业生产方面，畜牧养殖产生的污水粪便、秸秆麦秆的大量焚烧、化肥农药的无节制使用……无不污染着农村的空气、土壤、水质，这种有意无意的

---

① 翁伯琦，仇秀丽，张艳芳. 乡村旅游发展与生态文化传承的若干思考及其对策研究 [J]. 中共福建省委党校学报，2016（5）：88-95.

负面生态干预严重影响了乡村经济新形态的价值定位、衡量标准、资源整合和建设进程。此外，乡村经济新形态的生态干预作用不仅体现为人居环境的改善、生产生态的协调，还体现为人的价值因素的转变，体现为一种持续性和多样性相互渗透的发展理念，将环境优势和地方人文特色相结合，将乡村公益事业和生态发展需求相结合。

## 二、新形势下乡村经济新形态发展的基本要求

乡村经济新形态具有明显的系统性和整体性特征，具体体现在生产、生活、生态三个领域；体现在不同发展阶段的动态性、延续性与创造性。因此，发展乡村经济新形态必须遵循基本要求，利用合理手段进行干预。在新形势下，随着乡村振兴中各类问题浮出水面，党和国家对乡村经济新形态也提出了新的要求：实事求是，因地制宜找准发展方向；与时俱进，动态界定不同发展阶段；统筹兼顾，生活生产生态协调推进。

（一）实事求是，因地制宜找准发展方向

自 2017 年 10 月 18 日习近平总书记在党的十九大报告中提出乡村振兴战略，乡村振兴即被纳入"十三五"规划。乡村经济作为乡村振兴的活力因子，只有实事求是整合乡村内外资源，才能找准发展方向，不断改良经济形式以适应乡村振兴总体要求。因此，发展乡村经济新形态，一方面要根据乡村自身发展实际来平衡物质文明与精神文明，两手都要抓，两手都要硬，以生产发展与生活宽裕作为经济新形态的建设目标。另一方面要以问题为导向，根据各村发展短板，在生产发展、生活宽裕的同时，确保村容村貌整治、乡风文明弘扬、农村基层治理的齐头并进，不断缩小城乡差距。

（二）与时俱进，动态界定不同发展阶段

根据国家经济发展的一般规律，不同时期政策、环境的变化会对经济形态提出不同的发展要求和发展特征。因此，乡村经济新形态并不是僵化的、静止的、断裂的发展形态，而是动态的、与时俱进的，需要我们及时引导把控，创新干预手段。乡村经济新形态作为一个阶段性、动态性、延续性与创造性的相对变量，具体表现为在新思想、新引导、新战略、新发展、新体制等方面和"旧"形式进行博弈，因此，在实践过程中，必须坚定乡村经济新形态是一个不断变"旧"的过程，在引导经济新形态的发展过程中，只能将其视为一个相对稳定的发展阶段，如果背离经济形态发展

的具体性、延续性与适应性，跨越式或倒退式发展，发展成果也会在一段时期后消失殆尽。

（三）统筹兼顾，生活生产生态协调推进

乡村经济新形态作为一项系统工程，生产、生活、生态三个领域任意一个存在不足，都会影响乡村振兴的整体架构，如，只注重生态保护，忽视生产水平的提高，经济水平难以适应人民需求，农民的收入难以维持生计，即便有了完善的环境建设，也背离了"生态文明"的初衷；只注重生产发展，忽视生态环境的保护，在发展了一段时间后，触及生态保护红线，单一发展经济的弊端就会被无限放大，面临大自然的"报复"，经济建设成果消失，人们将付出更重的代价弥补生态失衡带来的恶果。因此，为保证乡村经济新形态的正确发展方向，各地需要在自身综合发展现状的基础上统筹兼顾，有的放矢适度干预，从而推进乡村全面振兴①。

### 三、乡村经济新形态发展的崇州实践——以严家弯湾样板区为例

近年来，在乡村振兴的背景下，崇州市依托自身优势，坚持农商文旅体融合发展，积极打造乡村经济新形态样板区，严家弯湾便是其中的典型代表。崇州市始终坚持"一二三四五"发展模式，坚持一条主线：党建引领发展；坚持两大目标：现代农业发展样板区和国家全域旅游示范区的先行区；坚持三大行动：院落改造治理行动、集体经济壮大行动、产业结构调整行动，激活内生动力；坚持四景文化：水景、盆景、竹景、光景，突出文化体验；坚持五大工程：景区道路提升工程、基础设施提升工程、风貌整治提升工程、大田景观提升工程、电商平台提升工程，实现传统村落全面提档升级，以此推进农商文旅体空间、业态和功能融合，有效串联休闲休憩带和农业功能区，推进形成新型产业链和核心 IP，打造农商文旅体融合发展品牌，有效提升当地居民的幸福感和归属感。

（一）严家弯湾打造经济新形态的"一二三四五"模式

严家弯湾位于崇州市观胜镇联义村五组，占地面积 500 余亩，涉及 42 户 162 人，是一个绿水环绕的自然林盘村落。2016 年年初，观胜镇按照产业核心理念，对原有的院落、巷道和林盘进行保护性升级打造，投入 500 余万元完成了项目的基础设施配套，群众自筹 1 000 余万元改善院落居住

---

① 肖唐镖. 近十年我国乡村治理的观察与反思 [J]. 华中师范大学学报（人文社会科学版），2014（6）：1-11.

环境，基本实现了川派盆景、"鸳鸯竹"、沙沟河、知青文化与本地乡村文化内涵的完美结合，打造了以盆景产业为特色的川派盆景民俗文化村田园综合体，夯实了林盘引资基础，基本实现了"将市场搬到农民家门口"的经营目标。截至目前，严家弯湾已吸引四川省蜀州书院文化产业发展有限公司、成都市观竹文化有限公司、西点光伏农业有限公司等企业在严家弯湾投资蜀州书院、观竹苑、在水一方、西点光伏农业观光园等项目，投资金额超过 6 000 万元。项目的落地极大地带动了林盘经济的发展，有助于将严家弯湾打造为"北部粮经旅示范片"，塑造现代农业和全域旅游融合发展的产业转型升级新格局，推动形成"核心 IP+特色村镇+餐饮住宿+文创产品"研产销融合的农商文旅体产业链，构建综合性项目体系、服务体系和市场营销体系。2019 年赏花节期间，严家弯湾的盆景种植户日均销售达 2 000 余元，产业销售收入大幅提升。

1. 一条主线：党建引领发展

近年来，严家弯湾牢固树立"抓好党建就是抓生产力"的理念，实施党建"同心圆"项目，积极争取市直机关、企业、社会组织等与农村基层党组织结对共建、拉手发展，逐步形成科学的党建工作和基层社区治理机制，促进北部十万亩粮经旅综合示范区建设，服务全市"两区一基地"规划发展，为崇州市建设国家中心城市卫星城、高标准打造"产业新城、品质崇州"贡献新的力量。

严家弯湾的党建"同心圆"项目，着力构建以党建为引领，政府、社会组织、群众"三位一体"的基层社会治理机制，整合各方力量，凝聚各方共识，激发和调动各方参与热情，共圆发展幸福梦。严家弯湾在院落改造升级、基础设施建设、产业结构调整中，充分调动了社会组织和群众共同参与的积极性，盘活村级集体资产，壮大集体经济，带领群众走共同致富的道路。为此，严家弯湾成立了林盘管委会，在林盘管委会的组织下，严家弯湾居民以严氏祖训为纲，讨论拟定出了居民公约，制定议事决策、院落管理、监督维护三项机制，做出包风貌控制、包家庭卫生、包绿化管护、包安全防护、包文明秩序五项承诺，组建了严家弯湾妇联微组织、社区营造志愿服务队等自组织，开展了最美院落、最美贡献、最美人心等最美系列评选，形成了林盘共建共治共享格局。2017 年年底，通过党员干部示范，在 200 米长的同心路修建过程中，村民以平摊方式捐献土地三亩，把原来的泥泞主道改建为现在的景观大道。同时，村民捐献价值 30 万元的大弯银杏若干株，26 株紫薇笼子，24 盆海棠盆景、罗汉松、铁甲松用于道路美化。在村党总支林盘管委会的号召下，群众主动参加苗木搬迁、道路设施施工、沟渠建设和环境卫生整治，重现积极心态，形成党建引领共谋乡村发展、共建美丽家园的党群合力情景。

2. 两大目标："两区"先行先试

自崇州市十三次党代会以来，严家弯湾主动融入崇州"两区一基地"规划布局，将自身打造为都市现代农业发展样板区和国家全域旅游示范区的先行区。

一方面，将自身打造为都市现代农业发展样板区。严家弯湾以生态优先的农业高端产业为方向，按照"农业景观化、农居景点化、农村景区化"标准，探索现代"园林+合作社+基地"的发展模式，通过土地、劳动力、资金等生产要素的优化组合，积极推进园林种植规范化经营、规模化生产，依靠科技和互联网拓展市场，实现经济效益、生态效益和社会效益的有机统一。在发展方式上注重产村一体，严家弯湾在规模布局上注重小规模、组团式，在服务功能上注重集成配套，在环境打造上注重生态宜居，促进农村生产方式、生活环境和生态面貌同步升级。

另一方面，将自身打造成国家级全域旅游示范区的先行区。按照"全域旅游、全业旅游、全域景区"发展规划，严家弯湾将旅游产业作为促进经济社会全面协调可持续发展的重点工作之一，制定"交通围绕旅游先行，农业围绕旅游调整，商业围绕旅游搞活，管理围绕旅游制定"的全域旅游发展战略，把发展旅游与促进群众就业、与资源保护、与扩大开放相结合，加强开发打造旅游精品力度，进一步规范和创新旅游管理体制，坚持"政府主导，企业主体，市场运作，社会参与"的发展路径。

3. 三大行动：激活内生动力

第一，院落改造治理行动。严家弯湾按照"政府指导、群众参与"的原则，实施"一户一策"，既充分征求群众意愿，又统一整体风格。设计方在充分征求群众与专家意见的基础上，提出符合实际的院落改造方案，公示通过后，每户签订院落改造协议草案，缴纳相应改造押金，方可实施院落改造。工程验收合格后，由院落自治组织退还押金，实施物业管理。

第二，集体经济壮大行动。政府预先投入资金对林盘、道路、管网等基础设施进行整治，完善停车场等配套设施，形成接待能力后，通过成立合作社，经营停车场、民宿、园区等行为带动集体经济壮大、撬动集体资产增值、增强当地经济造血功能，为可持续发展提供坚强保障。

第三，产业结构调整行动。严家弯湾坚持"把市场搬到家门口"的理念，变单一的盆景苗木产业为集休闲体验观光、游乐购食住行于一体的新经济发展模式。由政府引导设计大田景观、展销区域，给予农户优惠政策，发动和吸引群众将自家盆景、苗木"寄养"在规定区域，实现景观打造与市场营销的共促共赢，推动区域内经济自主、良性发展。按照产业融合发展的理念"立业"，发展多元产业，做强产业发展体系，推动院落可持续发展。一是注重品牌化建设。严家弯湾用盆景文化引领林盘发展，塑造林盘特色，培育林盘文化品牌，按照平台+农商文旅体运营模式，搭建"又见"花木盆景交易可视化云平台，以 C2C 的方式实现精准营销，构建"公司+集体组织+花农"的一体化增值服务模式。同时依托传统盆景制作基础，增加游客体验，设立了体验式经营场所，在盆景产业配套服务区域可进行盆景制作体验，不断完善"泛盆景"产业链。二是促进融合化发展。严家弯湾引导居民利用改造院落参与餐饮、茶饮、民宿客栈等旅游接待服务活动。同时，按照"资源本底+场景植入+消费升级"发展思路，不断叠加新的乡村消费业态和商业业态，引入、打造"观庐艺居""观微——白熊盆景园""观酌——合竹苑""好酒会""君伙库"等盆景主题休闲院落、餐饮、民宿、文创工作室，落地"观舍""又见"等农商文旅融合项目。

4. 四景文化：突出文化体验

严家弯湾秉承盆景制作的"随物赋形"理念，按照国家 4A 级旅游景区标准"筑景"，呈现公园城市形态。严家弯湾根据巷道脉络和生态现状，通过集中、集约、集成的思路，整合各级各部门资金 500 万元投入道路、自来水、天然气、停车场、污水处理等基础设施和配套公共设施的打造，按照统一规划、统一设计、统一验收的原则整田、利水、护林、改院，打造大美盆景公园，实现了盆景、竹景、水景、光景的四景相融。

盆景：严家弯湾盆景受川派盆景历史悠久、文化底蕴深厚、创作发展历史长影响，制作技艺精湛，有着浓郁的风格。如：树桩盆景以古拙苍劲、雍容典雅见长，其树态比较庄重，兼顾四方，不趋极端；山水盆景以粗犷沉雄、险峻奇幽为主，体现出雄浑、沉练、苍古、险峻的艺术特色，表现了雄、险、幽、秀、奇，颇具独特之处。

竹景：严家弯湾竹景居贫瘠而自励，历四时而常茂，享盛誉而矜持，亦庄亦谐，可师可友。在严家弯湾探寻鸳鸯竹的爱情故事，弹琴长歌，听竹萧萧，在繁华岁月里感悟清虚澹泊、归于自然之心境。

水景：严家弯湾水景以沙沟河生态水景为重点景点，突出标志性、亲水性、宜居性等特点。严家弯湾努力将该地区打造成集文化、休闲娱乐、旅游观光、居住为一体的多功能区。在景观建设中，严家弯湾以"水景"为重点，充分利用步行栈道、"在水一方"亲水项目等元素，展现出文化新生活理念，构筑起完整意义上的优质文化、休闲、生活空间。

光景：严家弯湾以岁月文化为民宿内涵核心，乡村大田苗圃竹林为景观背景，打造具有丰富人文景观层次的乡村旅游村落。暮雨晨曦中，漫步于小巷旧院，探寻光阴留下的斑驳记忆。

5. 五大工程：全面提档升级

景区道路提升工程：严家弯湾将道路与北部十万亩粮经旅环线连接，畅通景区旅游通道，方便游客进入。通过对观元桥的施工，打通观胜通往元通、都江堰的"纽带"，极大地改善了区域交通状况，有助于加强严家弯湾的对外交流和引入客流，促进严家弯湾资源整合、乡村旅游发展，带动群众增收创利。

基础设施提升工程：严家弯湾通过对供排水系统、天然气入户、电力迁改等基础设施的提档升级，保证景区经济活动的正常运行，为景区的后期发展积蓄能量、增添后劲，促进经济发展现代化、经济布局合理化、经济增长途径有效化。坚持自然和科学的规划部署，结合地区实际情况修建南北两个停车场，减少景区停车造成的困扰和负担。

风貌整治提升工程：严家弯湾通过对景区农户住房外墙风貌集中整治、精心设计、统一规划、分步实施，着力打造良好农村风貌。完善景区标示标牌设置，为游客提供人性化服务，加强景区与游客的信息沟通，增强游客的旅游体验，引导游客顺利完成旅游活动，促进旅游业的持续、健康、稳定发展。积极打造群众文体活动主要活动场所以及文旅管教的乡村课堂教室，开展"色彩蓉汇乡村"发布会，"汉袂春风"鉴赏会、"蔚蓝计划"公益行动、乡村民俗音乐赏析、故事研讨会、非遗技艺体验、旅游接待服务培训等形式多样的活动，促进当地群众在审美理念、艺术修养以及思想意识等各个方面向上向善向美转变。同时，依附当地百年传统风格的川西院落，依托在地自身文化底蕴及生态环境本底，开创了"古琴、茶艺、美食"三区合一的特色文化院落。

大田景观提升工程：严家弯湾在景区外围结合地域优势，利用成片闲置农田种植景观苗木，通过独特的创意营造一份脱离城市喧嚣的气氛，让游客体验田园式的宁静、清爽，开启原生态的生活模式。

电商平台提升工程：严家弯湾打造景区电商平台，拓宽农副产品、文化旅游产品销售渠道，打造便捷高效的网上农产品超市；加强旅游资源与全国电商平台的对接，推广"乡村民俗文化旅游""特色景观产业旅游""乡村历史文化旅游"等特色旅游品牌，推荐优质特色景点、特色餐饮、特色民宿体验、特色景观产品等；建立质量安全的产品销售电子商务追溯体系，实现销售过程全透明。

（二）严家弯湾打造经济新形态的基本特点

崇州市打造乡村经济新形态样板区的直接目的就是要实现农村经济的转型升级，让百姓享受到更幸福更美好的生活。严家弯湾打造乡村经济新形态样板区的实践与新发展理念相契合，推进农商文旅体空间、业态和功能融合，走出了一条农商文旅体融合发展的乡村经济之路①。

1. 空间融合，有效串联休闲带和农业功能区

2017年以来，崇州市遵循"生态优先、绿色发展"和"以控促优"理念，依托生态本底、资源禀赋、产业基础，按照"控红线优生态、控门类优产业、控强度优品质"思路，加快建设天府优质粮油融合发展功能区、成都智能应用产业功能区、天府康养旅游功能区。通过土地、资金、资源等要素整合加速推进空间融合，推动北游南农深度融合、联动发展，而严家弯湾就处于北游南农的过渡区。崇州市在严家弯湾以北打造以生态景观和古镇景观为主的龙门山休闲休憩带，以南打造以乡村田园为主的现代农业功能区，加快推动重大基础设施和项目建设，推进撤乡并镇，加快形成现代农业功能区的组织架构和经济运营模式，有效串联起休闲带和农业功能区。

2. 业态融合，推进形成新型产业链和核心IP

绿色生态是严家弯湾最大的优势，也是严家弯湾基础最好、特色最优、潜力最大的资源。在推进乡村经济新形态样板区打造的过程中，严家弯湾不断深化对市情再认识和对生态价值再审视，坚持"绿色发展、转型发展"，坚定不移转理念、转思路、转方法、转路径，持续优化生态功能

① 仇传辉. 城乡融合战略视野下美丽乡村的建设规划取向与实现路径 [J]. 农业经济，2018 (6)：32-34.

空间布局，培育发展绿色现代产业，提升绿色发展能级。以农商文旅体融合发展为重点，坚持业态融合，推动自身产业加速迭代，推动形成核心 IP+，依靠优美的生态环境，把绿水青山转化为金山银山，打造新型特色产业链①。

3. 功能融合，打造农商文旅体融合发展品牌

严家弯湾坚持以习近平新时代中国特色社会主义思想为指导，实心干事、科学作为，探索西控区域发展新模式，构建综合性的项目体系、服务体系和市场营销体系。加快推进重大项目天府绿道、天府国际慢城、陇海三郎国际旅游度假区等，把它们打造成一批具有国际水准功能复合的综合体，打造一批融入川西林盘风光的多功能项目，比如精品酒店、传统民俗等，强化农业区景区化，生态服务区功能配套化体验化，以天府农耕文明为核心，打造农商文旅体融合的品牌，让美丽乡村裂变绿色经济，让山水崇州逐步破茧成蝶。

（三）严家弯湾样板区打造的具体成效

严家弯湾新经济样板区的打造依托盆景文化、民俗文化、中华优秀传统文化等资源优势，实施党建引领，规划先行，推动城乡一体化发展，促进城乡要素平等交换和公共资源均衡配置，形成现代农业和全域旅游融合发展的产业转型升级新格局。通过对标学习战旗村、青岗树村和袁家村创新发展模式，深入剖析自身不足；通过学习借鉴好经验好做法，弥补差距，成效显著。

（1）和合共生融合发展，重塑人文地产景理念。严家弯湾新经济样板区作为川西林盘学院党建引领发展治理的教学点位，探索出"五和兴村""四合助村"的党建引领乡村振兴的"和合共生"模式，重塑了人文地产景理念，成为四川省乡村振兴的典型。截至目前，共接待省内外考察团300 余批两万余人，中央广播电视总台、四川电视台、中国农村杂志、中国网、四川日报、成都日报等媒体均对严家弯湾样板区党建引领乡村振兴模式进行了报道。

（2）多元宣传品牌提升，实现产创融合发展。严家弯湾依托成都林盘川派盆景民俗文化艺术村，推进了"旅游+石观音板鸭、旅游+盆景文化、旅游+民宿文化"的深度融合发展；同时，开展调研专题座谈会、民乐赏

---

① 李晓龙，冉光和. 农村产业融合发展如何影响城乡收入差距：基于农村经济增长与城镇化的双重视角 [J]. 农业技术经济. 2019（8）：17-28.

析会、乡村音乐分享会等丰富多彩的文化和文艺活动，丰富了乡村经济新形态的特色体验。

（3）景区创建提升服务，塑造特色文化名片。严家弯湾样板区建成"合竹苑""观庐""君伙库""青松民宿"等民宿和文创项目，成功创建了国家 3A 级林盘景区，构建"五态"融合发展格局。

（4）投资吸引显著增强，拓宽旅游发展路径。严家弯湾以小投入撬动大市场助推农村建设，通过村落人居环境整治，引导广大农民和市场资本及各方面投资踊跃投入农村，其中吸引市场资本投资农村建设，吸纳各类文创、农业企业投资约 6 000 万元；群众开始从事旅游接待服务、茶饮、餐饮服务，收入显著增加。

### 四、进一步推进崇州乡村经济新形态发展的几点建议

（一）强化规划协同，树立全域全境理念

在打造乡村经济新形态的过程中，遵循风貌特色化、功能现代化、服务标准化的原则，充分考虑农村三生同步，一二三产业三产融合，在农业、商业、文化、旅游四位一体基础上，遵循"人城产"逻辑，坚持以"聚人兴产"为核心，专注川西乡村民俗来打造乡村经济新形态样板区。我们应统筹乡村基础设施产业，支撑公共服务环境风貌，通过民宿发展来构建多层次、多样化的住宿体系，丰富娱乐、美食等项目，强化质量监管体系，创新发展"聚合观光、动态度假"旅游目的地，打造集循环农业、创意农业、农事体验于一体的乡村经济新形态。

一方面，推进不同地区（乡镇）乡村经济项目的差异化规划建设。在发展乡村旅游产业时，我们要树立"全域全境"旅游思路，摒弃传统"大而全、小而全"的发展方式，以"全市一盘棋"的视角谋划旅游项目，着力构建 48 千米稻香旅游环线，利用民宿带动崇州乡村游，进行精细化、差异化定位，在现代农业聚集区打造川西特色民宿，在康养旅游聚集区建设山岳疗养、农家娱乐，践行"一村一品""一村一特"理念。

另一方面，增强各项产业的自主发展能力。针对当前旅游业对景区依赖程度较高的问题，我们要进一步打造多样化的、"细嚼慢咽"式的高端体验型旅游项目，提高乡村经济内生发展动力。如在民宿产业发展上，政府可引导、鼓励小规模的民宿学习"闲来"公司发展模式，通过连锁经营、兼并重组、承包经营等方式推进规模的扩大和服务水平的提档升级，

对传统民居进行保护与开发，使得民宿在发展中做大做强。为进一步细分市场抢占不同类型客源，政府可以鼓励开展商务游、养生游、休闲游、情感游，立足于吸引更多的游客体验，开展特色餐饮、农事体验、农家游戏等各类返璞归真的乡村主题旅游项目，实现"旅游搭台、民宿唱戏、共同受益、融合发展"。

（二）强化党建引领，发挥农民主体作用

打造乡村经济新形态农民是主要参与者，也是最大受益者，而农村基层党组织则是引领方向的基础保障。为进一步发挥党建在经济新形态中的引领作用，我们应选好基层党组织带头人，让带头人真正成为具体的行动者和实践者，成为带领广大农民致富增收的主心骨，充分调动农民积极性，尊重农民群众的意愿，真心依靠群众，真情关爱群众，真诚服务群众，推动群众由"要我建、要我改"向"我要建、我要改"方面进行转变。我们可以可借鉴贵州省遵义市潘州区花茂村的"一+五+五"模式（一即以基层服务型党组织建设为引领；五即党员践行五带头；五即推行五升级），围绕"三家一化"目标（凝聚群众之家、服务群众之家、教育群众之家、党建信息化），摸索出"帮群众想、教群众会、带群众做、促群众富、让群众笑）的"五为民"工作法，统筹推进致富和小康齐步走。

此外，充分发挥农民的主体作用，还要进一步加强乡村新经济人才引进和培养，举办各类乡村振兴相关培训，加强行业管理机构建设，打造乡村旅游联盟，加强从业人员在住宿、餐饮、旅游管理、民宿文化等方面的培训，推进经济新形态发展中的标准制定、执行与技术指导，消除经营业主"小富即安""急功近利"的思想，全面提高经营者素质。我们还应探索在乡村旅游集聚区建立人才培训试点基地，全力加强高层次的导游培养，提高导游职业道德和素质，建立导游与产业经营者的利益平衡机制，激发导游服务于当地产业的动力。

（三）深化改革创新，释放改革叠加效应

释放改革叠加效应必须加强架构干预调整，从可持续发展的角度整合资源经济架构，维持经济因子、幸福指数与生态参数在改革创新过程中的基本平衡。本书建议在前期农业农村改革基础上，从经济的结构层面和发展层级进一步强化乡村经济新形态下的生产生活生态三者的契合性、稳定性，深化农业发展新模式改革，深化农业产业发展新业态改革，深化农业经营机制发展新动能改革，深化农村管理体制改革，形成集约型发展模式，提升农产品的经济附加值和社会附加值，在实现乡村经济新形态增产增收的同时，实现品质与功能发挥的提档升级。由于生产发展是发展乡村经济新形态的首要目标，从控制成本角度考虑，新型经济形态可与资源禀赋、特色人文融合发展，无须全盘推翻传统农业。

为进一步解决农业的低效生产，建议根据经济新形态对土地进行结构优化，根据经济形态对新增长点的诉求，完善整体规划和体制框架，转让或转包土地以确保土地的承包使用管控的整体性和有效性。例如，在农村开展集体产权制度改革，我们可以通过政府主导、党建引领、村民主体、股份合作、引智引资、创业创新等措施，将农村集体的土地、山林，通过确权颁证、折股量化，入股村级股份经济合作社，农民入股分红，实现农民对集体资产的占有和收益的权利，将田地、山林、民居等资源进行评估定价，作为资源股，成立旅游专业合作社，与外部旅游公司共同组建乡村旅游开发公司，采取统一规划打造、统一资源整合、统一运营管理、统一股份分红和政府兜底基础设施的"四统一兜底"方式，探索建立人人是股东、户户能分红的新型农村经营模式，在充分合理利用土地等各项资源基础上，支持发展特色绿色产业，提升乡村经济对新型职业农民的吸引力、对乡村旅游游客的吸引力、对实力企业的吸引力，走出一条产业新、村寨美、村民富的农商文旅一体新路子。

当然土地管理仅仅是促成乡村经济新形态的前提条件，在改革创新土地管理的基础上，还需要与时俱进利用各项改革成果有针对性地制定规划、有效执行。本书建议严家弯湾进一步加快天府优质粮油融合发展功能区、天府康养旅游功能区建设，通过推动"互联网+"和"大数据+"现代农业改革，进一步集聚要素、集聚资源、集聚人才，形成农村综合改革，并注重形成叠加效应，给乡村经济新形态样板区建设增添新动力。

（四）发掘本土资源，融合地方特色优势

乡村经济新形态打造不是千篇一律，而是立足各自村情，尊重区域、资源、过去发展模式等差异，整合资源，健全机制，完善政策，整体规划，衡量理论与实践间的差距，因地制宜、因时制宜，在保障生态环境的前提下，尝试把农民生活融入旅游、把特色产业融入农村经济、把乡风民俗融入文创体验，打造全体村民的创业平台，把所有人的利益绑到一个产业链上，共同创业。严家弯湾打造乡村经济新形态，要从食、住、行、游、购、娱各要素环节出发建立起信任体系，要不论硬件和软件能力，均能为各层次游客提供满意服务，同时，进一步深入发掘本地经济资源、农耕文化、生态环境、乡村产业、乡村风情等突出优势资源，尤其注重发掘严家弯湾在整个四川甚至全国独有的优势资源，加大资源包装和宣传力度，形成崇州市独有的特色和品牌，为打造乡村经济新形态注入强大的竞争力和吸引力。

此外，严家弯湾还需要加强新经济形态与民俗文化的结合，有效融合民俗文化和乡村旅游，使浓郁的民俗文化成为严家弯湾新经济发展的源泉和动力。加强新经济形态与本地居民婚俗、饮食、节日、历史等民俗旅游的结合，增强游客民俗体验；加快乡村产业与民间传说、祠堂文化、古民居村落、古城、民间艺术、名人事迹、农耕采摘、种植文化及其他非物质文化遗产相结合。深挖地方内在文化潜力，让游客在体验山水灵秀的同时，体验当地厚重的民俗文化，为严家弯湾经济新形态发展注入新的活力。坚持"平民化"和"自助式"服务，开发拥有浓郁的乡土气息的旅游项目，把地方特色文化植入经济形态，推进产业互动、互植，利用地方特色文化实现经济的提档升级。

（五）研发产品功能，推进品牌营销战略

新时期打造乡村经济新形态必须明确发展方向、精准发展定位、厘清经济架构、平衡生产需求、研发功能产品，以信息化和现代化管理方式推动各种新型经济形态有序开展，通过融合各种现代营销模式，以质量促发展，以品牌强口碑，不断提升自身的知名度和美誉度。

首先，提高乡村经济产品层次。立足于旅游景观和旅游资源，又不局限于景观资源，为游客营造"旅居度假慢生活"氛围，促进经济形态的精深发展。同时，提高旅游接待能力和服务水平，开发更多"休闲度假类、体验类、参与互动类"旅游项目，让乡村旅游谱亮乡村振兴，成为经济新常态背景下，经济发展的增长极。

其次，缓解乡村产业季节性困局。在节庆的基础上，进一步拓展农业的旅游功能和覆盖面，将一三产业与乡村生态体验、体育运动、娱乐购物等多种项目相结合，将传统的单一式旅游住宿转变为多元化、立体式的旅游体验。通过发展精品高档型、舒适互动型、大众经济型等多层次的民宿，构建"低密度—高价值"的特色乡村旅游主题，满足游客多样化、多季节的旅游需求。使旅游产业项目"以小见大"，用"小资源"换"大市场"，用多样化的功能打破季节性发展桎梏。

最后，树立品牌营销意识。积极了解和掌握国内其他地区乡村产业发展形势，及时抓住机遇推进严家弯湾经济新形态的品牌战略。以游客为导向，提高严家弯湾乡村旅游的市场认知率，培育市场和产品忠诚度。以开发新品种、提升质量、创建品牌、改善服务为重点，不断提高严家弯湾旅游产品的核心竞争力。加强乡村特色产业在互联网、广播、报纸、电视上的宣传力度，搭建传播广泛的宣传平台。印制严家弯湾旅游指南、宣传品，积极开展农家乐专题宣传活动，加强弯湾特色旅游点位在文化节庆、体育赛事、交通运输工具等方面的冠名。开通乡村旅游微博、微信平台、App 客户端、二维码，大力发展乡村旅游相关电子商务，探索发展智慧旅游产业。

## 第三节 多产融合：城乡一体产业协同

城乡产业协同是基于我国城乡发展现状提出的发展战略。2019 年出台的《中共中央 国务院关于建立健全城乡融合发展体制机制和政策体系的意见》明确提出，构建城乡产业协同发展平台，其目的在于促进城乡要素的合理配置、实现城乡产业的有机融合，在延伸城市工业至乡村农业产业链条的同时，运用互联网技术拓展乡村产业业态。成都市作为城乡产业协同发展的先行区，在充分发挥乡村优势资源，积极打造城乡要素融合的特色产业集聚园区方面树立了参照的典范，形成了示范效应。

### 一、城乡关系发展理论溯源

城乡关系反映了城市和乡村在经济、政治、文化、生态和社会方面相互影响、相互作用的状态。正如马克思所说："城乡关系一经改变，社会面貌也随之改变。"① 这说明了城乡关系的变化直接影响着社会的发展。纵观人类历史，城乡关系最初呈现浑然一体的状态，但受工业化的影响，逐渐演变为城乡关系分离的状态。伴随生产力的高度发展，城乡关系从对立走向融合。作为城乡关系的重要组成部分，城乡产业融合见证了城乡关系的变迁。而新时代产业协同更是城乡关系从对立走向统一的直接产物。因此，通过对城乡关系理论溯源的追踪，可以探寻到城乡产业融合发展的历

---

① 马克思，恩格斯. 马克思恩格斯选集：第一卷［M］. 中共中央编译局，译. 北京：人民出版社，1995：157.

史根源和逻辑起点。

（一）理论基础：马克思和恩格斯的城乡融合预设

马克思和恩格斯基于对人类社会发展规律的探索，深入思考了人类社交空间最复杂的城乡关系，逐渐形成了辩证、系统的城乡理论。这些理论不仅揭示了城乡走向对立的根源，还提出城乡融合的预设，这就为我国城乡产业融合的发展夯实了理论基础。

马克思和恩格斯指出："物质劳动和精神劳动的最大的一次分工，就是城市和乡村的分离。城乡之间的对立是随着野蛮向文明的过渡、部落制度向国家的过渡、地域局限性向民族的过渡而开始的。"① 人类文明的演进揭示了城乡对立的本质，即城乡对立是社会分工的产物，是人类社会前进的表现。城市的现代化以剥夺乡村为代价，这就导致工业统治农业，城市统治乡村现象的出现。劳动方式的不合理、社会化分工的不公平、农业生产的不稳定、社会发展的不和谐等问题进一步激化了城乡矛盾，加剧了人与人、人与社会、人与自然之间的矛盾，不利于社会长期、稳定、可持续的发展。因此，这种城乡对立的固化模式必然会被其造成的社会矛盾所反噬，它被打破只是时间问题，等生产力高度发达之时，城乡对立的形态就会消失，转而进入更高级的阶段，即城乡融合。马克思和恩格斯总结：城乡融合是"将结合城市和乡村生活方式的优点而避免两者的偏颇和缺点"②。历史经验表明：这种关系的转变是一个长期的历史发展过程，是需要立足实践基础实现的。只有这样，才能打破僵化的城乡分工，增强社会生产要素和社会成员的流动，化解人被划分为"乡村动物"和"城市动物"的差别，使每个人都能按照主观意愿选择适合自我发展的劳动方式开展自由全面的社会活动。

由此可见，马克思和恩格斯提出的城乡融合预设不仅揭示了城乡关系演变的内在规律，是城乡矛盾变化的必然结果，还是人从物的依赖性向人的自由全面发展转变的必然结果。这对我国在社会主义现代化进程中合理调整城乡产业关系具有重大的指导意义。

（二）首次摸索：城乡兼顾理论

中国共产党沿袭马克思主义关于城乡融合的预设，结合中国城乡发展

---

① 马克思，恩格斯. 马克思恩格斯全集：第三卷［M］. 中共中央编译局，译. 北京：人民出版社，1975：56.

② 马克思，恩格斯. 马克思恩格斯全集：第四卷［M］. 中共中央编译局，译. 北京：人民出版社，1958：368.

的实际情况，进一步完善了相关理论，使我们对城乡发展的趋势有了明确的方向指引。

以毛泽东同志为核心的党的第一代中央领导集体在马克思主义城乡理论的指导下，对新民主主义革命时期和建国初期中国的城乡关系进行深入的探索。新民主主义革命时期，党采取农村包围城市的战略，农村成为革命的重点，但是在落实武装夺取政权的指令时，党依然注重城市发展的重要意义，指出革命时以农村为中心确保革命成功，一旦城市解放了，就由城市带领农村发展生产。

新中国成立后，毛泽东根据国内主要矛盾的变化，提出了"必须兼顾城乡，必须使城市工作与乡村工作，使工人与农民，使工业与农业，紧密联系起来"①。这种城乡兼顾的发展观既转变了革命期间老旧的城乡关系观念，又推动了新时期城乡建设的进展。1956 年，毛泽东围绕社会主义经济发展中的问题，提出了《论十大关系》，其中农业、轻工业和重工业的关系直接反映了毛泽东城乡兼顾的发展理路。毛泽东指出：工业和农业在社会生产中虽然扮演的角色不同，但作为城乡发展中关键的产业，两者联系紧密、相互依存。农业为工业的发展供应原材料，工业为农业的生产提供技术和工具，因此二者必须兼顾发展。基于这样的认知，毛泽东将"统筹兼顾，各得其所"②的方针贯彻在城乡建设之中。可以说，毛泽东城乡兼顾的思想是对中国城乡关系的早期探索，是社会主义革命和建设时期党的宝贵财富。

（三）一脉相承：城乡统筹趋势

以邓小平同志为核心的党的第二代中央领导集体立足我国初级阶段的国情，在秉持实事求是的原则之下，在对城乡兼顾理论的继承下，在对变化着的历史环境的反思中，形成了一套城乡关系体系。邓小平曾指出："要恢复农业，还要解决好城市和农村的关系问题。"③这不仅说明了城乡关系对于农业生产的重要性，还论证了城乡发展对中国经济发展的特殊性。20 世纪 70 年代，关于真理标准问题的讨论促使国家工作重心切换到经济建设上来，这为城乡产业的共同发展夯实了基础。改革开放则进一步为城乡改革的有序推进提供了契机。一方面，邓小平基于我国农业大国的

① 毛泽东. 毛泽东选集：第四卷 [M]. 北京：人民出版社，1991：1427.
② 毛泽东. 毛泽东文集：第七卷 [M]. 北京：人民出版社，1999：199.
③ 邓小平. 邓小平文选：第一卷 [M]. 北京：人民出版社，1994：322.

国情，指出农业是基础产业，是工业化的前提，所以必须重视农业发展。另一方面，工业和农业是相互辅助、不可分离的辩证关系，只有加强工业和农业的互动发展，才能消除城乡对立、实现城乡关系的良性发展。基于这样的思想认知，党在农村率先实行家庭联产承包责任制，以此带动城市改革。城乡互助的思路为城乡产业发展提供了方法论的指引，也为其稳定推进营造了良好的社会环境。

伴随全球化程度的加深和国内市场化速度的加快，党始终没有停止探索全面建设小康社会的步伐，以江泽民同志为核心的党的第三代中央领导集体主张通过结合城乡市场、城乡生产要素，统一城乡体制，走中国特色的城镇化道路。为了进一步加速城镇化，以胡锦涛同志为总书记的党中央在总结"两个趋向"（工业化低时，工业靠农业支撑，城市靠农村支持；工业化发达时，工业要反哺农业，城市要扶助农村）的基础上，提出了科学发展观，强调要统筹城乡发展，将公平与效率贯穿城乡统筹发展的实践当中，从而将社会主义新农村建设和稳步推进城镇化紧密结合在一起[①]。

这些理论上的探索体现了中国特色社会主义理论的传承性和实践性。中国共产党在继承马克思主义城乡关系的基础上，根据不同时期城乡发展的现状，总结了城乡统筹的发展趋势，促使我们朝正确的城乡建设迈进，同时也为城乡一体理念的形成打下坚实的基础。

（四）开拓创新：城乡一体理论

在统筹城乡发展的战略背景下，城乡差距逐渐缩小，但固有的城乡二元结构难以立刻破除，经济新常态、国内主要矛盾转变的现实又迫使城乡关系实现实质性的突破，构建新型城乡关系的历史使命任重而道远。习近平总书记在继承马列主义、党的城乡关系理论的基础上开拓创新，提出了城乡一体化发展的新思路，这是立足城乡统筹发展的基础上推进城乡互动，将工业、农业、城市乡村纳入社会发展的总体规划之中，以此实现要素配置、公共服务、空间布局等方面的深度融合，促进城乡的共建共享。习近平总书记在湖北考察时，曾指出："城镇化要发展，农业现代化和新农村建设也要发展，同步发展才能相得益彰，要推进城乡一体化发展。"[②]这一论述揭示了新农村建设和城镇化建设的辩证关系，赋予了城乡一体化

---

① 十六大以来重要文献选编：下［M］．北京：中央文献出版社，2008：807．
② 习近平：农村绝不能成为荒芜的农村［EB/OL］．（2013-07-22）［2025-02-25］．https://news.12371.cn/2013/07/22/ARTI1374498224500834.shtml.

理论正确的时代价值，即城乡一体化并非消灭农村，而是城镇和乡村共存、优势互补、协调发展。一方面，在推进城镇化的进程中，应尊重经济社会的发展规律，过慢过快都不行，以城镇化的发展带动新农村建设，把城市先进的生产、现代的生活、完善的设施辐射到农村，让农民共享现代化发展成果。另一方面，紧抓新农村建设，促进农村生产要素的流动，创新农业产业化的生产经营模式。至此，和谐的城乡工农关系所涉及的目标、原则、路径均已形成，这就为城乡产业协同发展提供了思想理论来源。

## 二、城乡产业协同发展的实践脉络

城乡产业协同是以城乡为载体，以绿色理念为指引，加快产业集聚、延伸和交叉，最终实现三大产业的交叉渗透延伸。从城乡关系演变的历程来看，新中国成立以后，城乡产业发展作为城乡关系的直观映射，整体呈现从割裂封闭向开放和谐的螺旋上升趋势。由于城乡产业涉及第一、第二、第三产业，在不同发展阶段侧重点有所区别，因此展现出不一样的发展状态。通过在实践中探寻城乡产业的历史演进脉络，可以把握城乡产业发展的规律性，切实将相关理论和实践紧密结合在一起。

（一）城市产业优先发展时期（1949—1977 年）

新中国成立以后，如何在一个小农经济主导的农业国发展工业是值得反思的重要问题。毛泽东同志通过实践考察，对城乡产业分工做出了解读，即农业处于基础地位，工业占据主导地位。新中国成立前，面对资本主义国家的封锁，为保障国家安全与独立，毛泽东指出："没有工业，便没有巩固的国防，便没有人民的福利，便没有国家的富强。"[①] 这意味着中国要稳步建设社会主义国家，就要实现从农业国向工业国的转变。因此，彼时的中国要优先发展重工业，这也是借鉴苏联工业化的模式，同时，这也是中国摆脱依赖苏联援助的重要举措。周恩来曾这样说："毛主席说过，我国在政治上已经实现独立，但要完全独立，还必须推进国家工业化。如果工业发展不起来，已经独立的国家还有可能变成人家的附庸国。"[②] 当时拥有 6 亿人口的中国必须要将重心放在重工业上，这必然会造成农业、轻工业地位的弱化。第一个五年计划实施期间，我国社会总产值年均增长

---

① 毛泽东. 毛泽东选集：第三卷 [M]. 北京：人民出版社，1991：1080.
② 中共中央文献研究室. 周恩来统一战线文选 [M]. 北京：人民出版社，1984：253-254.

11.3%，农业产值年均增长 4.5%，重工业增长 25.4%，轻工业增长 12.9%，相应的投资占比中，农业占比 7.1%，重工业占比 36.2%，轻工业占比 6.4%，虽然工业产值的大幅增长夯实了社会主义工业化的基础，但也造成了工业、农业比例的失调，严重影响农业的生产。这种现象引起了毛泽东的重视，所以毛泽东在党的八届三中全会上提出在继续发展重工业的前提下，落实工农业并举。虽然在社会主义道路的探索中，我们经历了一些错误，但是工业的主导地位依然不变，农业的基础性地位在实践的挫折中逐渐凸显。遗憾的是，城乡工农产业的正确关系并未在实践中践行。

（二）城乡产业互助发展时期（1978—2002 年）

1978 年，党的十一届三中全会通过了改革开放的决议，我国工作重心转移到制度的自我完善上，由于城乡工农业比例失衡问题较为显著，严重影响了社会的稳定和繁荣。因此，党中央出台了一系列农村改革的政策，要求发展农村产业，而市场经济的盛行打破了计划经济体制，为城乡产业互助创造了有利条件。1978—1984 年，城乡人口流速加快，加上城乡户籍松动等政策进一步加快了农村剩余劳动力涌入城市的速度，这就为城市产业的兴旺提供了充裕的劳动力。1985 年政府还取消了农产品统购统销模式，开放了农村市场，给予了农民支配产品的自由权。市场机制的建立密切了城乡产业的联系，加快了城乡资源要素的自由流动。这一时期，城乡产业发展迅猛。第一，农业发展迅速。1978—1998 年，农业产值从 1 018.4 亿元上升至 14 599.6 亿元，20 年时间涨了 13.3 倍，粮食产量从 30 477 万吨增至 51 230 万吨，为工业的发展筑牢了基石。第二，城市发展模式转型。伴随市场经济作用的发挥，城市依靠农民工廉价的劳动力降低了工业生产成本，实现了依托农村和农业剩余价值支撑向资本和廉价劳动力相结合的模式转变。第三，城乡产业互动频繁。一方面，剩余农产品的增加、城乡市场的开放、知青的返城等因素加速了城乡人口的流动和城乡产业贸易的来往。另一方面，农村城镇数量的扩大、乡镇企业的崛起加快了人力、资本要素的自由流动，打破了不同产业之间固有的壁垒。

（三）城乡产业优化发展时期（2003—2012 年）

为缩小城乡差距，推进城乡产业取得重大突破，国家致力于以"多予少取放活"的政策指引，解决"三农"问题。2004—2012 年，国家每年出台一号文件聚焦"三农"问题，具体实施了农村土地制度改革、公共服务供给、农业科技创新等政策扶持农村发展。2006 年，党的十六届六中全会明确提出了社会主义建设的主要任务：扭转城乡差距、建立城乡保障体系。2007 年，党的十七大强调工业化、城镇化要以"三农"问题的解决为基石，城市要发挥渗透功能，带动农村产业发展。通过城乡优势资源的流动，促进城乡一体化格局的形成。沿袭着这一发展思路，2010 年，党的十七届五中全会提出构建以城带乡的机制，不断加大以工促农力度，提高农业生产水平。据统计，2003—2012 年，第一、第二、第三产业年平均增长分别为 4.6%、10%、9.6%，三大产业均保持良好的发展势头。首先，农业增加值得到提高，实现了从 17 381.7 亿元到 52 373.6 亿元的 2 倍增长，粮食产量也实现了近 2 倍的增长，这证明了我国农业产业方式的转型，农业基础的增强，农业现代化的加速。其次，农业机械化程度得以增强，新型产业技术创新得以彰显，科技驱动城乡产业转变过去依靠要素粗放增长的方式，农业产业化趋势明显。截至 2012 年年底，农作物综合机械化率高达 57%，在对农业产业增长的贡献要素中，农业技术超过传统要素，贡献率达 53.5%。最后，如表 5-1 所示，一二产业占比有所下降，第三产业有所上升，说明产业结构在稳定的微调中不断优化。

表 5-1　2003—2012 年三大产业增加值占国内生产总值比重 单位:%

| 年份 | 产业 | | |
| --- | --- | --- | --- |
| | 第一产业 | 第二产业 | 第三产业 |
| 2003 | 12.8 | 46.0 | 41.2 |
| 2004 | 13.4 | 46.2 | 40.4 |
| 2005 | 12.1 | 47.4 | 40.5 |
| 2006 | 11.2 | 47.9 | 40.9 |
| 2007 | 10.8 | 47.3 | 41.9 |
| 2008 | 10.8 | 47.4 | 41.8 |
| 2009 | 10.4 | 46.2 | 43.4 |
| 2010 | 10.1 | 46.7 | 43.2 |
| 2011 | 10.0 | 46.6 | 43.4 |
| 2012 | 10.1 | 45.3 | 44.6 |

数据来源：国家统计年鉴。

（四）城乡产业协同发展时期（2013 年至今）

党的十八大提出，要健全城乡一体化，实现城乡共同繁荣。基于这一目标，党的十九大作出城乡全方位融合发展的战略部署，推行乡村振兴战略，让城乡平等参与到社会主义现代化建设之中①。一方面，国家加快城乡产业要素的流动，不仅完善制度建设，还鼓励城市产业向乡村辐射。另一方面，国家通过对城乡优势资源的整合，实现工农产业的深度融合。正是这些举措促使城乡产业结构得以优化，如表5-2所示。

表5-2  2013—2020年三大产业增加值占国内生产总值比重 单位:%

| 年份 | 产业 | | | | | | | |
|---|---|---|---|---|---|---|---|---|
| | 2013 | 2014 | 2015 | 2016 | 2017 | 2018 | 2019 | 2020 |
| 第一产业 | 8.9 | 8.6 | 8.4 | 8.1 | 7.5 | 7 | 7.1 | 7.7 |
| 第二产业 | 44.2 | 43.1 | 40.8 | 39.5 | 39.8 | 39.7 | 39.0 | 37.8 |
| 第三产业 | 46.9 | 48.3 | 50.8 | 52.4 | 52.7 | 53.3 | 53.9 | 54.5 |

数据来源：国家统计年鉴。

根据2012—2020年三大产业增加值占国内生产总值比重数值，可以发现三大产业增加值的占比中，第三产业所占比重超过50%且数值趋于平稳增长，说明了城乡产业由工业主导型向服务主导型模式的转变，这主要是由于第三产业自身的特质所致。较之另外两大产业，第三产业能吸纳更多的劳动力、降低GDP能耗，有效缓解第一、第二产业中资源紧缺的问题。除了第一、第三产业关系紧密，第一、第二产业的联系也更加密切了，这不仅因为第一、第二产业的融合能延伸农业产业链，还能提升农业附加值，升级城乡产业模式，加强城乡贸易的联系，如表5-3所示。

表5-3  2012—2020年农副食品加工业基本情况

| 年份 | 企业数量/个 | 产成品/亿元 | 累计增长/% | 利润总额/亿元 |
|---|---|---|---|---|
| 2012 | 21 414 | 1 640.09 | 10.76 | 2 671.51 |
| 2013 | 23 080 | 1 835.13 | 8.7 | 3 105.32 |
| 2014 | 23 784 | 2 048 | 9.3 | 3 069.9 |
| 2015 | 24 897 | 2 055.3 | -0.4 | 3 233.8 |

---

① 习近平.决胜全面建成小康社会夺取新时代中国特色社会主义伟大胜利：在中国共产党第十九次全国代表大会上的报告 [J]. 共产党员, 2017, (21): 4-25.

表5-3（续）

| 年份 | 企业数量<br>/个 | 产成品<br>/亿元 | 累计增长<br>/% | 利润总额<br>/亿元 |
|---|---|---|---|---|
| 2016 | 25 853 | 2 145.5 | 3.3 | 3 422.8 |
| 2017 | 26 473 | 2 177.4 | 5 | 3 147 |
| 2018 | 25 007 | 2 021.5 | −0.7 | 2 124.4 |
| 2019 | 22 401 | 2 098.3 | 7.3 | 1 887.6 |
| 2020 | 21 453 | 2 129.8 | 3.4 | 2 001.2 |

数据来源：国家统计年鉴。

2012年至今，我国工业中的涉农产业呈现较强的增长态势，规模较大的农副食品加工企业数量整体呈增长趋势，且其累计增长率趋于平缓，证明了第一和第二产业的融合是适应社会主义市场经济发展的。

**三、城乡产业协同发展平台现实探索**

为了推进城乡一体化进程，在搭建城乡产业协同发展平台时，必须守住底线，确保耕地红线和生态保护红线不突破，农民利益不受损，乡村文化根脉不断裂。基于此，成都市蒲江县以"创新大科技、建设大基地、共创大市场"为原则，以产业链思维为指引，积极打造国家级特色水果产业园。据调查，蒲江特色水果产业园的总面积达316.28平方千米，占全县面积的54%，囊括一街道三镇二乡和71个村（社区），农业人口共计12.28万人。园区以绿色兴农、质量兴农为准则，以建设国家级现代农业产业园，打造产品安全、资源节约、产业高效、环境友好的"国际化、世界级绿色有机水果产业高新高地"为目标。蒲江走出了一条具有地方产业特色的富民路线，这是值得各地吸收和借鉴的。

（一）统筹产业布局，筑牢城乡产业基石

一是强化管理体制，统筹园区运营。产业园区的出现是为了统筹城乡产业布局，其运营依赖于有序的管理体制。为此，蒲江县以"一园一城一环二基地"为规划蓝图，将园区按照功能模块合理布局，并搭建了"管委会+投资公司"的运营管理模式，配套相关的管理委员会，主要由县委县政府正局级派出机构组建，辅之以国有农投公司的协助，实现园区"规划建设、环境营造、产业布局"层面的三个统筹，打造了集农商文旅融合于一体的发展环线。目前，蒲江县水果精深加工物流园处于竣工投入使用之

217

中，蒲江县阳光味道水果产业新城处于全面建设之中。其中，最具市场影响力的晚熟柑橘标准化种植基地和猕猴桃标准化种植基地总面积达18万亩，该种植基地集采摘、物流、观光于一体，极大地丰富了产业园区的功能定位。二是引进专业人才，培育特色产业。蒲江县基于自身的优势资源，积极创新要素配置机制，培育良性的生态循环。其一，加快农村产权制度的改革，提高农村土地资源利用效率。通过完善土地"三权分置"配套办法，蒲江县实现了63.51%的土地流转率。其二，注重人才的培养，重点组建柑橘专家团队和猕猴桃研究队伍。其三，吸引社会投资。自2017年以来，园区共引进了9个重大农业产业化项目，总投资165亿元。三是改革经营机制，推动连片发展。蒲江县通过改革农业经营体制，积极打造规模较大、层次较高、创新能力较强的产业园区，由此形成产业集群，充分发挥区域性辐射作用。蒲江县具体通过引导农民合作社、龙头企业等新型经营主体，依托技术托管、股份合作、授权种植等多种形式，借助农民建立的"公司+土地股份合作社""公司+合伙人+订单"等紧密的利益联结关系，带动当地猕猴桃和柑橘产业的发展。基于多样化的发展模式，蒲江产业园区的主导产业集中度超过90%，农户带动面高达85%。近三年来，园区内的农民人均可支配收入增长率均在9.5%以上。

（二）创新数字科技，提升城乡产业效能

一是创新科技，搭建"一个平台"，实现技术革新。蒲江县以科技为驱动，积极与中国科学院柑橘研究所、武汉植物园等重点科研单位合作，共建产学研一体化平台，不但建成了四川省猕猴桃工程技术中心，还在新建柑橘工程技术中心、四川农业大学科研试验示范基地。这些均为相关技术人员开展水果后熟技术、优质水果种质控制、精深水果加工、配套应用等技术研究，以及同日本、新西兰等国家建立科研交流合作关系提供了契机。近三年，蒲江县累计实现了13项科技成果的转化。二是健全体系，推进"五大服务"，完善数字系统。要加强城乡产业互动，必须完善综合服务体系，以公共服务机构为依托，以社会组织为骨干，开展多种形式的农业社会化服务。蒲江县在与北京嘉博文生物科技公司的合作下，搭建耕地质量提升"5+1"综合服务体系，全面、系统推进养土肥田、高效农机、生物防控、土壤环境大数据平台、有机质循环养地利用"五大服务"。为了进一步细化这"五大服务"系统，蒲江县依托成都新朝阳作物科学有限公司完善了相关的数字系统，具体包括构建健康植保服务体系，作物营养全程管理、全面建设土壤健康全程管理、农业信息化物联网服务、质量安全追溯等 8 大系统。三是制定章程，实行"四个统一"，强化标准生产。为促使城乡产业发展的规范化，蒲江县制定了相关章程，包括《蒲江猕猴桃冷藏技术规程》《蒲江柑橘栽培技术规程》《浦江猕猴桃标准化生产技术规程》《蒲江丑柑生产技术规范》等 18 个地方规章，并强化产业生产的标准指引，按照统一标准、统一检测、统一管理和统一培训这"四个统一"要求，发展标准化生产。据统计，产业园的种植标准化覆盖率达 98%，园区 GDP 认证产品及"三品"数量累计达到 75 个。四是绿色转型，实施"三大工程"，提高资源利用。在绿色发展理念的指引下，蒲江县加快落实绿色有机生产、面源污染治理和水土共治三大工程。其一，全面打造有机肥替代化肥的示范区，共计完成了 3 万亩耕地节水灌溉和 25 万亩次耕地质量提升，实现了 10 万亩耕地绿色防控的推广和 13 万立方米畜禽粪污还田面积，化肥农药的使用量年均降低 10%。其二，开展农药包装物回收处理试点，果袋、秸秆等废弃资源的回收利用率达 98%。其三，制定绿色有机生产技术规则，绿色有机认证面积高达 3.72 万亩，建成出口备案基地 2.6 万亩。

（三）转化链条业态，加快城乡产业融合

一是打造知名品牌，重塑产业链。伴随自媒体的兴盛，蒲江县综合运用传统媒体和新兴媒体，打破城乡的实际空间距离，将特色产品的生产、包装等做到极致，依托品牌的影响力，重塑产业链。蒲江县作为丑柑和猕猴桃的盛产地，在实践中主推这两大区域公共品牌的策划和宣传。例如：高水平举办品牌农业国际研讨会、丑柑产地推介会、猕猴桃北京推介会等重大节会，组织企业参与国内国外展会活动。蒲江县通过自我学习和自我推广提升农业品牌的知名度和影响力。据不完全统计，蒲江产业园区共培育进驻了 1 200 余家新型经营主体，孵化了 43 个诸如"鲜农分享""新朝阳"和"柳桃"等知名企业品牌，并带动周边区域经济的发展，其中，50 余万亩优质水果就是其辐射效应的产物。二是依托物流配送，延展供应链。基于猕猴桃、柑橘这些水果产品自身保鲜难、储存不易等基本特质，蒲江县采取就近就地商品化处理的办法，配套搭建优质水果产地物流中心，大力引进菜鸟、圆通、顺丰等物流公司 20 余家，并打破了区域之间的界限，建立北京新发地、浙江嘉兴等国内大型农产品交易市场，借助线上线下外销平台，实现农产品产供销的"一站式服务"。此举既拓宽了蒲江本地优质水果的销售渠道，又辐射带动西昌火龙果、攀枝花杧果等特色水果的加工转运。三是聚焦电子商务，提升价值链。淘宝、微商、直播小程序等电子商务的盛行，为城乡互动提供了良好的社会环境。蒲江县通过搭建电子商务产业园，构建产业协同动态网络体系，制定了"十大服务八免四补"的扶持政策，让入驻企业享受定期培训、融资担保等服务，提供中转仓储、房租等减免政策和网络营销、物流包装等补助政策，这些优惠的扶持政策吸引了一批电商的进驻。据调查，蒲江县培育发展了电商主体3 400余家，其中"鲜农分享""爽购网"等本土电商企业50余家。蒲江县采用这种以电商经营催化商品营销的手段，在品牌策划—包装设计—艺术植入—产品营销的过程中，将农产品包装成网销高端伴手礼，以此促进产品附加属性的全面提升。四是加快产业融合，转化生态链。蒲江县按照农、商、文、旅、体融合，打造全域景观景区的理念，依托生态农业基底和农耕文化底蕴，完善基础设施旅游化改造，改建现有农村道路为乡村绿道，积极开发休闲观光、采摘体验、旅游康养等多元主题的乡村旅游，培育发展精品民宿、高端休闲度假、体育运动等新业态，形成成都现代农业示范带、长秋山晚熟柑橘采摘体验基地和猕猴桃观光带，促使产业和生态形成良性的互动，通过政府引导、社会合作、自主参与形成社会合力，以此推动生产、生活和生态有机结合在一起。据统计，蒲江县已发展特色农家乐和乡村酒店105家。

### 四、城乡产业协同的未来图景

城乡产业协同承载着不同领域、不同群体的共同意愿，体制机制的创新是城乡产业协同发展的内驱动力。蒲江县通过在政策指引、市场导向、资源规整等层面促进土地、劳动力、技术等要素的自由流动，为城乡一体、乡村振兴提供保障。蒲江县构建城乡产业协同发展平台是培育城乡产业协同发展的典型案例，此举有效推动了城乡要素的跨界配置与产业的有机融合。

（一）规划先行，整体统筹与规模集聚耦合，筑牢城乡产业融合发展"桥头堡"

一是建立完善城乡统筹规划制度。蒲江县以城乡一体化设计为抓手，科学编制发展规划，统筹安排城镇建设、村落分布、生态涵养、农田保护等空间布局，提高空间规划和使用的科学性和合理性。依照"多规合一"

的要求整体编制市县空间规划，以实现土地资源利用和城乡发展规划有机融合。二是建立完善城乡基础设施一体化规划机制。蒲江县统筹规划城乡道路、供水、供电、信息、防洪和垃圾污水处理等基础设施，推动乡村基础设施提档升级。完善交通网络，畅通城乡交通运输脉络，打通"最后一公里"。加快新型基础设施建设，统一技术规范和标准、制定数据开放标准。对乡村供电、电信和物流等经营性为主的设施，可采用 PPP 模式进行市场化建设运营。

（二）要素主导，提质管控与特色引导耦合，点燃城乡产业融合发展"强引擎"

一是改革完善土地制度。蒲江县制定农村承包地制度，加快农村承包地确权、登记、颁证，在依法保护集体所有权和农户承包权前提下，完善农村承包地"三权分置"制度，以进一步放活土地经营权。规范农村土地流转，鼓励土地经营权折资入股，推动农业的产业化经营。进一步推动集体建设用地使用权的确权、登记与颁证，符合政策条件下，尽快推动农村集体经营性建设用地入市，以支持相关产业和企业的用地需求，最大化农民的利益，进一步激发农民的积极性。二是建立完善城市人才入乡激励机制。蒲江县加快培育乡村规划设计、项目建设运营等方面人才。出台财政、金融和社会保障等激励政策，吸引各类人才到乡村创业就业，特别是本地人才返乡创业就业。针对各类人才的子女，给予入学教育、就医等相关特殊政策。与高校对接，定点培养扶持相关产业的人才，毕业后到乡村扎根、服务一定年限。推进大学生村官与选调生工作衔接，完善岗位补贴等优惠政策，引导高校毕业生到乡村任职。建立城乡人才的交流合作机制，依托岗编适度分离等模式，推动城市教师、医生等人员轮流定期到乡村工作，对服务乡村的人员在职称评定、工资待遇、职务晋升等方面给予倾斜。三是建立完善城乡财政金融服务体制机制。蒲江县发挥政府财政资金的引领作用，对有利于城乡融合发展的相关载体和平台建设的机构和个人进行补助，以撬动吸引更多社会资金投入。打造便利化、制度化的营商环境，引导社会资本为城乡融合发展提供产业、资金、技术等方面的支持。创新完善中小银行和地方银行金融产品服务，推出适合农民和中小微企业"短、小、急、高"融资需求的产品，对用于乡村发展的贷款利率进行补贴。加快建立农村集体经营性建设用地使用权、农民房屋财产权的抵押融资机制，推动建立集体资产股权、承包地经营权等担保融资机制。四是建立完善科技成果入乡转化机制。蒲江县健全产学研用合作机制，建立技术成果的转移转化机制，针对乡村创新人才不足，由政府牵头在北京、上海、深圳等大城市设立飞地研发机构，研发在外地，项目投产落户在本地，依托大城市的人才资源，高端人才不直接引进，在飞地研发机构创新研发，享受人才的引进政策。发挥政府职能，推动科研成果的市场化转化推广，赋予科研人员科技成果所有权，设计好利益分配方式，以提高科研人员的积极性。

（三）业态赋能，理念指引与创新发展耦合，激活城乡产业融合发展的"助推器"

城乡产业协同涉及城乡产业与生态、文化耦合的互动机制。因此，在新时代，面对数字化改革如火如荼开展的现状，如何促进产业升级并且融入社会主义市场经济之中，这是亟待解决的问题。对此，蒲江县给出了参考路径。一是利用双循环，促进产业生态化。生态融合是城乡产业协同的绿色基础，也是城乡产业生态系统建构的起点，应当从产业生态发展培育入手，完善产业生态体系，逐级打造三大产业生态链网。其一，利用循环经济转化秸秆、沼泽等废弃物，使其成为生态链上有效的绿色资源，在企业内部实现三大产业功能的整合，通过废弃物转化—资源利用—产品生产的过程实现产业生态链的综合闭合。其二，打通不同生产部门、生产环节和产业之间的联系通道，实现资源的共享，建立起种植业、养殖业以及废弃物之间良性循环的机制。其三，运用企业内外的资源流动，丰富资源利用的多元化，从空间上实现"企业内自循环、企业之间互循环、企业区域内外大循环"的目标。二是提升软实力，构建产业人文化。城乡产业融合发展离不开文化的支撑。因此，我们既要创新特色文化内容，培育新动能，基于资源、地域、民族、风俗的差异产生不同的区域文化，需要与现代化的表达和产业化的市场相融合，不断赋予城乡产业的软实力；又要创新文化传播载体，搭建新阵地，不仅要依托官方媒体报道，还要借助民间媒体宣传，由此提高地方品牌产业的曝光率和知名度。三是运用数字化，拓宽产业智能化。大数据、云计算、人工智能、物联网等新技术蓬勃发展，有效推动了新产业、新业态的培育发展，数字经济与实体产业的深度融合为城乡产业发展注入了更强大的创新活力，各个行业迎来了数字化发展的新机遇。产业数字化、智能化转型升级是新一轮科技革命和产业变革的大势所趋，我们要积极引导企业拥抱新技术，特别是龙头企业，鼓励自建数字化平台，引领中小企业融入龙头企业产业链，真正促进产业链的融合发展。

# 第六章　景观篇：生态延续未来，
## 促进乡村振兴的可持续性

　　离开劳动，社会发展就会停滞，离开人与自然之间的物质交换，劳动也就无从谈起，物质交换过程的中断必然会阻碍再生产的继续，社会的可持续发展也就难以为继。当前社会的发展已经到了这样一个阶段，我们不得不从生产的本质出发，去"揭示生产、消费、需求、商品和环境之间的关系"[①]。在乡村振兴战略推进过程中，我们特别强调生态产品的价值实现，其实质探讨的是"人是目的"还是"自然是目的"的问题，其实这两个问题本身并不矛盾：人作为具有自然属性和社会属性双重性质的存在物，一方面以自身为目的，求得自我实现，无可厚非；另一方面，自然处于永恒的运动变化和发展之中，"大化流行，生生不息"，大自然也是合目的性的存在。作为自然人，以自我为目标，进化为自觉自为的人，本身就体现了自然的合目的性。敬重生命是为了更好地服务于人，而服务于人本身就是敬重生命，这是一个有机的循环系统，在这个系统中"敬天循道"是前提。如果我们只是片面地强调"人是目的"，将自然视为"我们的资源供应站"，予取予求，必然造成人与自然之间的物质变换系统被打破。要恢复这一循环系统，我们需要"无为而治"。"无为"，并非无所作为，而是要求我们必须坚持适度原则，适可而止，不要超过自然可承受的极限，平等地对待大自然的一切生命，用生命轮回的理念替代我们长久以来错误的时间观念——先污染后治理，先破坏后重构。莫以人为摧毁自然，莫用智巧破坏命定，莫因虚荣贪得无厌，我们应当回归真实，回归自然，通过产业的转型升级，敬重生命、保护生命，这样才能用强大的生命肯定

---

　　① 阿格尔. 西方马克思主义概论 [M]. 慎之，等译. 北京：中国人民大学出版社，1991：486.

感来应对生命否定的行为，这些生态理念正是"十四五"规划中乡村振兴的内核。

## 第一节　守住绿色生态的内涵与价值

### 一、绿色生产方式与生活方式建设的价值维度：多重理念的有机融合

首先，以习近平生态文明思想为指引。中国自古以来就非常注重"天人合一""道法自然"，追求人与自然和谐共处的人居环境。在全面推进经济社会建设的今天，党更是以习近平生态文明思想为指引，在新型城乡建设过程中大力推行绿色生产方式和绿色生活方式。新型城乡化建设的目标和使命，决定了绿色生产方式与生活方式建设必须以习近平生态文明思想为指引，绿色不仅是指可见的景观，更是新城乡发展的一种潜移默化的理念，居民生活的一种约定俗成的方式。

其次，改革创新观精神。推动绿色生产方式与生活方式建设，需要融入改革创新精神，"建设以资源环境承载力为基础、以自然规律为准则、以可持续发展为目标的资源节约型、环境友好型社会"，这是"绿色生态型"社会的内涵和本质。优秀传统需要继承，但改革创新也必须继续，推动绿色生产方式与生活方式建设，并非要放弃对物质生活的追求，回到原始的生活方式，而是要跳出消费主义和资本逻辑的怪圈，寻找生产与生活的新的生长点，立足于人民各项需求，提升社会文明理念、居民思想素质，以可持续发展为导向，倡导自律自觉的生活生产方式，将居民的行为控制在环境承载能力范围之内，注重居民经济福利的同时加强环境权益保护，构建起具有现代意义的绿色生态型城乡。作为人与环境和谐的生态系统，绿色发展要求要保护生态、消除污染、合理利用资源，这需要我们不断地改革创新，建立健全生态保障体系，推动低碳循环经济的发展，实现新型城乡的维护、重建与发展，资源、环境与经济的齐头并进。

最后，多元价值观大同。费孝通先生曾经指出："各美其美，美人之美，美美与共，天下大同"，绿色生产方式与生活方式的建设必须始终以习近平生态文明思想为指引，即应坚持"一元统领"，在习近平生态文明思想指导下实现"单一到整合、一维到多维"的科学发展，又应坚持"兼容共生"，理性分析应用多元的社会思潮，发挥后发优势，释放绿色生态

的最大红利，适应城乡建设的新期待。

## 二、绿色生产方式与生活方式建设的内在要求：把握辩证统一的内涵

马克思认为人类是"A tool making animal"①，在《资本论》中他将自然生态系统放在社会关系系统中考察，正是源于人是制造工具并运用工具劳动的自然存在物，人通过劳动实现生命的物化，并通过劳动将自我、他人与自然紧密联系在了一起。马克思指出：劳动是"以自身活动来引起、调整、控制人与自然之间的物质变换过程"②，在劳动过程中，人与自然之间实现物质循环过程，人类通过劳动将自然"加到他身体的器官上，不顾圣经的训诫，延长了他的自然的肢体"③。马克思在《资本论》中明确表示，人的生存发展离不开自然界，土地等自然物给人们的劳动和生活提供场所，其他自然物给人们的物质生产活动提供了资源保障，离开自然，劳动也就无从谈起。在人类给自然界打上人的意志印记的过程中，人类活动将直接影响到自然界的存在和发展，而人对自然的依赖性又决定了人类对自然界的改造不能为所欲为，因为这种改造"是在直接碰到的、既定的、从过去继承下来的条件下创造"④。人类必须"借助劳动资料使劳动对象发生预定变化"，发生变化后的劳动对象也仅仅只是"经过形式变化而适合人的需要的自然物质"⑤，因此，在马克思看来，"劳动是……人类生活得以实现的永恒的自然必然性"⑥，它的作用是双方面的，一方面，人类从自然那里获得了所需的物质，另一方面，自然也接受了人类的改造。同时，由于"自然规律是根本无法取消的"⑦，在人类与环境相互影响相互作用的过程中，环境是我们"理解'人的本质'东西的现实基础"⑧。因此，我们要想通过劳动推动社会向我们理想的方向前进就必须注重生态补偿，应

---

① 马克思. 资本论：第一卷［M］. 中共中央编译局，译. 北京：人民出版社，2004：210.
② 马克思. 资本论：第一卷［M］. 中共中央编译局，译. 北京：人民出版社，2004：208.
③ 马克思. 资本论：第一卷［M］. 中共中央编译局，译. 北京：人民出版社，2004：209.
④ 马克思，恩格斯. 马克思恩格斯文集：第2卷［M］. 中共中央编译局，译. 北京：人民出版社，2009：470-471.
⑤ 马克思. 资本论：第一卷［M］. 中共中央编译局，译. 北京：人民出版社，2004：211.
⑥ 马克思. 资本论：第一卷［M］. 中共中央编译局，译. 北京：人民出版社，2004：56.
⑦ 马克思，恩格斯. 马克思恩格斯文集：第四卷［M］. 中共中央编译局，译. 北京：人民出版社，2009：368.
⑧ 马克思，恩格斯. 马克思恩格斯文集：第一卷［M］. 中共中央编译局，译. 北京：人民出版社，2009：544.

该以"人道占有"的方式将自然"改造为符合人的本质的世界"，敬重生命，物我合一，发掘价值，"按照美的形式来塑造人与自然的关系"①，最终实现天地之大美，这就是生态产品价值实现的基本内涵。这就要求我们在社会实践中，加速实现"绿水青山"向"金山银山"的转化，"绿水青山"是指良好的生态环境及与良好生态环境相关联的生态产品，"金山银山"喻指经济收入及与收入水平相关联的民生福祉②。习近平总书记的《从"两座山"看生态环境》一文详细阐述了"两山"理念的三大发展阶段，"第一阶段用'绿水青山'去换'金山银山'，不考虑或者很少考虑环境的承载能力，一味索取资源。第二阶段既要'金山银山'，但是也要保证'绿水青山'。第三阶段是认识到'绿水青山'可以源源不断地带来'金山银山'，'绿水青山'就是'金山银山'。"③"两山"理念的提出从根源上打破了简单地把发展经济和保护生态环境矛盾对立的僵化思维束缚，"绿水青山"和"金山银山"不是"鱼与熊掌"，非得有所取舍，两者是辩证统一的，可以形成浑然一体、协调共生的关系。在正确处理好经济发展同生态环境保护的关系前首先要认识两者的内在联系，才能在实践中坚持和遵循生态产品价值实现规律。

### 三、绿色生产方式与生活方式建设的实践路径：生态经济化和经济生态化

生态经济化和经济生态化的前提是生态环境的经济属性，生态环境具有显著的公共资源属性、稀缺性和双重外部性④，公共资源没有排他性但存在竞争性，每个人都有享受绿色生态的权利，谁都无法妨碍或阻止其他人使用，人的自私属性往往不考虑生态的承受力，导致过度使用。绿色生态相对于人的需求是稀缺的，会随着人类不断地消耗日益减少甚至枯竭，直至破坏生态平衡。有些企业或个人挥霍性地开发生态环境这个稀缺品，破坏和污染生态环境，让其他人的利益受损，带来负外部性影响；政府通

---

① 卡普拉，斯普雷纳克. 绿色政治：全球的希望 [M]. 石音，译. 北京：东方出版社，1988：57.

② 沈满洪."两山"重要思想在浙江的实践研究 [J]. 观察与思考，2016（12）：23-30.

③ 吴宁，刘玉新. 论习近平总书记对生态文明建设重要论述的创新及其意义 [J]. 湖南社会科学，2018（2）：10-19.

④ 曾贤刚，秦颖."两山论"的发展模式及实践路径 [J]. 教学与研究，2018（10）：17-24.

过生态建设、保护和修复，促进了生态价值和社会价值的外溢，免费使其他人受益，带来正外部性的影响。正外部性是生态产品得以最大限度实现价值的主要动力。

莱斯特·R·布朗所提出的以生态法则为导向的生态化经济模式是一种具有可持续性的经济发展模式，能以资源环境压力零增长或负增长实现经济的绿色增长①。生态经济化是将绿色生态的价值转化为经济资本，实现生态价值的可视化，一是将"绿水青山"的价值作为一种生产要素资产化；二是发展内生外联产业②，也就是习近平总书记所指出的"如果能够把这些生态环境优势转化为生态农业、生态工业、生态旅游等生态经济的优势，那么绿水青山也就变成了金山银山"③。生态经济化也可以通过产权制度和财税制度方式，如实行自然资源权、排污权、碳排放权等环境资源产权的有偿使用和交易制度，通过征收资源税、碳税等措施惩罚负外部性，利用生态补偿、低碳补助、循环补贴等政策奖励正外部性。经济生态化则要加快供给侧结构性改革，加快推动绿色、循环、低碳发展，积极推动产业生态化，建立绿色的产业结构。产业升级要紧紧依靠科技创新，形成绿色、循环、低碳的生产方式，同时，逐步培养绿色化的消费意识和消费习惯，从消费端倒逼产业升级。

**四、绿色生产方式与生活方式建设的根本遵循：坚持绿色可持续发展**

绿色发展概念最早出现在联合国开发计划署公布的《2002 年中国人类发展报告：让绿色发展成为一种选择》④。胡鞍钢于 2005 年提出了"21 世纪人类发展的主题是绿色发展"的观点，并对绿色发展下了定义："绿色发展是一种社会、经济、生态三位一体的发展道路，以低排放、低消耗、合理消费与生态资本不断增加作为主要特征，以绿色创新作为基本途径，以增加人类绿色福利与积累绿色财富作为根本目标，以实现人与自然之间

---

① 莱斯特.B 模式 2.0：拯救地球，延续文明 [M].林自新，暴永宁，译.北京：东方出版社，2006：1.

② 刘海霞，胡晓燕."两山论"的理论内涵及当代价值 [J].中南林业科技大学学报（社会科学版），2019（3）：6-10，16.

③ 习近平.之江新语 [M].杭州：浙江人民出版社，2007：153.

④ 付伟，罗明灿，李娅.基于"两山"理论的绿色发展模式研究 [J].生态经济，2017（11）：217-222.

的和谐和人与人之间的和谐为根本宗旨。"① 绿色发展作为一种现代发展观，在新发展理念中起着方向性作用。"两山"理念是绿色发展的理论源泉，也是新发展理念的理论先导。建设现代化强国必须转换发展方式，高质量发展必须坚持绿色发展，发展资源友好型、环境友好型产业，构筑绿色发展的生态体系，将绿色发展理念融入新型城镇化、信息化、工业化和农业现代化等经济社会发展的全过程，用最严格的生态环境保护法律和制度，严格落实到每一个环节、每一个方面。

## 第二节 守住绿色生态面临的挑战

改革开放以来，伴随四川省经济的持续高速发展，资源却日渐枯竭，环境却日趋恶化，在成绩斐然的背后，折射出经济社会与生态环境、人与自然关系紧张、断裂的不和谐局面。虽然成都市温江区生态宜居建设总体发展势头良好，但根据《温江区生态市建设规划》《国家生态县、生态市、生态省建设指标》《关于印发〈国家生态建设示范区管理规程的通知〉》的要求，目前温江区在意识和硬件层面还存在着影响生态宜居市创建的因素，生态宜居市建设面临新问题和新挑战。

### 一、意识层面存在的挑战

一方面，生态文明制度尚未健全。目前，温江区环境综合决策、区域协调联动机制、企业生态文明制度建设和监督机制尚不完善，体现生态文明要求的目标体系、考核办法、奖惩机制尚未建立，市场化的环境经济制度和环境保护社会监督机制等有待健全。另一方面，少数领导认识还不到位。温江区少数乡（镇）和部门领导对创建生态宜居市的必要性、可行性认识不到位，没有充分认识到建设生态宜居市是保障和改善民生的具体体现、是推进城乡环境综合整治的重要抓手。此外，公众参与意识尚不够强。公众的环境意识主要停留在自我保护层面，自觉保护环境、监督环境的意识不强，尤其对主动参与生态宜居市创建的积极性还不够。面对越来

---

① 黄聪英. 马克思的"人与自然"思想探微：读《1844 年经济学哲学手稿》的体会 [J]. 长春工业大学学报（社会科学版），2013（1）：32-35.

越严重的生态危机，我们明白生态危机会产生毁灭性的后果，但我们无所作为；我们知道要赶在最坏的结果到来之前采取行动，但我们没有行动，这种无所谓的"生态麻木"让我们离生命消殒越来越近。要"金山银山"还是要"绿水青山"，这种抉择使四川发展陷入了两难的境地，加之人们对物质生活的追求驱使人们在思想观念上青睐于牺牲自然以实现经济的快速发展。因此，农村和城市、农业和工业的发展与治理难题倒逼着四川必须采取科学的方法和务实的态度进行解决。

## 二、硬件层面存在的挑战

当前温江区距离生态宜居市创建基本条件和建设指标还有一定差距。一方面，温江区国家级生态乡镇数量不足，环保配套设施建设相对滞后，城市环境基础设施建设不够完善，工业企业集中度不高，大量"三无"企业有待规范整治，部分农村地区人居环境质量不高。另一方面，生态环境的承受能力有限。长期的粗放型发展模式导致四川经济出现高耗能、高排放、高污染的趋势，这无疑加深了经济与自然之间的矛盾。而随着人口的迅速增长，在资源有限的前提下，人均生态占有空间减少，生态的承载能力和人均生态的占有矛盾也日渐凸显，如何在自然的承受范围内保障新增人口的权益、改善人民的生活水平便成为温江区亟待解决的问题。我们亟须找到一种良性的可循环的生产和消费模式以减少资源的消耗。如：中小支河流大多受畜禽养殖和生活污染影响，农业污染问题依然严峻，大气环境质量有所下降，部分场镇绿化覆盖率偏低，人均公共绿地面积达不到生态建设要求。

# 第三节　绿色生态本底的理想常态

因为劳动是人与自然之间的物质变换过程，因而单纯地以大工业化水平和资本逻辑来衡量社会文明水平必然导致生态的失衡。在这样的基础上，马克思在《资本论》中进一步提出，只有实行公有的产权机制，才能打破资本逻辑对自然的诅咒，实现人对自然生态的补偿，这应该也是"十三五"规划中绿色发展的逻辑常态。

马克思在《资本论》中指出：人们"为了维持和再生产自己的生命必

须与自然搏斗"①。有人指出，这种搏斗是否证明了人与自然之间无法和平共处？其实不然，在人类社会早期可能由于生产力的落后，人类对自然抱着敬畏的态度；在生产力急剧发展时期可能由于自负心理的膨胀，人类对自然抱着征服的态度；但在理想的未来社会由于生产能力与认知能力达到一种新的高度，人类脱掉了自然束缚的枷锁，克服无度索取的欲望，在无数次的互动里找到调和点。而这理想的未来社会便是实行公有产权机制的共产主义社会，是联合起来的劳动者通过控制自然，让人类免受盲目力量的控制；同时在符合善之本性与自然规律的条件下，调节人与自然的物质变换过程，实现自然尺度与人的尺度的有机统一的高级社会形式②。在这个理想社会里，"对人的本质和人的生命、对象性的人和人的产品的感性的占有"不是享受也不等同于占有，而是"人以一种全面的方式去占有自己全面的本质"③，或者可以说是"按照美的规律来构建"④，它表明了在公有的产权体制下，人们的改造活动进入了新阶段——物质欲望仅是人们更高追求的生活基础罢了；它表明了在公有的产权体制下，人们的活动标准进入了新阶段——更少更好原则取代了利益最大原则、生态合理性取代了粗放的资本逻辑、经济的理性增长取代了经济合理性⑤。

总之，马克思认为只有公有制才能补偿资本逻辑引发的生态危机，也只有公有制才能恢复生态补偿的常态。无论是批判资本主义对生态的破坏，还是憧憬共产主义对生态的补偿，马克思的这些观点对我们国家推进乡村振兴都具有重大意义。马克思在《资本论》中以土地为例讲了这样一段话，在公有制的社会里，人们"作为好家长，把经过改良的土地传给后代。"⑥ 马克思这种可持续发展的理念虽然是建立在理想的价值理念基础上，但不可否认马克思也看到了补偿自然、建立生态循环系统的可能性。

① 马克思. 资本论：第三卷 [M]. 中共中央编译局，译. 北京：人民出版社，2004：929.
② 马克思. 资本论：第三卷 [M]. 中共中央编译局，译. 北京：人民出版社，2004：928-929.
③ 马克思，恩格斯. 马克思恩格斯文集：第一卷 [M]. 中共中央编译局，译. 北京：人民出版社，2009：189.
④ 马克思，恩格斯. 马克思恩格斯文集：第一卷 [M]. 中共中央编译局，译. 北京：人民出版社，2009：162.
⑤ 孟鑫，胡军. 生态危机的制度原因：生态社会主义的理论主张 [J]. 中共中央党校学报，2002（1）：4.
⑥ 马克思，恩格斯. 马克思恩格斯文集：第五卷 [M]. 中共中央编译局，译. 北京：人民出版社，2009：878.

### 一、采取理性的发展战略

改革开放以来，伴随着经济的快速发展，环境问题成为不可忽视的问题，以经济指标说话的资本理性正不断以生态换取生产。高污染的工业化和城市化是社会文明的标志？还是社会退步的标志？要回答这个问题、改变这种现状，必须遵循《资本论》中的循环经济思想，以价值理性取代资本理性，以循环经济取代掠夺经济，补偿生态，实现人与自然之间的物质变换的和谐循环，避免走先污染后治理、先浪费后补偿的老路。

在《资本论》中马克思提到，人类控制、改造自然的活动是有限的，除了与自然和谐共生，探寻不到第二条可持续发展的路子。因此，在推进社会主义市场经济的进程中，必须在生态补偿和绿色发展理念的指导下，制定资源节约型、环境友好型发展战略，注重资源价值，将生态补偿纳入价值核算体系，注重合理开发节约利用，通过核算、折旧、再利用的方式，走生产发展、环境友好的发展道路。马克思在《资本论》中特别强调"排泄物的再使用"，在公有制的社会，"生产废料将再转化为新的生产要素"或商业对象回到生产环节①。这种循环的实现需要三大条件，而这三个条件可以成为实现生态建设的主要方向。

首先是"原料的日益昂贵"，迫使生产者不得不节约集约利用资源②。当前，全球性的资源价格快速上升，但是在以资源投入为经济主要驱动力的我国，廉价使用或无偿使用资源的现象仍然普遍存在，造成资源价格扭曲，从而导致使用者缺乏使用压力，浪费和低效使用现象严重，对资源的重复使用率和利用率低于国外，不变革资源价格就无法从根本上变革我国的生产方式。因此，我们必须对资源价格进行一个总体上的调整或管制，建立资源市场和资源价格的自动反馈机制；必须改革资源使用制度，以资源分类分级为基础建立包括有偿取得、负担成本的全面有偿使用制度；明确环境治理与生态恢复责任，制定合理的税费标准，加强排污处理的征收力度。

其次是"大规模的劳动"产生大量的废弃物，这些废弃物"只有作为

---

① 马克思，恩格斯. 马克思恩格斯文集：第七卷［M］. 中共中央编译局，译. 北京：人民出版社，2009：115.

② 马克思，恩格斯. 马克思恩格斯文集：第七卷［M］. 中共中央编译局，译. 北京：人民出版社，2009：94.

大规模生产的废料，才仍然是交换价值的承担者"①。为此，我国应该取缔那些高污染高投入的企业、取缔那些中小型的未形成规模效应而导致资源浪费的企业，这样的举措可能会影响 GDP 增速，给我国的经济增长带来阵痛，但长痛不如短痛，唯有如此才能实现资源的集中利用、污染的集中治理、废物的集中循环再利用。

再次是科技进步的中流砥柱作用。"机器的改良，使那些在原有形式上本来不能利用的物质，获得一种在新的生产中可以利用的形式。"②作为关注热点，环保行业将成为重点投资领域，低碳经济、绿色环保、环境治理等将成为市场关注的重点方向。"通过集体的行动，我们可以塑造我们的未来……一个生态的未来。"③

## 二、探寻生态的消费方式

大工业化和资本逻辑带来的是富裕的消费物品，以及受资本逻辑影响的意识形态和消费模式。上文提到资本逻辑带来的异化消费让人们成为单向度的人，虚假需求、无度需求又进一步刺激资本逻辑发生作用，过度包装、过度使用带来的是巨大的环境污染与资源浪费，这需要我们选择一种与生产、生态和生活相适应的适度持续全面理性消费。

"环境就是民生，青山就是美丽，蓝天也是幸福"。一方面，我们需要树立正确的消费意识。按照马克思的观点，人的欲望不是无限的，而是有限的，当欲望消费危害生态环境并加剧人的异化，我们应该重新定位消费的准则，区分需要消费与欲望消费，以"生活本身的目的为目的"，而不是为了满足无法满足的欲望，正如万俊人教授所认为的，基于需要的消费才是生态的消费，它既具有经济合理性，也具有道德正当性，它理应成为优化生活方式的方向，成为绿色发展的生活基础。另一方面，我们需要建立社会保障机制。在私有制条件下，国家的宏观调控无法控制公民的收入情况或调控市场的产品价格和供给，人们的消费并不受国家的制约，为改变欲望消费、炫耀消费等异化消费，我们需要将人民的消费纳入生态消费

---

① 马克思，恩格斯. 马克思恩格斯文集：第七卷 [M]. 中共中央编译局，译. 北京：人民出版社，2009：15.

② 马克思，恩格斯. 马克思恩格斯文集：第七卷 [M]. 中共中央编译局，译. 北京：人民出版社，2009：115.

③ 佩珀. 生态社会主义：从深生态学到社会正义 [M]. 刘颖，译. 济南：山东大学出版社，2005：96.

轨道，国家需要实行公有的产权制度并建立与之适应的社会机制。如建立相应的宣传机制，树立并强化绿色消费意识；建立相应的税收机制，遏制欲望型消费；建立相应的惩治机制，对过度的、不法的消费行为进行惩治等。

优化生活方式，实现消费理性适度，是生态补偿的重要途径，以热爱自然的人性遏制过度的欲望，以公有制弥补资本逻辑带来的生态危机，我们将创造一个绿色的文明。

### 三、发挥公有的制度优势

"资本逻辑对利润的无限追求是生态危机爆发的制度根源"，因此，我们必须从政治制度层面着手，实行公有制的社会主义（共产主义），发挥制度优势，才能够凝聚力量，创造条件，突出生态文明建设。

第一，在定性目标设计上注重生态文明制度建设，包括激励和监管两大制度。首先，建立包括考核制度、金融制度、补偿制度在内的激励制度。考核制度上应改变过去的政绩观，衡量标准应该由国内生产总值（GDP）转变为绿色国民生产净值（NNP）；金融制度上，发挥政府的宏观调控职能，不断完善资源要素成本机制；补偿制度上，发挥政府经济杠杆作用，以低税率政策鼓励资本折旧循环经济。其次，建立包括污染预警制度、环境保护制度、人民参与制度在内的监管制度，让生态补偿成为每个公民的责任，让绿色奇迹成为中国的常态。

第二，在定量目标设计上提高环境损害、生态效益等指标的权重，建立约束和问责两大制度。首先，建立包括用途管制制度、源头保护制度、生态修复制度等在内的约束制度，处理好简单再生产与扩大再生产之间的关系，减少资源使用、修复生态环境，用约束机制实现生态补偿。其次，建立包括责任追究制度、党政同责制度在内的问责制度。政府依据法律标准在源头上关闭高污染高浪费企业，在生产中严格监督企业的生产过程，并形成健全的责任追究与赔偿机制，以严格的生态补偿机制恢复生态常态。

劳动是连接人与自然的桥梁，这种人与自然之间的物质变换过程决定了人与自然的关系不是单方面的索取，而是一个可持续的循环；大工业化和资本逻辑的缺陷注定了生态补偿的必然性和迫切性；公有制的条件下将克服私有制的逻辑缺陷，社会再生产过程恢复了可持续的常态，这种可持续生产的思想本身就蕴含着生态补偿理念，其双重补偿原理将成为我国生态文明建设的行动指南，指引我们建设一个绿色的未来。

## 第四节　绿色生态产品价值实现的温江模式

农村生态产品价值实现是将农村的森林、湿地等欠流动性的生态资源盘活为可流动的资本，加强其附加值，创造出新的价值。近年来，温江区高度重视生态文明建设，以新发展理念为指引，紧扣"景区化、景观化、可进入、可参与"总要求，精准精细谋划，高质高效推进，立足温江"南城北林"空间格局，按照"以道为导，串珠成链"思路，全力推动65千米"北林"生态环线绿道建设，形成了内通温江全域、外联市域绿道（如锦城绿道和田园绿道）的绿色空间系统，积极探索经济增长方式转变，营造川西特色良好生态环境，提高城市综合竞争力，展现绿色生态城市魅力，为推动城乡融合发展奠定了坚实的基础。目前，温江通过生态产品价值实现机制探索，生态工业初步形成：经过多年努力，工业发展实现了单位 GDP 能耗逐年递减，水资源重复利用率逐年递增，"三废"排放全部达标，初步实现了工业与资源环境的良性循环；生态农业快速发展：近年来，规模化畜禽养殖场粪便综合利用率、秸秆综合利用率、农村清洁能源使用比例逐年提升，化肥施用强度逐年降低，生态农业发展初具规模；生态旅游稳步推进：通过加强区域生态特色优势营造，生态旅游业迅速发展，全年接待游客 500 余万人次；生态人居全面提升：结合新农村建设和城乡环境综合治理，将村庄改造、产业培育和林盘整治有机融合，促进农村生产方式、生活环境和生态面貌同步升级，有效提升了农村生态人居环境；环境保护全面加强：通过环保系列措施的推进，生态植被得到恢复性增长，形成了有效的森林管护体系，乡镇污水处理厂和配套管网建设不断完善、环境监管和应急处置不断强化，水、气、声环境质量全面达标，工业固体废物处置利用率和集中式饮用水源水质达标率 100%；保障体系逐步建立：初步形成了有利于生态文明建设的政策和规划体系。

### 一、建设推动农业强的经济道

温江区坚持同步推进绿道建设和沿线产业建设，将都市农业、文创旅游、医养健康三大业态有机嵌入其中，合理规划万春文旅、和盛农旅、寿安康养等 6 个百亿级产业的组团发展，做大做强绿道产业链，从而为乡村振兴奠定产业基础。一是依托特色资源，打造都市农业产业展示带。鼓励改造绿道沿线的花木企业，以绿道作为纵轴线来调节种植区域，提升园林景区，集中展示特色花木产品与精品花木资源，打造温江花木百年品牌展示窗口；依托四川省农业科学院、成都市农林科学院和四川农业大学等单位的科研资源，鼓励支持沿线企业积极开发面向不同市场的特色花卉、玫瑰盆景或迷你植物等产品，以特色产品刺激并满足不同游客的不同消费需求。二是聚焦特色产业，打造医养融合健康带。充分利用绿道沿线的集体建设用地或可建设用地，紧扣"三医两养一高地"的综合产业定位，大力引进并培育业主自持、面向高端的养老养生项目，重点促进国寿嘉园、恒大养生谷、中粮健康院等重大项目落地建设。三是叠加特色功能，打造文创旅游消费带。严格按照承接国际体育赛事的标准，来持续提升绿道的建设质量，并通过引入自行车、马拉松、竞走等国际大型赛事，来培育乡村振兴的新业态新经济，依托绿道将鱼凫王墓和陈家桅杆等特色文化资源以及星光文旅城和国色天香等新型文旅项目，串点成线打造精品骑游线路，完善独具温江风味的环绿道消费圈。

## 二、推动建设农村大美的生态道

温江区聚焦成都市委"四有"目标，以绿道建设为基础，落实"三大工程"，构建最幽静、最美丽、最富人文气息和最具田园风光的温江绿道网络体系，打造全域生态化景区化的园林博览园。一是保护修复川西林盘，夯实本底。秉承着"一段一景、一路一味"的建设理念，实施改院、护林、整田、理水工程，依托绿道系统打造了一批农业生产型、生态观光型、农耕体验型、乡村旅游型等特色林盘，修复了万春幸福半亩方塘、寿安岷江九坊宿墅等十余个川西林盘，将川西林盘打造成了展现田园景观与川西文化的璀璨明珠。二是落实再造大地景观，吸引眼球。在系统论的指导下，顺着"路水田林湖"的自然机理，将绿道周边的"六湾五林三湿地"等生态资源进行综合整治，形成了一批以川派盆景园和原乡和林为代表的新型田园综合体，完成了 17 个可自由进出的绿道门户节点的打造，重现了"田成方、水成网、树成簇"的川西美景。三是落实农村人居环境整治工程，留住人群。在绿道建设的同时，同步建设农村地区的水电气网等基础设施，鼓励市场力量整治绿道沿线的农村风貌，完善公共厕所、停车场和商业网点等便民设施，持续推进农村的污染防治，提升农村生活的整体舒适度，转变农民的生活方式。

### 三、建设推动农民富的小康道

温江区坚持将绿道建设作为转变农业生产方式的重要抓手，实施农民增收致富工程，将农民增收致富融入绿道产业发展的各个环节，真正让农民共享绿道的增值效益。一是盘活农村资源，促进农民增收。依托绿道吸引的人气和汇集的商机，鼓励农户通过产权租赁、托管、入股等形式参与到村集体经济中，和社会资本及国有平台公司等合作开发星级特色农庄、精品民宿、乡村酒店等新型服务项目，实现资金变股金，资源变资产，农民变股东，持续增加农民的财产性收入。二是扶持创业就业，带动农民致富。引导农户参与到田园综合体的建设和川西林盘的修复中，鼓励农户从事特色种业、休闲农业、创意农业、生活服务等经营活动，提高农民的工资性收入和经营性收入。

# 第五节　进一步守住成都绿色生态本底的优化策略

农村是我国生态文明建设的薄弱环节，要推动农村生态文明建设，就要以农村生态资源资本化为主抓手，在农村生态资源产权明晰的基础上，确定生态资源的作价要素，借助市场化的产权交易平台，最终实现农村生态资源资本化。古人云"万物各得其和以生，各得其养以成"。我们只有在尊重自然的前提，调结构稳发展，才能最终建成美丽中国。

### 一、制定约束机制奠定转化基础

生态产品价值的实现需要充分发挥立法在经济社会中对人的约束作用，既要维护法律尊严，又要结合现阶段经济社会发展的特点，在建立健全管理法规的过程中凸显生态文明与经济发展相融合的理念。近年来，成都市把生态环境保护和经济发展的目标相结合，转变政府职能与促进环保工作相适应，保护生态资源，实行总量控制，划定耕地总量、煤炭总量、水资源消费总量的红线，强调能源资源的高效节约集约利用，倡导用清洁能源替代传统石化能源等。这一系列重大举措有力地促进了环保管理机制的改革，为成都市薄弱的环保系统提供了制度保障，既减少了地方党政机关对环保工作的不合理干预，也为各区域共同解决环境问题提供了一定的平台依据，从而建立用能权、排污权、用水权等分配制度，在全社会形成勤俭节约新风尚。一是建设农村生态文明体制改革的示范区。成都市先行先试，以体制机制创新为动力，以生态文化建设为支撑，建立健全农村生态文明体制机制，加大对农村生态文明基础要素建设和资金投入力度。市规划局牵头"多规一"，建立国土空间开发保护制度，建立空间规划体系，健全国土空间用途管制制度，编制空间规划，着力构建生态效益、经济效益、社会效益最大化的空间格局、产业结构、生产方式，成为生态文明先行示范区。聘请相关专家对农村生态文明进行实地考察，并因地制宜进行科学规划，同时，在农村土地确权颁证及全面实施不动产统一登记制度的基础上，探索建立统一的农村生态资源确权颁证系统，对农村范围内生态资源进行统一的确权颁证，界定不同类型农村生态资本实物的产权所有者。二是成立一个生态文明体制改革研究机构。成都市组建一个涉及多学科多领域集生态文明动态监测研究、生态文明科技转化、项目合作、人才培养于一体的综合性研究机构。研究机构可以联合一批学者进行深度合作，建构完整系统的生态文明理论体系，探讨生态文明的建设途径，成为农村生态文明示范区建设的智库。机构内设"一委两中心一站"及"科技项目评审委员会"，负责生态环保科技项目的评审考核，并推动科技的创新应用。科研编辑中心负责相关课题研究并出版一本杂志，以生态文明建设为主要内容，夯实弘扬生态文化的舆论阵地；每年度出版一份生态文明动态监测评估报告，为农村生态资源资本化的决策贡献力量。综合管理中心负责后勤工作及筹办一年一度的"中国农村生态文明建设论坛"。人才工作站负责人才引进，培养工作。三是建立一个生态资源要素评估作价机构。该机构可以是政府成立的，也可以是第三方中介评估机构。评估机构的农村生态资源产权专家库，可以由部门专业技术人员专家库、农村生态资源使用人才专家库组成。部门专业技术人员专家库由农业、环保、林业、水利、住建等部门中具有中级（含）以上技术职称人员组成；农村生态资源使用人才专家库，由专家学者、农业职业经理人组成。评估标准纵向可以参照区域产业结构、工业总量、一二三产业配比及村镇基础设施等指标作为参考要素，横向可以参考周边区域的消费情况及土地的市场租赁交易价格。四是搭建一个农村生态资源产权交易平台。农村生态资源产权交易平台是集农村生态资源产权流转、交易融资等服务功能于一体的综合性交易平台，主要承担各类农村生态资源交易信息的发布、组织生态资源产权交易、出具交易鉴定书等公益性服务职能。交易方式可以采取协议、拍卖、招投标、电子竞价、挂牌等。农村生态资源产权交易平台可以有序推动农村各类生态资源产权流转交易，通过市场机制实现价值最大化，不仅可以使生态资源成为有偿使用的资源，还可以使有价值的生态资源发挥作用，实现生态财富的增值，提高农民财产性收入，更大限度地促进农业增效、农民增收和农村发展。

## 二、精致建设标本兼治夯实生态本底

建设生态文明，推进美丽中国建设，是我们孜孜以求的生态目标。过去我们在改造自然时，总是在自然对象身上打上人的意志印记，体现我们的愿望、能力、价值等，但是自然也是有生命的，它也有自己的规律和发展方向，因此，我们的活动必须考虑自然的需求和可能，顺应自然本性，限制和调整我们的行为，在保护和发展自己的同时也给自然的发展留有空间，使自然回归真正自然。回归自然探讨的是"自然向人生成"还是"人向自然生成"的问题，"自然向人生成"即马克思所说的"自然界成为人这一过程的一个现实部分"①，或者说是自然的人化过程，"人向自然生成"是指人朝着自然本源的复归。我们对人与万物关系的理解一直存在误区，人们习惯性按照西方的思维将之简单概括为认识与被认识，改造与被改造的实然关系，其实这是片面的，它是一个"度"的问题。以往我们为了发展经济而过度开采资源、无度使用能源所引发的生态危机，便是忽略"度"的典型表现。为此，党中央坚持把生态文明建设深度融入社会主义现代化建设各环节、各方面、全过程，我们必须按照党中央的战略部署，认清省情，对症下药，从三个层面着手，为建设美丽富饶新成都而努力奋斗。一是对传统农业的转型升级。目前成都农业发展存在着投入资金不足、土地资源有限和产出率低下等问题。因此，成都在增加农业发展资金投入的同时，必须通过合理规划土地开发格局，减少建设用地的增量，综合开发利用各类土地资源。中央、省级财政需要强化对农产品主产区的转

---

① 马克思. 1844 年经济学手稿 [M]. 中共中央编译局, 译. 北京：人民出版社, 1985：88.

移支付力度并建立相应的生态补偿机制来促进地方政府方针政策的贯彻。成都应立足特色农业产业，全面推广农田清洁生产模式，实施农产品品牌战略；加大农产品废弃物回收收集处理力度，抓好测土配方施肥技术推广；推广"走道式"秸秆还田技术，拓宽秸秆出路；大力实施乡村农户沼气工程建设项目，发展"畜禽养殖+沼气池+田园种植"的循环农业模式，确保农业朝着规模化、标准化、生态化方向发展。二是坚持走新型工业化道路。成都工业发展应当摒弃"经济逆生态化"和"生态非经济化"的传统做法，实行生态经济，在淘汰"三高"产业的同时，对传统产业进行转型升级，大力发展战略性新兴产业，使其在生态建设中更好地发挥创新驱动优势，以高附加值取代高成本值，促进第二产业低碳发展、绿色发展、循环发展。以新能源汽车产业为例，成都市新能源汽车产业正不断发展壮大，应鼓励使用可再生资源，提高可再生资源的利用率，在引领汽车行业创新发展的同时，又符合近零碳排放的硬性指标要求，从而有效贯彻落实节约资源和保护环境的基本国策，成都市其他第二产业的发展也都应以此作为风向标。三是推动生态产品价值实现。"十四五"规划提出，必须深入实施污染防治行动计划，筑牢生态保护屏障，坚持以保护优先和自然恢复为主，开展山水田林湖草沙的生态保护与修复，大规模开展国土绿化行动。成都地处长江上游，是生命之源的重要保护区，承担着建设自然生态保护区与经济社会协调发展的重任，应积极统筹各类空间规划，促进空间治理体系的完善，推动城市发展与自然和谐相统一，实现绿色发展。首先，要设置机构职能配置统筹中心。示范区建设涉及多个部门的合作，建立统筹中心可以统一协调各个部门，避免各个部门交叉管理，造成资源浪费及缺乏资源共享造成的孤岛效应。此外，还可以统一监督各个部门的履职情况，确保每项措施都切实落实，为示范区的建设提供组织、人力、物力支持。其次，筹备一个基金中心。通过中央和省市财政支持或国内外企业捐资等形式筹集启动资金，整合各类政策、项目专项资金等，集中使用，形成合力，借助各种资本力量，为农村生态文明建设示范区提供经济保障，同时，积极孵化在生态文明建设、环境保护等领域的新型企业，积极推动企业向低碳经济和绿色经济方面转型。最后，成立法律服务中心。该中心负责解读和剖析国际生态与可持续发展机构（如联合国环境资源署）和国家省市相关政府部门（如生态环境部、国家发展改革会、国家林草局等）的政策和相关法律规定进行专业研究，向企业、民间组织和相关个人提供相关权利咨询及政策法律支持。

### 三、设计生态资源的作价要素体系

曼昆认为，"每一种要素的生产率均取决于在整个生产过程中运用的其他要素的数量，每一种生产要素供给出现变化都会影响所有要素的收益"①。所以通过生态资源要素作价，可以提高农村各种资源要素数量，这必然引发其他资源要素供求关系的变化，从而推进农村生态资源资本化。农村生态资源作价，可以通过一系列与之相关联的要素技术，对资源的生态功能及其提供生态服务的能力水平进行评价和价值判断。通过评估作价，可以了解农村生态资源的生态系统功能与服务的固定时点价值及动态变化价值。农村生态资源的价值，由经济价值、生态价值以及社会价值构成。因此可以基于这三项价值来确立其评估要素。其一，环评监测是基本前提。农村生态资源在确定总量的前提下，应以生态需要优先，不能突破生态阈值。因此，生态资源产权交易应在满足生态需要的基础上，核算可开发利用的生态资源总量，生态资源作价应充分考虑环评监测的结果。环评监测可以利用环保部门已有的系统，借助互联网、物联网技术对环境质量实时在线监测，以及采用其他专门技术进行数据采集和计算，以特定实物量作为不同类型农村生态资源共同核算单位，如空气、水、土壤、植被等生态资源，进行生态资源实物量的数据采集和计算。根据采集的数据将不同类型的生态资本进行叠加，最终形成该区域生态资源总量，并按一定权重纳入农村生态资源作价系统。通过生态评测结果，不断完善转移支付制度，探索建立多元化的农村生态保护补偿机制，逐步扩大补偿范围，合理提高补偿标准，促进农村生态文明建设。其二，生态资源资产价值是关键。传统的生态资源价值评估对象一般只包括有形的实物资源资产，即存量资产。资产分为已市场化的、准市场化的和未市场化的，如林权、水权等实物资源资产等都形成了约定俗成的市场价格、产品计量和计价办法。对于已市场化的生态资源可以采取市场价格法，将生态资源作为一种生产要素，生态资源质量的变化将会影响生产率和生产成本的变化，进而影响利润的变化，以此来推算生态资源的经济价值。其三，生态资源作价是核心。由于生态资源生态价值评估的特殊性，目前国内还没有形成统一的评估框架，生态价值作为无形的资产，在作价上存在一定的困难，因此我们

---

① 李因果，陈学法. 农村资源资本化与地方政府引导 [J]. 中国行政管理，2014（6）：48-52.

可以参照几个可量化的标准来作价。一是区域经济情况；二是区域产业结构、工业总量、一二三产业配比及村镇基础设施建设等情况；三是区域内乡村旅游收益情况及年增长率；四是区域土地流转价格及土地指标价格。依据这 4 条标准可以确立一个动态生态价值价格。

### 四、涵养自然生态，发掘本真价值

自然界具有生命的意义和价值，而作为自由自觉的人因此充当了双重角色——自然界生命的承担者和自然界价值的实现者。我们的生命是一个不断成长的过程，我们不断地实现着自我、本我和超我，在感悟自然之律动中确证自我，在吸取自然之生机中发现本我，在绽放自然之活力中超越自我，这是一个和谐社会充分发挥潜能的过程，也是发掘人与自然关系本真价值的过程。这种本真价值探讨的是"人为自然立法"还是"自然为人立法"的问题。人作为自觉主体并非表现于对自然界的认识和改造上，而应表现为如何实现自然界的"生生之德"，实现"人为天地立心"，这是自然界赋予人的使命，是人对自然的责任和义务，是人存在的真正目的，也是绿色文明的题中之义。

我们在加强生态文明建设，推进美丽中国建设的进程中，必须处理好经济与社会、人与自然的关系，努力实现全面协调可持续发展。城市的建设需要跳脱空间的布局和各功能区的严格划分的桎梏，需要提升一个城市的内涵和品位，需要打造专属于本城市的品牌文化。因此，我们应当摆脱传统城市布局中建筑与自然山水相互孤立的关系，并在综合考虑产业发展、人口分布的基础上将自然环境、人文环境与城市建设、功能服务紧密结合，使得城市的每一处建筑的设计都能经得起时间的检验，这对成都打造"适度生活节奏的天府之国"具有重大的启发意义。它启发我们突出抓好"生态涵养保护区"规划，加大生态乡镇、生态村、生态家园、生态社区和绿色学校等生态细胞工程创建力度盖；启发我们以成都的自然禀赋为依托，积极提升城市绿化率和森林覆盖率，打造有成都特色的生态产业体系。从宏观角度来看，这种将城市建设与生态环境相结合的方式不仅有利于促进绿色发展，推进生态文明建设，同时又能打造全面小康社会的青山绿水情，将环境与经济发展相融合。从微观角度来看，这种结合一方面帮助人们树立正确的消费观念，人们的消费观念将不仅仅停留在追求物质享受的层面，而是上升至一种精神的领悟。另一方面，它会引领人们重塑生态经济观念，人们将不再怀揣着人定胜天的绝对占有观念，而是一种对天人和谐的谦卑理念。

　　"环境就是民主，青山就是美丽，蓝天也是幸福"，我们热爱生命，我们用心生活，这就是我们战胜恐惧和威胁的力量所在。只要每个人都能参与到完成遵循规律、依道生存、反馈自然的"生命活动之链"之中，看得见山，望得见水，记得住乡愁也将不会遥远，这正是生态智慧对乡村振兴走绿色发展之路的启示。

# 参考文献

［1］ 中共中央党史和文献研究院. 习近平关于总体国家安全观论述摘编［M］. 北京：中央文献出版社，2018.

［2］ 民政部. 深入学习习近平同志重要论述［M］. 北京：人民出版社，2013.

［3］ 习近平. 论把握新发展阶段、贯彻新发展理念、构建新发展格局［M］. 北京：中央文献出版社，2021.

［4］ 慎海雄，蒋斌，王珺. 习近平改革开放思想研究［M］. 北京：人民出版社，2018.

［5］ 习近平. 摆脱贫困［M］. 福州：福建人民出版社，2014.

［6］ 迟福林. 改革红利：十八大后转型与改革的五大趋势［M］. 北京：中国经济出版社，2013.

［7］ 中共中央文献研究室. 毛泽东著作专题摘编：上［M］. 北京：中央文献出版社，2003.

［8］ 冯海波，张梧. 砥柱中流：中国共产党与中华民族伟大复兴［M］. 北京：人民出版社，2021.

［9］ 毛泽东. 在陕甘宁边区参议会的演说［M］. 北京：人民出版社，1976：3.

［10］ 中国社会科学院经济研究所. 第一、二次国内革命战争时期土地斗争史料选编［M］. 北京：人民出版社，1981.

［11］ 中共中央文献研究室. 十六大以来重要文献选编［M］. 北京：中央文献出版社，2006.

［12］ 毛泽东. 毛泽东选集［M］. 北京：人民出版社，1991. PHam

［13］ 中共中央文献研究室. 周恩来统一战线文选［M］. 北京：人民出版社，1984.

［14］ 江泽民. 江泽民文选：第一卷［M］. 北京：人民出版社，2006.

［15］胡锦涛. 胡锦涛文选：第二卷［M］. 北京：人民出版社，2016.

［16］刘少奇. 刘少奇选集：下卷［M］. 北京：人民出版社，1985.

［17］马克思，恩格斯. 马克思恩格斯文集［M］. 中共中央编译局，译. 北京：人民出版社，2009.

［18］莱斯特. B 模式 2.0：拯救地球，延续文明［M］. 林自新，暴永宁，译. 北京：东方出版社，2006.

［19］许涤新. 政治经济学大辞典［M］. 北京：人民出版社，1980.

［20］佩珀. 生态社会主义：从深生态学到社会正义［M］. 刘颖，译. 济南：山东大学出版社，2005.

［21］黄季焜. 四十年中国农业发展改革和未来政策选择［J］. 农业技术经济，2018（3）：4-15.

［22］李实，陈基平，滕阳川. 共同富裕路上的乡村振兴：问题、挑战与建议［J］. 兰州大学学报（社会科学版），2021（3）：37-46.

［23］周晓光. 实施乡村振兴战略的人才瓶颈及对策建议［J］. 世界农业，2019（4）：32-37.

［24］陈锡文. 走中国特色社会主义乡村振兴道路［M］. 北京：中国社会科学出版社，2019.

［25］彭巨水. 农村劳动力转移对农村经济负面效应的分析［J］. 经济问题探索，2008（8）：141-145.

［26］侯云风. 中国农村劳动力剩余规模估计及外流规模影响因素的实证分析［J］. 中国农村经济，2004（3）：13-21.

［27］李虎峰，赖启福，苏慧娟，等. 2000—2021 年中国农村人力资本培育积累的演进及趋势研究：基于 CiteSpace 的文献计量可视化分析［J］. 中国农业资源与区划，2022（10）：278-290.

［28］袁利平，姜嘉伟. 关于教育服务乡村振兴战略的思考［J］. 武汉大学学报（哲学社会科学版），2021（1）：159-169.

［29］王爱华. 新时期农村人口老龄化的困境与出路：基于城镇化视角的再审视［J］. 经济问题探索，2012（12）：91-96.

［30］杜志雄. 农业农村现代化：内涵辨析、问题挑战与实现路径［J］. 南京农业大学学报（社会科学版），2021（5）：1-10.

［31］张应武，欧阳子怡. 我国农业农村现代化发展水平动态演进及比较［J］. 统计与决策，2019（20）：95-98.

［32］覃诚，汪宝，陈典，等．中国分地区农业农村现代化发展水平评价［J］．中国农业资源与区划，2022（4）：173-182．

［33］梁俊芬，蔡勋，冯珊珊，等．珠三角地区农业农村现代化发展程度评价及制约因子研究［J］．生态环境学报，2022（8）：1680-1689．

［34］刘军辉，张古．户籍制度改革对农村劳动力流动影响模拟研究：基于新经济地理学视角［J］．财经研究，2016（10）：80-93．

［35］张永丽，梁顺强．土地流转对农村劳动力流动的影响［J］．干旱区资源与环境，2018（8）：45-51．

［36］于新亮，申宇鹏，李红波．新农保非携带性对农村劳动力流动的锁定效应：兼论对新农合锁定效应的替代［J］．中国农村观察，2019（6）：109-126．

［37］秦雪征，周建波，辛奕，等．城乡二元医疗保险结构对农民工返乡意愿的影响：以北京市农民工为例［J］．中国农村经济，2014（2）：56-58．

［38］田红宇，王嫒名，覃朝晖．高铁开通、劳动力流动与农村多维贫困［J］．统计与决策，2021（3）：15-20．

［39］潘选明，张炜，陈汐菡．互联网使用与农村劳动力流动：影响机制与经验证据［J］．农村经济，2022（2）：126-135．

［40］黄季焜．乡村振兴：农村转型、结构转型和政府职能［J］．农业经济问题，2020（1）：4-16．

［41］陆益龙．乡村振兴中的农业农村现代化问题［J］．中国农业大学学报（社会科学版），2018（3）：48-56．

［42］魏后凯．深刻把握农业农村现代化的科学内涵［J］．农村工作通讯，2019（2）：1．

# 后 记

　　成都振兴乡村的探索，为全国实施乡村振兴战略提供了一个很好的案例。为全面梳理成都的做法经验，全方位展示成都实施乡村振兴战略、推进城乡融合发展的新思路、新机制、新模式、新成效，本书作者团队曾多次和各机关单位相关部门的工作人员开展座谈交流学习，实地调研掌握了大量成都乡村振兴工作的基础资料，并完成了相关资料、数据的收集、梳理等前期工作，对成都乡村振兴的优势和不足做了不少思考，撰写了数篇相关方面的调研报告，在此基础上撰写了此书。撰写过程中，得到了中共四川省委省直机关党校、成都市相关部门、各区（市、县）及乡（镇）的大力支持，在此一并表示感谢。

　　受笔者团队水平和资料的限制，加上时间仓促，书中难免有错误或疏漏之处，恳请读者提出宝贵意见。

唐辉

2024 年 12 月